Illisibilité partielle

VALABLE POUR TOUT OU PARTIE DU DOCUMENT REPRODUIT

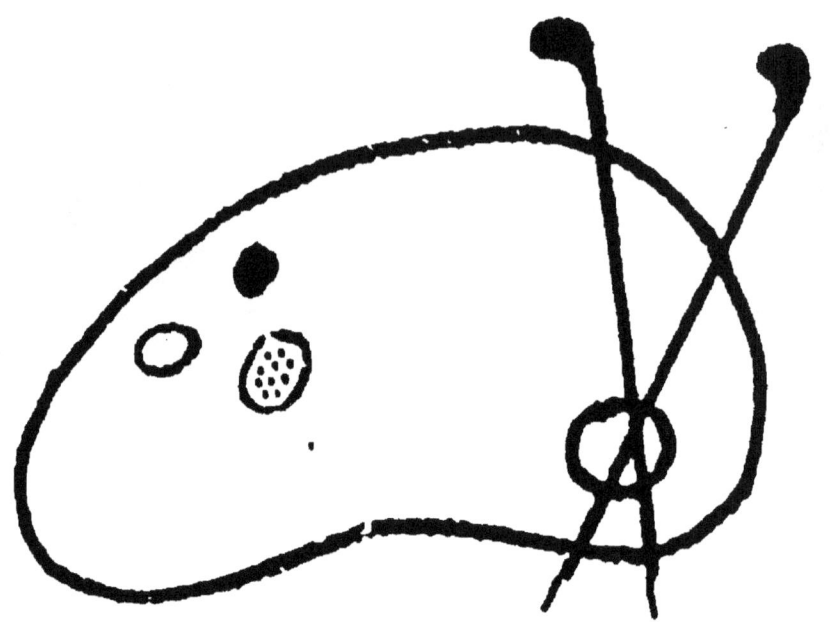

Couvertures supérieure et inférieure
en couleur

ALEXIS ET GEORGINA

LE MILLIONNAIRE

II

Paris
DEGORCE-CADOT
76 bis rue Bonaparte

COLLECTION DES ŒUVRES
DE
CH. PAUL DE KOCK
Avec gravures de la typographie Claye

2 FRANCS LE VOLUME

SOUSCRIPTION PERMANENTE
OUVRAGES PUBLIÉS A CE JOUR :

L'Amoureux transi............	1 vol.	L'Homme aux trois culottes.	1 vol.
Mon ami Piffard............	1 vol.	Les Intrigants { Maison Per-Jaillon et Cⁱᵉ	1 vol.
L'Ane à M. Martin.........	1 vol.	Le Riche Cramoisan....	1 vol.
La Baronne Blaguiskof....	1 vol.		
Bouquetière du Château-d'Eau.	2 vol.		
Carotin................	1 vol.	Un Jeune homme mystérieux	1 vol.
Cerisette................	2 vol.	La Jolie Fille du faubourg...	1 vol.
Les Compagnons de la Truffe	1 vol.	Madame de Montflanquin....	2 vol.
Le Concierge de la rue du Bac	1 vol.	Madame Pantalon............	1 vol.
L'Amant de la Lune........	3 vol.	Madame Tapin..............	1 vol.
La Dame aux trois corsets..	1 vol.	Un Mari dont on se moque.	1 vol.
La Demoiselle du cinquième.	2 vol.	Marée de Fontenay-aux-Roses.	1 vol.
Les Demoiselles de magasin	2 vol.	Ce Monsieur....	1 vol.
Une Drôle de maison......	1 vol.	Monsieur Chéroni..........	1 vol.
Les Etuvistes...............	2 vol.	M. Choublanc..............	1 vol.
La Famille Braillard........	2 vol.	Papa Beau-Père............	1 vol.
La Famille Gogo...........	1 vol.	Le Petit Bonhomme du coin.	1 vol.
Les Femmes, le Jeu et le Vin	1 vol.	La Petite Louise	1 vol.
Une Femme à trois visages...	2 vol.	Les Petits Ruisseaux......	1 vol.
La Fille aux trois jupons...	1 vol.	La Prairie aux coquelicots..	2 vol.
Friquette.................	1 vol	Le Professeur Fiche-Claque.	1 vol.
Une Gaillarde............	2 vol.	Sans Cravate.............	2 vol.
La Grande ville............	1 vol.	Le Sentier aux prunes......	1 vol.
L'Amour qui passe et l'Amour qui vient.................	1 vol.	Le Petit Isidore,........	2 vol.
		Taquinet le Bossu..........	1 vol.
Paul et son Chien........	2 vol.	Les Enfants du Boulevard..	2 vol.
La Grappe de groseilles....	1 vol.	La Mare d'Auteuil.........	2 vol.

Paris. — Typ. Collombon et Brûlé, rue de l'Abbaye, 22.

ALEXIS ET GEORGINA

LE MILLIONNAIRE

II

EN VENTE A LA MÊME LIBRAIRIE

OEUVRES DE CH. PAUL DE KOCK

AVEC UNE GRAVURE DE LA TYPOGRAPHIE CLAYE

2 FRANCS LE VOLUME

OUVRAGES PUBLIÉS A CE JOUR :

L'Amoureux transi.......... 1 vol.	Le Petit Bonhomme du coin................ 1 vol.
Une Gaillarde............ 2 »	Mon ami Piffard........... 1 »
La Fille aux trois jupons. 1 »	Les Demoiselles de Magasin................ 2 »
La Dame aux trois corsets. 1 »	Une Drôle de maison..... 1 »
Ce Monsieur.............. 1 »	Mme de Monflanquin...... 2 »
La Jolie Fille du faubourg. 1 »	Maison Perdaillon et Cie. 1 »
Les Femmes, le Jeu et le Vin................... 1 »	Le Riche Cramoisan...... 1 »
Cerisette................ 2 »	La Bouquetière du Château-d'Eau........... 2 »
Le Sentier aux Prunes... 1 »	La Famille Braillard..... 2 »
M. Cherami................ 1 »	Friquette................. 1 »
M. Choublanc.............. 1 »	La Baronne Blaguiskoff.. 1 »
L'Ane à M. Martin........ 1 »	Un Jeune Homme mystérieux................. 1 »
Une Femme à trois visages. 2 »	La Petite Lise............ 1 »
La Grappe de groseille.. 1 »	La Grande Ville.......... 1 »
La Mariée de Fontenay-aux-Roses............ 1 »	La Famille Gogo......... 2 »
L'Amant de la Lune...... 3 »	Le Concierge de la rue du Bac................... 1 »
Papa Beau-Père.......... 1 »	Les nouveaux Troubadours. 1 »
La Demoiselle du cinquième................. 2 »	Un petit-fils de Cartouche. 1 »
Carotin................. 1 »	Sans-Cravate............. 2 »
La Prairie aux coquelicots................. 2 »	Taquinet le Bossu........ 1 »
Un Mari dont on se moque. 1 »	L'Amour qui passe et l'Amour qui vient........ 1 »
Les Compagnons de la Truffe.................. 2 »	Madame Saint-Lambert... 1 »
Les Petits Ruisseaux..... 1 »	Benjamin Godichon....... 1 »
Professeur Ficheclaque................ 1 »	Paul et son Chien........ 1 »
Les Étuvistes............ 2 »	Les époux Chamoureau .. 1 »
L'Homme aux trois culottes................ 1 »	Le Millionnaire........... 1 »
Madame Pantalon........ 1 »	Le petit Isidore.......... 1 »
Madame Tapin............ 1 »	Flon, Flon, Flon Lariradondaine................. 1 »

Il est tiré, de chaque ouvrage, cent exemplaires sur très-beau papier de Hollande, gravure sur chine, à 5 francs le volume

F. Aureau. — Imprimerie de Lagny.

ŒUVRES DE CH. PAUL DE KOCK

ALEXIS ET GEORGINA

A Degorce-Cadot, éditeur. Typ Collombon et Brûlé.

ŒUVRES DE CH. PAUL DE KOCK

ALEXIS
ET
GEORGINA

LE MILLIONNAIRE

II

« Quelque différence qui paraisse entre les
« fortunes, il y a certaine compensation de
« biens et de maux qui les rend égales. »
MAXIMES DE LA ROCHEFOUCAULD.

PARIS
A. DEGORCE-CADOT, ÉDITEUR
9, RUE DE VERNEUIL, 9
—
1878
Tous droits de propriété expressément réservés

ALEXIS ET GEORGINA

I

ALEXIS.

Georgina s'est levée de bonne heure, car elle a peu dormi, ce qu'elle attribue à son changement de demeure; mais quand une fille ne dort pas, il faut bien qu'elle pense à quelque chose; celle-ci avait beaucoup pensé à son voisin et elle s'était dit :

» — Demain, en sortant, je demanderai à la portière
« ce que c'est que ce jeune homme... quel est son nom...
« ce qu'il fait... s'il loge là-haut tout seul... car enfin
« mon père l'a laissé venir chez nous tout de suite...
« sans le connaître... c'est imprudent cela, il me semble
« qu'il faut toujours savoir qui l'on reçoit. Il a l'air bien
« gentil, bien honnête, certainement, mais ce n'est pas
« une raison pour ne pas désirer en savoir davantage. »

Et Georgina, après avoir embrassé son père, levé ses frères, aidé ses sœurs, met son modeste déjeuner dans le panier qu'elle emporte chaque matin et descend vivement pour se rendre à son magasin. Mais en passant devant la portière, elle s'arrête et lui dit :

« — Madame... hier au soir, il y a un jeune homme
« qui a aidé mon père à ranger quelques meubles, je
« crois que c'est chez vous qu'ils se sont rencontrés.

« — Ah! oui, mademoiselle, oui, M. Alexis passait
« comme monsieur votre père me demandait si j'avais
« un... mon Dieu, je ne sais plus le nom, et je n'en avais
« pas...

« — Ce monsieur se nomme Alexis?

« — Oui... il ne nous a pas dit d'autre nom quand il
« a loué... il paraît que c'est à la fois son nom de bap-
« tême et son nom de famille... dame, ça s'est vu ces
« choses-là... mais du reste, c'est un bien honnête gar-
« çon, bien obligeant, poli avec tout le monde, et rangé
« comme une demoiselle!... c'est-à-dire qu'il y a même
« des demoiselles qui ne sont pas si rangées que lui.
« Jamais ça ne découche, c'est toujours rentré avant mi-
« nuit... je vous dis tout cela, parce que c'est votre voi-
« sin, il est juste au-dessus de vous, et je comprends
« qu'en entrant dans une maison on aime à savoir *qui*
« *que l'on a* sur la tête.

« — Sans doute, madame, d'autant plus que ce jeune
« homme étant venu chez nous pour aider mon père...

« — Vous avez fait tout de suite connaissance... ça va
« de source!

« — Et que fait-il ce jeune homme?

« — Tiens, je ne vous l'ai pas encore dit? il est ébéniste,
« il travaille dans les jolis bois... Il paraît que le patron
« chez lequel il travaille est fort content de lui, et qu'il
« vient de finir une *étrangère*... vous savez de ces petits
« meubles à escalier sur lesquels on met tous ses bibelots.
« C'était à se mirer dedans.

« — Y a-t-il longtemps qu'il loge dans votre maison?

« — Déjà un an et demi... ça vous a de l'ordre, ça
« paye son terme *recta*, ça ne reçoit pas de visites, ni mâle
« ni femelle, mais, par exemple, M. Alexis a une pas-
« sion qui ne vous charmera peut-être pas beaucoup

« — Une passion?... » balbutie Georgina tout émue;
« que voulez-vous dire?

« — Je veux dire que M. Alexis est fou du piston. C'est
« un instrument très à la mode maintenant, à ce qu'on
« dit, moi, je n'en suis pas idolâtre... ça tient le milieu
« entre le flageolet et la flûte à l'ognon... alors M. Alexis,
« aussitôt qu'il est revenu de son travail, et souvent le
« dimanche dans la journée, se met à jouer de son pis-
« ton quelquefois pendant des heures entières. Dans les
« commencements cela ne plaisait pas infiniment aux
« locataires, mais comme à force de travailler il a fait
« des progrès et que maintenant il en joue très-bien, on
« aime beaucoup à l'entendre. Cependant, mam'selle, si
« cette musique-là vous déplaît, faudra pas vous gêner
« et le dire au voisin; il en jouera moins.

« — Mais au contraire, madame, j'aime beaucoup la
« musique; et le piston surtout! oh! c'est si gentil!...
« Mon Dieu! voilà neuf heures et demie qui sonnent! je
« devrais être à mon magasin... merci, madame, merci! »

Georgina s'éloigne toute joyeuse, et la portière se dit :

« — Ça se trouve bien qu'elle aime le piston! »

Le soir, la famille Gerbier est rassemblée, chacun s'occupe encore à ranger, nettoyer, car un emménagement ne se termine pas en un seul jour. Mais on est toujours satisfait du nouveau logement qui, s'il n'est pas si grand que celui que l'on quitte, offre en revanche plus de commodités.

Georgina espère toujours que son père lui parlera de leur jeune voisin, elle meurt d'envie de lui dire tout ce qu'elle sait sur lui, mais elle ne voudrait pas être la première à entamer cette conversation. Cependant l'imprimeur n'en souffle pas mot; tout occupé de mettre en ordre ses affaires, il ne songe plus au jeune homme de la veille, car son souvenir n'a nullement troublé son sommeil.

Franville ne tarde pas à venir voir les nouveaux locataires.

« — Eh bien ? » s'écrie l'ancien militaire en entrant chez Gerbier. Est-on toujours satisfait du campement... « Y a-t-on bien dormi... s'y trouve-t-on à l'aise ?

« — Nous sommes très-contents, » mon ami, « plus nous connaissons ce local, et plus nous nous y trouvons bien... Il y a des placards que je n'avais pas aperçu d'abord, de quoi mettre du linge, des vêtements.

« — J'ai une planche à moi seul pour ranger mes livres ! » dit Paul.

« — Bravo ! tu auras une bibliothèque.

« — Il y a un pâtissier en face... » dit le petit Émile en sautant sur les genoux de Franville.

« — Ah ! tu as déjà vu cela, toi, petit patronnet !... Et ces jeunes filles sont contentes de leur toute petite chambre ?

« — Oui, monsieur Franville, nous sommes très-bien... il y a un papier si joli dans notre cabinet !

« — Allons, je vois que tout est pour le mieux... et ma gentille Georgina qui ne dit rien, est-ce que sa chambre n'est pas à son gré ?

« — Oh ! pardonnez-moi, monsieur Franville, elle me plaît beaucoup... vraiment vous avez été bien aimable de nous trouver ce logement !...

« — J'ai eu de la chance, voilà tout... Ah çà, mais tout est déjà rangé, mis en place ici, comme si vous y demeuriez depuis six mois... peste, c'est affaire à vous ! moi qui espérais qu'on aurait encore besoin de moi...

« — Oh !... nous sommes alertes, nous autres !... tout était déjà mis en place hier, quand nous nous sommes couchés !...

« — Oui, » s'écrie Georgina, « grâce à un jeune homme de la maison que mon père a rencontré en bas... et qui est venu tout de suite l'aider...

« — C'est vrai, » dit Gerbier, « c'est un voisin d'ici dessus, il est fort obligeant, il m'a offert un coup de

« main, j'ai accepté, et nous avons eu bientôt mis tout
« en place.

« — Ah! je disais aussi ce ne sont pas tes mioches qui
« t'on aidé à porter ce buffet-là... tant mieux si tu as de
« bons voisins, c'est une chose rare à Paris... bien sou-
« vent on reste des années entières dans une maison
« sans avoir échangé une parole avec les personnes qui
« logent sur le même carré que vous.

« — Tiens, Franville, conseille-moi, si je mettais une
« planche là, dans cette encoignure, pour y déposer
« tous mes outils de graveur, les cuivres qui ne sont
« qu'ébauchés... il me semble que cela ne ferait pas
« mal...

« — Voyons ça... »

Les deux amis examinent l'endroit et prennent des mesures; pendant ce temps, Georgina, qui va et vient dans la chambre, se dépite de ce que l'on ait sitôt cessé de parler de leur jeune voisin, elle trouve que ce sujet de conversation était assez intéressant pour les occuper plus longtemps, elle ne comprend pas que son père ait eu si peu de chose à dire de quelqu'un qui lui a montré tant d'obligeance.

Mais tout à coup un instrument se fait entendre, c'est un piston, il joue l'air : *Adieu mon beau navire*, et il le joue fort bien. Georgina s'est arrêtée, elle ne bouge plus, elle écoute, elle craint de perdre un son, ses traits expriment le plaisir, le ravissement.

« — Tiens! qu'est-ce que c'est donc que ça? » dit Gerbier en prêtant l'oreille.

« — C'est un piston... tu as quelque voisin qui joue
« du piston...

« C'est M. Alexis... » s'écrie Georgina.

« — M. Alexis... tiens, tu sais déjà le nom de nos voisins, ma fille, et qu'est-ce que c'est que M. Alexis? »

La jolie fille, qui est devenue rouge comme une cerise, baisse les yeux en répondant :

« — Mais mon père, c'est ce jeune homme qui est
« venu hier au soir ici... vous aider à ranger ces meu-
« bles... je sais son nom parce que... ce matin, en des-
« cendant, j'ai vu la portière... c'est-à-dire c'est elle
« qui m'a vue, et qui m'a dit... le jeune homme qui a
« aidé hier monsieur votre père, s'appelle Alexis, il
« est ébéniste. C'est un très-bon sujet, très-honnête,
« très-rangé... qui demeure dans la maison depuis un
« an et demi, qui paye exactement son terme, dont on
« n'a jamais eu à se plaindre et qui ne reçoit personne
« chez lui. »

Gerbier ne peut pas s'empêcher de sourire en répondant :

« — Ah! la portière t'a dit tout cela sans que tu le
« lui demandes!.. Voilà une femme précieuse pour les
« renseignements !

« — C'est qu'elle a pensé, mon père, que vous seriez
« bien aise de savoir qui vous aviez reçu chez vous...

« — C'est juste... c'est très-bien de sa part, et me
« voilà maintenant instruit de ce qui concerne le voi-
« sin, comme si je le connaissais depuis longtemps... »

Franville, qui depuis quelque temps ne disait rien, et se contentait de regarder Georgina, sourit à son tour, en disant :

« — Les portières ont toujours aimé à jaser sur leurs
« locataires... mais savez-vous que celui-ci joue très-
« bien du piston...

« — Oh! oui, très-bien... n'est-ce pas monsieur Fran-
« ville?

« — Nous n'en avions pas un si bon que cela dans
« notre régiment. J'aime beaucoup cet instrument-là,
« moi.

« — Moi aussi, j'adore le piston!...

« — Ah bah ! » dit Gerbier en regardant sa fille, « et
« où donc en as-tu déjà entendu ?

« — Mais, mon père, tu sais bien que quand nous
« allons promener le soir aux Champs-Élysées, nous
« nous arrêtons souvent pour écouter la musique des
« cafés. Plus d'une fois, pendant un joli morceau, tu
« m'as dit toi-même, tiens, c'est le piston qui fait ce
« chant-là...

« — C'est vrai, mon enfant, je n'y pensais plus... Ah !
« l'air du voisin est fini...

« — Ah ! quel plaisir, voilà une polka, maintenant...
« — Ah ! ma sœur, nous pouvons danser... »

Les deux plus jeunes filles se prennent par la taille et se
mettent à polker; les deux petits garçons, voyant danser
leurs sœurs, veulent en faire autant et se mettent à sauter
dans la chambre. Georgina a pris une chaise qui lui sert
de cavalier pour polker aussi. Franville bat la mesure
avec son pied, et Gerbier est radieux en voyant le plaisir que goûtent ses enfants.

Mais tout finit... même les plaisirs les plus innocents,
qui devraient durer plus longtemps que les autres. Probablement que si le jeune voisin eût été témoin du bal
qui avait lieu chez Gerbier, grâce à son piston, il en eût
joué plus longtemps, mais il ignore ce qui se passe au-dessous de lui. La musique cesse, et nos danseurs s'arrêtent en s'écriant :

« — Ah ! c'est dommage !

« — Il me semble que cela n'a pas mal été, » dit Franville. « Sais-tu, Gerbier, que voilà encore un agrément
« à ajouter à ceux que tu trouves dans ce logement...
« Tu pourras y donner bal ?...

« — Tout ce qui amuse mes enfant me rend heureux
« aussi... oui, tu as parfaitement réussi dans les re-
« cherches et.... »

Deux petits coups frappés à la porte interrompent Gerbier qui crie :

« — Entrez ! »

La porte s'ouvre et le jeune Alexis paraît. Il reste timidement sur le seuil en balbutiant :

« — Pardon, mon voisin, je suis indiscret... je vous
« dérange, peut-être... vous avez du monde...

« — Non, non, entrez donc, monsieur Alexis... vous
« voyez que je sais déjà votre nom... je suis en famille...
« monsieur est considéré comme en faisant partie, car
« c'est un vieil ami... entrez donc... et asseyez-vous... »

Le jeune homme hésitait encore, mais déjà Georgina lui a présenté une chaise qu'il accepte en saluant sans oser regarder celle qui la lui donne, car lorsque l'amour commence, la personne que nous avons le plus envie de contempler, est souvent celle que nous regardons le moins.

« — Je me suis permis de venir, » dit Alexis, « parce
« que... pour me distraire, lorsque j'en ai le temps, je
« me suis amusé à apprendre le piston... j'ai toujours
« beaucoup aimé la musique... alors, quelquefois le soir
« quand je reviens de travailler... je prend mon instru-
« ment... tout à l'heure j'en ai joué, vous avez dû l'en-
« tendre... mais ensuite je me suis dit que peut-être...
« vous... ou... quelqu'un de vos enfants n'aimait pas
« cet instrument, et qu'alors cela pourrait vous ennuyer
« beaucoup de m'entendre... s'il en était ainsi ne crai-
« gnez pas de me le dire, je n'en jouerai plus... dans la
« maison du moins. Quand je voudrai m'exercer j'irai
« avec mon piston me promener dans la campagne.

« — Mon voisin, vous auriez grand tort de vous gêner
« pour nous, d'abord, c'est que cela nous priverait
« beaucoup, car nous aimons la musique, et tout à l'heure
« nous avons eu le plus grand plaisir à vous entendre...

« vous jouez bien... fort bien, même... Tenez, voilà
« Franville qui disait que dans la musique de son régi-
« ment il n'y avait pas d'aussi bon piston que vous.

« — Ah! monsieur est bien indulgent... je commence
« à jouer un peu moins mal qu'autrefois...

« — Quant à mes enfants!... mais vous ne vous dou-
« tez pas du plaisir que vous leur causez... vous ne savez
« pas que tout à l'heure, grâce à vous, nous avions bal
« ici... vous avez joué une polka, tout de suite ces de-
« moiselles se sont mises à polker, les petits garçons ont
« voulu faire comme leurs sœurs... et tout le monde
« s'est mis en train... j'ai vu le moment où nous allions
« danser aussi, n'est-ce pas, Franville? »

L'ancien militaire n'avait encore rien dit depuis l'arrivée d'Alexis, mais il ne cessait point de regarder le jeune
homme, il semblait prendre plaisir à le considérer. In-
terpellé de nouveau par son ami, il répond enfin :

« — Oui, oui, sans ma jambe boiteuse, j'aurais tenu
« ma place dans le bal, j'aurais servi de cavalier à cette
« grande fille-là... car à son âge et avec sa figure, on ne
« doit pas être réduite à danser avec une chaise!... »

Le voisin se décide enfin à lever les yeux sur Georgina
qui, sans savoir pourquoi, se sentait embarrassée et ne
savait que répondre au compliment que Franville venait
de lui adresser, elle, qui ordinairement avait toujours
quelque chose à lui dire. Mais son embarras ne l'empêchait pas d'être charmante, et le jeune homme qui
voulait ajouter quelques mots polis à ce que le monsieur
à moustaches venait de dire, éprouve un si grand
plaisir à la regarder, qu'il ne trouve plus une parole
après avoir balbutié :

« — Oh! certainement, mademoiselle... »

Franville, qui s'aperçoit de l'embarras des deux jeunes
gens, s'empresse d'y mettre fin en adressant la parole
à Alexis :

1.

« Vous êtes musicien, monsieur?

« — Non, monsieur, je suis ébéniste, vous voyez que
« cela n'a aucun rapport; mais j'aime la musique, et en
« écoutant jouer du piston, je me disais : « Qu'on est
« heureux d'avoir ce talent!... on ne doit jamais s'en-
« nuyer quand on sait jouer ainsi. Enfin, avec mes
« économies je me suis acheté un instrument, et un jeune
« homme qui est piston dans les bals, a eu la bonté de
« me donner quelques leçons... et puis j'ai étudié tout
« seul, et enfin, à force d'étudier, je suis parvenu à
« jouer passablement...

« — C'est bien, jeune homme, c'est bien, vous avez
« prouvé encore une fois qu'avec de la persévérance, du
« courage, un homme vient toujours à bout de faire ce
« qu'il veut. Mais si vous avez tant de goût pour la
« musique, pourquoi vous êtes-vous fait ébéniste?... Il
« me semble qu'avec un joli talent sur le piston, on doit
« gagner autant d'argent qu'à façonner des meubles
« et c'est moins fatigant.

« — En effet, monsieur, j'ai quelquefois eu la pensée
« de changer de profession... mais j'y ai bientôt renoncé,
« parce que je me suis dit que ce n'était plus la peine...

« — Plus la peine?... » s'écrie Gerbier. « Comment
« pouvez-vous parler ainsi à votre âge...

« — C'est justement mon âge qui me fait dire cela,
« monsieur: J'arrive au moment où l'on se doit à son
« pays, où il nous appelle pour le défendre, enfin,
« bientôt je serai de la conscription... alors c'est un fusil
« qu'il me faudra porter, et l'on ne me demandera pas
« si c'est mon goût... Puisque je dois avant peu être
« soldat, vous voyez bien que ce n'est pas la peine que
« je quitte à présent la profession que j'exerce.

« — C'est juste... c'est juste! » dit Franville, tandis
que Georgina, sans que l'on sache pour quel motif,

quitte vivement la chambre en ayant soin de dérober son visage à tous les regards.

« — Mais, » dit Gerbier au bout d'un moment : « N'a-« vez-vous aucun moyen d'être exempté du service?... « si vous aviez des frères à l'armée.... si votre mère est « veuve et que vous soyez fils unique... si votre poitrine « est faible...

« — Non, monsieur, » répond Alexis, « grâce au ciel, « je me porte bien, et quoique je n'aie pas l'air bien vi-« goureux, je suis assez fort pour porter un fusil et tout « le bagage d'un soldat. Quant aux autres motifs qui « exemptent de partir... ils n'existent pas pour moi... je « suis seul... je suis orphelin...

« — Ah! pauvre garçon, vous avez déjà perdu vos pa-« rents...

« — Oui, monsieur... je les ai perdus.

« — Bien jeune, peut-être?

« — Oh! oui, monsieur, bien jeune!...

« — Je vous plains... c'est bien triste de vivre seul... « je me trouverais bien à plaindre, moi, si je n'avais pas « mes enfants! »

Les traits du jeune ébéniste se sont rembrunis, ses regards se sont baissés vers la terre en achevant de parler, et il passe sa main sur son front, comme pour en chasser de tristes pensées.

Georgina, qui est revenue dans la chambre presque aussi vivement qu'elle en était sortie, court embrasser son père en lui disant :

« — Mais avec nous, tu ne te trouves pas à plaindre, « n'est-ce pas?...

Et tous les autres enfants s'empressent d'imiter leur sœur en entourant leur père, en lui faisant des caresses. Gerbier les embrasse tous, en leur disant :

« — Moi, à plaindre!... quand je vous ai auprès de « moi... quand je puis vous serrer dans mes bras, sur

« mon cœur... Oh! non, je me trouve bien heureux, au
« contraire... le bon Dieu a permis que je puisse vous
« élever tous... quelle plus grande faveur pouvait-il me
« faire?... Vous êtes mon bien présent, mon espérance
« pour l'avenir... Ah! je n'envierai rien aux riches, aux
« puissants de la terre, tant que le ciel me conservera
« mes enfants.

« — Ha çà, mille noms d'une pipe! est-ce que tu veux
« nous attendrir, toi? » s'écrie Franville, tandis que le
jeune Alexis passe une de ses mains sur ses yeux.

« — Écoute donc, quand on est entre cinq personnes
« qui nous aiment, tu crois que ça ne remue pas, ça!...
« Mais, pardon, monsieur Alexis, nous vous faisons as-
« sister à une scène de famille qui vous intéresse peu,
« car vous nous connaissez à peine...

« Jugez-moi assez bien, monsieur, pour croire que
« je comprends votre bonheur et que j'y prends part.

« — Dites-moi, quand vous serez appelé pour partir,
« puisque vous jouez fort bien du piston, pourquoi ne
« demanderiez-vous pas à faire partie de la musique. Il
« me semble que l'on y a moins de fatigue que les sol-
« dats, et que l'on n'est pas aussi souvent exposé à se
« faire tuer...

« — Non, monsieur, une fois militaire, mon seul but,
« mon seul désir sera d'obtenir de l'avancement, de me
« faire tuer ou de parvenir enfin... c'est pourquoi je pré-
« fère être soldat. »

Franville frappe sur l'épaule d'Alexis en lui disant :

« — C'est bien parler, cela, jeune homme, avec de
« telles résolutions on parvient toujours... à moins qu'on
« ne reçoive son compte... J'en ai dit autant que vous,
« moi, quand je suis parti, et, ma foi, j'étais déjà lieu-
« tenant, lorsqu'une maudite blessure à la jambe... un
« éclat de bombe... bref, je suis resté boiteux, et il a fallu
« rengainer son compliment!... sans cela... je serais

« peut-être colonel aujourd'hui!... mais enfin, comme
« disait un troupier de mon régiment; si tout le monde
« devenait colonel, qui est-ce qui ferait les factions?... »

Alexis se lève et salue tout le monde en disant :

« — Eh bien!... puisque ma musique ne vous ennuie
« pas, puisqu'elle ne déplaît pas à ces demoiselles, je
« continuerai donc, monsieur, de m'exercer sur mon
« piston quelquefois en revenant de mon travail...

« — Je vous répète, mon voisin, que cela nous fera
« grand plaisir à tous... et puis le soir, quand vous n'au-
« rez rien de mieux à faire... si vous voulez venir causer
« un moment avec nous, vous serez le bienvenu...

« — Vous êtes mille fois trop bon, monsieur, je profi-
« terai de votre offre...puisque vous voulez bien me le per-
« mettre, je viendrai contempler quelquefois cet heureux
« tableau de famille que vous m'avez montré ce soir...
« et qui m'a si vivement ému... ce bonheur... que je
« n'ai jamais connu, je viendrai le voir chez vous... je
« je tâcherai de me faire illusion et de croire que j'en
« fais partie... messieurs... mesdemoiselles, je vous sou-
« haite le bonsoir. »

Alexis s'est retiré. Georgina est radieuse, elle va de
nouveau embrasser son père qui ne peut s'empêcher de
lui dire :

« — Ha çà, mais nous sommes bien caressante, ce
« soir!...

« — C'est l'effet du logement! » dit Franville en souriant. « Mais tu as bien fait d'engager ce jeune homme
« à venir te voir. Il me plaît ce garçon-là... il a quelque
« chose qui prévient en sa faveur... et puis ce qu'il vient
« de dire... son aptitude au travail... ce talent qu'il s'est
« donné presque seul... enfin, j'ai bonne opinion de lui.

« — Ma foi, moi aussi, » dit Gerbier, » il faut espérer
« que nous ne nous trompons pas tous les deux.

« — Et puis, » balbutie Georgina, » ce pauvre gar-

« çon... qui est orphelin, qui a perdu ses parents tout
« jeune...

« — Tiens, tu sais cela, toi... il m'avait semblé que
« tu avais quitté la chambre quand il nous a dit cela...

« — Je ne sais pas, mon père...

« — Voilà l'agrément des petits logements, » dit Franville, « on s'entend de partout. Mais bonsoir la com-
« pagnie, je vais me coucher aussi, moi. »

Chez Gerbier tout le monde ne tarde pas à en faire autant. Mais Georgina a bien de la peine à s'endormir, car tout ce qu'a dit son jeune voisin est sans cesse présent à sa pensée.

II

AMOUR PUR.

Plusieurs jours se sont écoulés. Alexis joue du piston tous les soirs. Il semble avoir encore fait des progrès, il exécute des airs charmants, il y met plus de goût, plus de précision que jamais. Aussi a-t-on le plus grand plaisir à l'écouter. Mais il y a une personne qui plus que toute autre est heureuse de l'entendre; pour celle-là, les premiers sons de l'instrument font délicieusement battre son cœur; si le voisin tarde trop à faire de la musique, Georgina devient distraite, rêveuse, inquiète, quelque chose lui manque; c'est en vain qu'elle veut affecter sa gaieté ordinaire, son sourire est forcé, car en secret elle se dit:

« — Pourquoi donc, M. Alexis ne se fait-il pas enten-
« dre... il sait bien cependant que j'adore la musique...
« mon père lui a dit que je touchais un peu du piano,
« que j'étais bonne musicienne... Ah! si j'avais un piano,
« moi aussi je lui jouerais quelque chose... mais je ne
« me ferais pas désirer comme cela... Il n'est donc pas
« encore rentré... Il est allé voir d'autres personnes, peut-
« être... cependant, il nous a dit qu'il ne voyait que
« nous... »

Mais si le piston se fait entendre, Georgina retrouve sa gaieté, son sourire; alors la tristesse de son visage disparaît pour faire place à l'expression du plus doux contentement. Elle écoute, elle ne veut pas perdre une note; si ses frères font du bruit, elle les supplie de se taire; quelque chose lui dit que c'est à elle que s'adressent ces passages si bien modulés d'une romance. La musique est une langue qui exprime parfaitement l'amour! ils n'ont jamais aimé ceux qui ne comprennent pas tous les charmes de la mélodie.

Après avoir joué quelque temps du piston, Alexis descendait chez Gerbier, en demandant toujours s'il n'était pas indiscret. Il fallait toute la gaieté, toute la rondeur de l'imprimeur, pour que le jeune voisin se mît un peu à son aise, car Alexis était naturellement timide, et le sentiment qu'il éprouvait déjà pour Georgina ajoutait encore à sa timidité.

De son côté, lorsque Alexis était là, la jolie fleuriste était troublée, émue, tremblante. Souvent, lorsque son père lui parlait, elle répondait de travers; elle rougissait et pâlissait sans savoir pourquoi, elle tenait presque toujours ses yeux baissés, mais quand elle les relevait, elle rencontrait aussitôt ceux de son voisin qui s'empressait alors de détourner les siens. Chacun d'eux brûlait du désir de lire dans les regards de l'autre; mais tous deux avaient cette crainte, cette candeur d'un premier amour qui n'ose croire encore qu'il est partagé. Douces sensations qu'on n'éprouve que dans la jeunesse lorsqu'elle est encore innocente et pure!... qui fuyez si vite!... qui ne renaissez jamais, parce que, en avançant dans la vie, toutes les illusions s'envolent... parce que notre expérience les chasse, alors même que notre cœur voudrait les retenir.

Georgina et Alexis ne se voyaient jamais qu'en présence de témoins. Le jeune homme se rendait à son travail bien avant que la jeune fille ne sortît. Celle-ci revenait aussi chez son père avant qu'Alexis ne rentrât chez lui. Ils ne pouvaient donc pas se rencontrer; ils ne s'étaient jamais dit un seul mot à part, c'est à peine même s'ils osaient se parler devant du monde.

Et, cependant, tous deux savaient qu'ils s'aimaient... Comment le savaient-ils sans se l'être avoué?... Je ne pense pas que cela puisse vous étonner... Il y a une vieille chanson qui dit :

> « Et cela se devine
> « Quand on ne le dit pas! »

Mais lorsqu'on croit avoir deviné, on éprouve le plus vif désir d'être certain qu'on n'est pas le jouet d'une fausse espérance. Pour un mot, un seul mot prononcé par la bouche de l'objet qu'on aime, on donnerait plusieurs années de son existence... (Je parle toujours des jeunes amoureux,) et comme les hommes sont en général les plus pressés, ou du moins les plus entreprenants, Alexis ne pouvait plus résister au désir de se trouver un moment seul avec Georgina, afin de pouvoir lui déclarer tout cet amour dont ses yeux lui avaient bien dit une partie, mais qu'il avait besoin de lui jurer à ses genoux.

Il lui était assez facile de rencontrer Georgina, il ne fallait qu'attendre le moment où elle sortirait pour se rendre à son magasin; à la vérité il fallait pour cela ne pas être chez son patron à l'heure habituelle, mais qu'importe la perte d'une demi-journée... la mauvaise humeur du patron, quand il s'agit du bonheur de toute la vie!... et à vingt ans, le bonheur de toute la vie consiste à savoir si celle que l'on aime répond à notre amour. Nous avons tous eu ce bonheur-là, ce qui ne nous a pas empêchés d'être ensuite malheureux quelquefois, mais ceci est un détail.

Georgina ne se disait pas qu'elle voudrait bien rencontrer son jeune voisin, mais lorsqu'elle sortait le matin, il lui arrivait souvent, dans son escalier, de lever la tête pour regarder en l'air, c'était sans intention sans doute car elle savait bien que Alexis allait de très-bonne heure à sa besogne; et pourtant, il lui échappait alors un gros soupir, comme si elle eût été étonnée que son voisin ne cherchât jamais à la rencontrer : alors un nuage de tristesse passait sur ses traits; il n'avait donc rien à lui dire, puisqu'il ne se trouvait pas une seule fois sur son passage. Cette idée lui faisait de la peine. La fille la plus sage, la plus innocente, devine très-bien que quand on l'aime, on ne peut pas le lui déclarer devant témoins.

Mais un matin, à peine Georgina a-t-elle fait quelques pas dans l'escalier, qu'elle se trouve en face d'Alexis, il est là... il l'attendait sans doute, son cœur bat avec violence, ce qu'elle désirait tant est arrivé, et maintenant elle a peur, elle tremble, elle ne sait pas si elle doit s'arrêter.

« Vous allez à votre magasin, mademoiselle, » dit le jeune homme d'une voix qui annonce qu'il est tout aussi tremblant que sa jolie voisine.

« — Oui, monsieur. Et vous aussi sans doute...

« — Moi... oui... c'est-à-dire aujourd'hui... je ne sais
« pas si j'irai...

« — Est-ce qu'il n'y a pas d'ouvrage en ce moment ?

« — Oh ! ce n'est pas cela... mais il me serait impos-
« sible de travailler...

« — Seriez-vous malade ?...

« — Non, mademoiselle, mais depuis quelque temps...
« je ne sais pas ce que j'ai... il me semble que je ne fais
« plus rien de bien... ma pensée est toujours ailleurs
« qu'à ce que je fais... la journée me semble d'une lon-
« gueur éternelle... j'ai un si grand désir d'arriver au
« soir... je puis vous dire pour que vous n'ayez pas de
« chagrin...

« Ah ! dites-moi seulement que cela ne vous fâche
« pas que je vous aie attendue sur l'escalier...

« — Ah ! vous m'attendiez donc ?...

« — Oui, car je voulais absolument vous voir, vous
« parler un moment, être avec vous... rien que nous
« deux, afin de vous dire... mon Dieu... je n'ose plus
« maintenant... si vous m'ôtez tout espoir je serai si
« désolé !...

« — Mais dites toujours... je ne vous ôterai peut-être
« pas votre espoir...

« — Oui, je parlerai... car je ne puis plus cacher cet
« amour qui me consume... qui fait maintenant partie
« de mon existence... oui, mademoiselle... depuis que
« j'ai eu le bonheur de vous voir, j'ai senti un sentiment
« nouveau naître en moi ; ce sentiment oh ! c'est de l'a-
« mour... un amour qui ne finira qu'avec ma vie. J'ai
« compris que pour un mot, un sourire de la femme que
« l'on aime, on donnerait ses jours... enfin j'ai senti que
« désormais vous étiez tout pour moi !... voilà ce que je
« n'osais pas vous dire... et ce que je ne pouvais plus
« vous cacher... de grâce !... dites moi d'abord que vous
« ne me défendez pas de vous aimer ?

« — Vous le défendre... oh ! non... au contraire !...
« je veux dire... mon Dieu ! je suis si émue... je ne sais
« plus ce que je veux dire... tenez... voyez-vous... j'ai
« envie de pleurer à présent...

« — Grand Dieu ! vous ai-je donc fait de la peine ?...

« — Non... non... ce ne sont pas des larmes amè-
« res celles-là !... non... ce que vous m'avez dit
« me rend heureuse... bien heureuse... je ne devrais
« peut-être pas vous dire cela... mais je ne sais pas
« feindre, moi, et je n'ai pas appris à mentir...

« — Georgina... chère Georgina...

« — Alexis !... »

La jeune fille a laissé tomber sa main dans celle
d'Alexis qui la presse avec ivresse dans la sienne,
pendant longtemps ils se tiennent ainsi, leurs mains

en se touchant, en se pressant mutuellement se communiquent un plaisir si tendre, si doux qu'ils n'en désirent pas d'autre et voudraient passer leur vie dans cette extase. C'est un amour bien vrai, bien pur que celui qui se contente de peu.

Mais enfin le front de Georgina s'assombrit et elle soupire en regardant Alexis, qui s'écrie :

« — Quelle pensée vous attriste ?

« — Je songe que bientôt vous serez soldat... et
« alors il faudra que vous nous quittiez...

« — Hélas ! ce n'est pas ma faute !... mais parce
« que je dois être soldat faut-il que l'on ne m'ai-
« me pas... ah !... de loin comme de près, je sais bien
« moi que je ne cesserai pas un moment de penser
« à vous...

« — Vous croyez donc que je vous oublierai, moi ?...

« — Chère Georgina...

« — Non, je ne vous oublierai pas... quand on aime
« une fois, ce doit être pour toujours !... mais si vous
« partez, je serai bien triste... bien inquiète... ah ! j'au-
« rai bien du chagrin...

« — Que vous êtes bonne... si vous saviez combien
« vos paroles me rendent heureux et fier... être aimé de
« vous !... ah ! combien de gens envieront mon bonheur...
« et cependant je ne suis qu'un pauvre orphelin... sans
« autre fortune que l'argent qu'il doit à son travail...
« car il faut que vous sachiez tout cela, mademoiselle !

« — Eh bien, qu'est-ce que cela fait, c'est vous que
« j'aime... de la fortune ! est-ce que j'en ai, moi ?... et
« mon père n'est-il pas maintenant un simple ouvrier
« comme vous. Mais alors même qu'il était graveur,
« que nous étions plus riches, et que j'apprenais à tou-
« cher du piano... croyez-vous que j'aurais été plus fière
« et que cela m'aurait empêché de vous aimer...

« — Si vous saviez quel bien me font vos paroles...

« mais votre père voudra-t-il pour son gendre d'un
« pauvre diable comme moi !...

« — Oh! vous ne connaissez pas mon père!... ce qu'il
« voudra avant tout c'est de voir sa fille heureuse !...
« et quand je lui dirai : mon père, je ne veux pour mari
« que monsieur Alexis, je ne serai jamais la femme d'un
« autre, si tu ne veux pas qu'il m'épouse, je pleurerai tous
« les jours. Alors mon père m'embrassera bien vite en
« me disant : épouse-le, ma fille, j'y consens, parce que
« ton Alexis est un garçon honnête, rangé, laborieux...
« qui t'aime bien et qui te rendra très-heureuse... Voilà
« ce que mon père me répondra, monsieur, est-ce que
« c'est bien effrayant cela?

« — Ah! s'il en est ainsi je suis le plus heureux des
« hommes...

« — Mais non... puisque vous allez être soldat... vous
« voyez bien que vous ne pouvez pas être mon mari !...
« cette pensée-là me revient sans cesse... elle détruit
« tous ces rêves de bonheur que nous pourrions former...
« monsieur Alexis, est-ce qu'il n'y a pas moyen de vous
« empêcher d'être soldat...

« — Non, mademoiselle... j'ai déjà dit à monsieur
« votre père que je n'avais aucun motif d'exemption...
« je vous avouerai d'ailleurs qu'avant de vous avoir vue
« l'état militaire n'avait pour moi rien de désagréable,
« je me disais : c'est un moyen de parvenir, de se faire
« un rang, un nom dans le monde. Grâce au ciel nous
« ne sommes plus au temps où, pour obtenir un beau
« grade, il fallait être issu d'une noble maison; aujour-
« d'hui c'est au courage, c'est à la bravoure que l'on
« donne les récompenses, et à celui qui sur le champ de
« bataille est devenu colonel ou général, on ne demande
« pas ce que faisaient ses aïeux !...

« — Ah! mon Dieu, voilà que vous voulez être mili-
« taire à présent !...

« — Non... plus à présent... je me disais tout cela
« avant de vous connaître... maintenant une seule pas-
« sion remplit mon cœur... c'est l'amour... vivre avec
« vous, toujours près de vous, pouvoir vous nommer
« ma femme... ah ! voilà le seul bonheur où j'aspire...
« car je ne suis point ambitieux, moi !... Je pensais à la
« gloire, à la renommée quand je ne savais pas ce que
« c'était que l'amour Mais l'intérieur d'un ménage, avec
« une femme que l'on adore... j'y vois la plus douce
« félicité...

« — Oh ! oui, monsieur... certainement un homme
« est bien plus heureux près de sa femme qu'à la
« guerre... il n'est pas exposé à mille dangers... lors-
« qu'il a bien travaillé, il trouve toujours un visage pour
« lui sourire... une main pour presser la sienne...
« des yeux qui... enfin c'est bien gentil... Vous voyez
« bien qu'il ne faut pas vous faire soldat... mais il
« me semble qu'il n'est pas défendu de se faire rem-
« placer...

« — Sans doute, en achetant un homme.

« — Est-ce que c'est bien cher un homme ?

« — Oui... surtout en ce moment... parce que nous
« sommes en guerre avec la Russie...

« — Et vous n'avez pas assez d'argent pour vous ache-
« ter un remplaçant ?

« — Non, mademoiselle... j'ai peut-être cent vingt
« francs... voilà tout ce que j'ai pu amasser jusqu'à ce
« jour... et aujourd'hui, c'est dit-on plusieurs billets de
« mille francs qu'il faut donner pour trouver un rem-
« plaçant.

« — Des billets de mille francs !... oh ! mon Dieu !
« que d'argent... ah ! pour la première fois je regrette
« de n'avoir pas de fortune... il y a des gens pour qui
« une telle somme serait si peu de chose...

« — Mais enfin, je ne suis point encore appelé sous

« les drapeaux, peut-être s'écoulera-t-il encore plusieurs
« mois avant que je ne sois appelé pour tirer au sort...

« — Et puis vous pouvez avoir un bon numéro, un
« numéro qui ne parte pas...Oh! oui, vous en aurez
« un... je prierai tant le bon Dieu pour cela...

« — Chère Georgina, vous voyez bien qu'il ne faut pas
« s'affliger d'avance; en ce moment d'ailleurs mon cœur
« est trop heureux pour que je redoute des malheurs
« dans l'avenir... vous voulez bien que je vous aime...

« — Certainement que je le veux...

« — Vous m'aimez un peu aussi...

« — Un peu, pourquoi dites-vous un peu?... je ne
« sais pas aimer à demi, moi !

« — Ah! tenez... je suis si heureux... je ne changerais
« pas mon sort contre celui du plus riche, du plus puis-
« sant de la terre. »

En ce moment une porte s'ouvre dans l'escalier et la
jeune fille s'écrie :

« — Du monde... mon Dieu! si l'on nous voyait en-
« semble... si on le disait à mon père... il pourrait se
« fâcher... je devrais être à mon magasin... Adieu, mon-
« sieur Alexis..

« — Adieu, chère Georgina... à ce soir...

« — Oh oui, ne venez pas tard... et dès que vous ren-
« trerez jouez sur votre piston... ça fait que je sais que
« vous êtes revenu, et je suis plus contente...

« — Alors je jouerai aussitôt que je reviendrai.

« — Il y a surtout un air que j'aime bien... je le jouais
« aussi sur le piano quand j'en touchais...

« — Lequel, mademoiselle?

« — C'est : *Je pars demain, il faut quitter Marie.* ah!
« il est si doux... si touchant cet air-là...

« — Soyez tranquille... je le jouerai bien souvent...

« — Adieu, adieu...

« — A ce soir...

« — De bonne heure. »

III

OU L'ON REVOIT M. BERLINET.

Rien n'est si gauche, si embarrassé, si craintif qu'un amour bien vrai, bien innocent ; ceux qui l'éprouvent le décèlent à chaque instant tout en voulant le cacher ; un mot les trouble, un regard les fait rougir ; pour un rien ils s'attristent et prennent un air boudeur, pour un motif tout aussi léger, ils redeviennent radieux, leur physionomie s'illumine, il sont au comble du bonheur ; tels sont les amoureux naïfs, timides et sincères. Ils sont faciles à reconnaître lorsqu'on en rencontre dans le monde ; mais on en rencontre peu, chaque jour ils deviennent plus rares, c'est à croire que le type disparaîtra comme ont disparu les carlins.

Les amoureux expérimentés, ceux qui connaissent à fond toutes les ruses, tous les expédients, toutes les télégraphies de l'amour ; ceux-là se cachent mieux, la grande habitude qu'ils ont de ces sortes d'intrigues leur donne un aplomb qui ne se dément pas devant le monde

Quant aux amours coupables, il se dissimulent souvent bien, quelquefois mal. Mal quand ils commencent ; bien quand ils finissent, car alors ils n'ont presque plus rien à dissimuler.

L'amour que Georgina et Alexis éprouvaient l'un pour l'autre, était de la première des catégories que nous venons de citer : il était vrai, pur, innocent, et, tout en croyant bien le cacher, à chaque instant nos amoureux le laissaient voir. Le père le moins clairvoyant devait s'en apercevoir, et Gerbier n'était point un Cassandre.

Lorsque le soir, le son d'un piston tardait à se faire entendre, Georgina devenait triste, inquiète, elle entendait à peine ce qu'on lui disait, et répondait souvent de travers, ce qui parfois faisait rire ses deux jeunes sœurs; lorsque Gerbier lui disait :

« — A quoi penses-tu donc, Georgina?... »

La jeune fille rougissait jusqu'au bout de ses petites oreilles et se hâtait de répondre :

« — Moi, mon père, mais je ne pense à rien... à rien
« du tout... ah si... je trouvais que notre voisin,
« monsieur Alexis, ne nous faisait pas de musique ce
« soir... »

Mais dès que le piston se mettait à résonner, lorsqu'il faisait entendre l'air favori : « *Je vais quitter Marie,* » aussitôt les yeux de Georgina brillaient de la joie la plus vive, les nuages qui obscurcissaient son front disparaissaient comme par enchantement ; puis elle écoutait, elle ne voulait pas perdre une note et alors, si on lui parlait, elle ne répondait plus du tout.

Lorsque le jeune voisin venait chez Gerbier, il était toujours bien longtemps sans oser fixer ses regards sur l'objet de son amour; de son côté la jeune fille en faisait autant. Alexis s'asseyait à une grande distance de Georgina, qui affectait aussi de se tenir éloignée de lui; puis, tout à coup, sans que cela parût prémédité, ils se trouvaient à côté l'un de l'autre, et se regardaient à la dérobée, quand ils croyaient qu'on ne les voyait pas.

Rien de tout cela n'échappait aux yeux de Gerbier, qui se trouvant un matin seul avec Franville lui dit :

« — Il faut que je te fasse part d'une découverte
« que j'ai faite...

« — Ah ! tu as fait une découverte... tiens, c'est
« drôle, et moi aussi j'en ai fait une. Conte-moi la
« tienne, ensuite je te dirai la mienne... à moins que
« nous n'ayons fait tous les deux la même, ce qui
« ne m'étonnerait pas du tout. »

L'ancien militaire souriait en disant cela.

« — Mon cher Franville, depuis que ce jeune homme
« qui loge au-dessus de nous... vient ici, j'ai remarqué
« un grand changement dans l'humeur de Georgina...
« elle n'est plus aussi gaie qu'autrefois, parfois elle reste
« près de nous sans prononcer un mot ; elle est rêveuse,
« distraite, et quand une jeune fille devient comme cela...
« hum !... nous savons bien ce que cela signifie...

« — Pardieu !... cela signifie que l'amour commence
« à parler... que le cœur n'est plus tranquille, que quel-
« qu'un a su le toucher, et ce quelqu'un-là, c'est le
« jeune voisin d'au-dessus... tout cela n'était pas bien
« difficile à deviner... voilà pourquoi je m'en suis aper-
« çu comme toi ; et tu m'as dit absolument ce que j'al-
« lais te conter... eh bien, il n'y a rien de surprenant
« dans tout cela... quand une fille a atteint ses dix-huit
« ans, elle comprend ce que c'est que l'amour... et lors-
« que ses yeux en rencontrent qui lui plaisent, elle en-
« tend le langage de ces yeux-là. Tu n'as pas pensé que
« ta fille serait plus insensible qu'une autre...

« — Non sans doute ; aussi de quoi est-il question
« maintenant, de savoir si Georgina a bien placé ses
« affections.

« — Oui, voilà l'essentiel, et sais-tu bien que si le
« jeune homme ne te convenait pas, il serait un peu
« tard, pour le prier de ne plus revenir chez toi... ta
« fille n'est pas une petite coquette qui est seulement
« heureuse de voir qu'on l'adore... non, si elle aime...

« elle ai me bien... si elle a donné son cœur, c'est qu'il
« est bien pris... mais enfin ce jeune Alexis me semble
« un brave garçon... du premier moment où je l'ai vu,
« il m'a plu... je me suis senti de la sympathie pour
« lui...
— Moi de même, ses manières sont polies, douces...
« il n'a pas le ton de ces mauvais farceurs qui en con-
« tent à toutes les femmes... il est travailleur, et dans
« ses moments de loisir, ce talent qu'il s'est donné, cela
« fait encore son éloge... s'il avait été courir les bastrin-
« gues, les guinguettes, il ne saurait pas si bien jouer
« du piston... tout cela ce sont des faits en faveur du
« jeune homme... mais avant de lui dire : je vous per-
« mets d'aimer ma Georgina, de la regarder comme
« votre femme, il me semble que je voudrais être encore
« plus certain qu'il la rendra heureuse... qu'il saura la
« protéger, la défendre au besoin...
« — C'est juste... ta Georgina est un trésor, on ne
« doit placer cela qu'à bonne enseigne. Mais, sois tran-
« quille, nous étudierons le jeune voisin... ce serait
« bien le diable si, à nous deux, nous ne parvenions pas
« à connaître son caractère...
« — S'il est taquin, jaloux, colère, je ne lui donne pas
« ma fille.
« — Et tu auras raison, mais toutes les apparences
« sont en sa faveur, et j'aime à croire qu'elles ne seront
« pas trompeuses cette fois. »

Quelques jours après que les deux amis avaient eu cette conversation, par un beau dimanche d'automne, la famille Gerbier se met en route sur les deux heures de l'après-midi pour aller visiter le bois de Boulogne; cette partie était préméditée depuis longtemps, et toute la petite famille de Gerbier s'en faisait une fête, les deux petit garçons avait promis de marcher comme de grandes personnes; les jeunes filles s'étaient faites bien belles, et

Georgina sentait son cœur battre de plaisir, car son père avait permis au jeune voisin d'être de la partie et de venir se promener avec eux.

Il n'est pas besoin de dire avec quelle joie Alexis avait reçu cette permission qu'il n'avait sollicitée qu'en tremblant. Mais pour mitiger un peu sa joie, Gerbier avait dit à Georgina de prendre le bras de Franville, qui, lui aussi, était le compagnon fidèle de la famille.

On s'est mis en route gaiement; le temps est superbe, et une grande partie des habitants de Paris s'est donné le plaisir de la promenade, il y a foule sur les boulevards, aux Champs-Élysées et jusque dans le bois de Boulogne qui est devenu un charmant jardin anglais, Gerbier tient par la main chacun de ses fils, auxquels de temps en temps il paye des gâteaux, afin de leur donner des forces; ces deux plus jeunes filles Marie et Lisa marchent devant lui, en se donnant le bras, puis à sa gauche, Georgina tient celui de Franville, en jetant fort souvent un regard sur Alexis qui est à côté de l'ancien militaire.

La figure de Gerbier exprime le plus doux contentement lorsque après avoir regardé ses fils, ses yeux se portent sur ses autres enfants, et Franville qui remarque souvent ce coup d'œil du père de famille lui dit :

« — Tu nous passes en revue?...

« — Oui, je me permets cela.

« — Es-tu content de la tenue?

« — Très.content.

« — Je gage que tu ne troquerais pas ton régiment
« pour le plus beau corps de l'armée dont on te ferait
« colonel?

« — Ma foi, non, regarde donc comme ces deux
« petits-là marchent bien!... et mes deux plus jeunes
« filles... elles seront gentilles aussi!...

« — Et celle que j'ai sous le bras... que tous les

« hommes lorgnent en passant... sais-tu que je fais bien
« des jaloux, moi... donner le bras à un joli minois...

« — On croit que tu es son mari.

« — Son mari !... regade donc, tu la fais rire... elle
« serait bien lotie avec un mari comme moi !... non,
« non... à fille jeune et belle, il faut un mari jeune et
« gentil ! je suis de l'avis de la chanson : *Il faut des époux*
« *assortis.* »

Georgina et Alexis ne disent rien, mais tous deux rougissent en souriant, et il est facile de voir qu'il sont entièrement de l'avis de Franville.

Pendant que la famille Gerbier et ses amis faisaient leur entrée dans le bois de Boulogne, deux messieurs, que nous avons déjà vus en chemin de fer, se rencontraient dans la même promenade. C'était M. Berlinet, le courtier en vins, si grand amateur du beau sexe et qui avait voyagé avec huit nourrices munies de leurs poupons, puis le jeune Torse, le petit dessinateur qui possédait une glace dans le fond de son chapeau, à l'usage des dames que le vent avait décoiffées.

« — Tiens !... c'est mon jeune artiste !... » s'écrie Berlinet en s'arrêtant devant Torse, et se posant sur la hanche suivant son habitude, après avoir braqué son monocle sur son œil droit.

« — Eh ! mais c'est monsieur Berlinet !... nous ne
« nous sommes pas revus depuis notre rencontre en
« chemin de fer, où l'on a eu une si grande frayeur...
« pendant le temps d'arrêt.

« — Oh ! moi je n'ai pas eu peur un moment !... mais
« cela a donné lieu à des aventures fort piquantes !...

« — Vous étiez dans un wagon rempli de jolies fem-
« mes à ce que je crois...

« — Oui... il y en avait même trop... on ne savait à la-
« quelle s'adresser, c'est pourquoi, profitant du tohu-
« bohu causé par la frayeur générale, j'ai changé de

« place, je me suis glissé près d'une superbe femme du
« Nord... une Hongroise qui voyageait incognito... elle
« n'avait avec elle qu'une duègne qui ne parlait pas fran-
« çais... J'ai fait connaissance très-vite...

« — Et vous avez fait la conquête de votre Hongroise?
« — Oui, mon petit.
« — C'est une actrice ?
« — Du tout ! c'est une duchesse... très-riche... il ne
« serait pas impossible que je l'épousasse !...
« — Vous êtes bien heureux ! vous n'avez qu'à vous
« montrer pour séduire !...
« — C'est vrai... les femme me tombent toutes rôties...
« — Vous ne faites que tordre et avaler !
« — Oui, petit Torse... à propos ne faites-vous pas
« des portraits ?
« — Sans doute, pourquoi ?
« — Parce que ma Hongroise veut avoir le mien... et
« comme vous avez du talent... comme vous donnez
« du chic à vos têtes, je serai bien aise que vous fassiez
« la mienne...
« — Volontiers, quand vous voudrez...
« — Où diable demeurez-vous pour que j'aille poser...
« je ne me rappelle jamais les adresses, moi.
« — Tenez, voici ma carte, cela vous tiendra lieu de
« mémoire. »

Berlinet met dans sa poche la carte que lui donne le jeune dessinateur, puis tout à coup il s'écrie :

« — Ah ! fichtre !... la jolie personne... quelle tête dé-
« licieuse... et cette taille... comme tout cela est bien
« pris... elle n'a pas besoin de crinoline celle-là...
« regardez-donc, Torse... tenez... cette jeune fille qui
« donne le bras à un vieux qui traîne la jambe... »

M. Berlinet désignait Georgina au jeune artiste, qui la « regarde et répond :

« — C'est vrai... voilà une charmante tête... il est

« rare de rencontrer une figure si jolie et si gracieuse...

« Aussi n'ai-je pas l'intention de la perdre de vue;
« je vais jeter mon grappin sur cet objet-là...

« — Et votre Hongroise?...

« — Elle a sa migraine aujourd'hui, d'ailleurs, mon
« cher, abondance de bien ne nuit pas!... voilà mon
« principe... venez donc par ici; je veux suivre cette
« ravissante brune.

« — Ah! je ne peux pas, il faut que je dessine ce point
« de vue... cette partie du bois... par conséquent je reste
« ici...

« — En ce cas je vous quitte pour m'attacher aux pas
« de cette divinité...

« — Mais elle n'est pas seule...

« — Oh! cela m'est bien égal... est-ce que je connais
« les obstacles... je fais des conquêtes à la barbe des
« maris, des pères, des frères, le danger me sourit... il
« me plaît, il m'aiguillonne... au revoir, Torse!

« — Quel homme audacieux! »

M. Berlinet a quitté le jeune artiste pour suivre Georgina qui s'éloignait toujours au bras de Franville. La famille Gerbier avait rompu l'ordre de sa marche depuis qu'elle était dans le bois de Boulogne : d'abord les deux petits garçons avaient lâché les mains de leur père pour courir à droite et à gauche; mesdemoiselles Lisa et Marie folâtrent aussi dans les allées. Alors Franville quitte le bras de Georgina en lui disant :

« — Oui, je crois qu'il est bon d'avoir un peu de li-
« berté, et qu'il n'est pas absolument nécessaire, ma
« chère enfant, que vous soyez toujours attachée au
« vieux grognard. Vous êtes d'âge à courir, à jouer
« comme vos sœurs, et moi, je vous gênerais beaucoup
« pour cet exercice. »

Georgina accepte en riant la liberté qu'on lui donne,

et tout en courant parfois avec ses sœurs, elle se trouve fort souvent près d'Alexis.

Cependant M. Berlinet avait rejoint la jolie fille, il passait et repassait devant elle en lui lançant des regards avec lesquels il espérait la fasciner, et que Georgina ne remarquait même pas.

Mais Alexis avait fort bien remarqué l'obstination de ce monsieur à se trouver sans cesse sur les pas de celle qu'il adore, et plus d'une fois déjà il avait été sur le point de lui en demander la raison.

Tout à coup la voix de Franville se fait entendre; il appelle Alexis, parce qu'un des deux petits enfants vient de disparaître. Son père veut le retrouver, il est déjà inquiet. Il s'agit de chercher l'enfant avec lui. Alexis est donc obligé de s'éloigner de Georgina et de ses sœurs, qui ne savent pas pourquoi on a appelé le jeune homme et continuent de courir et de jouer dans le bois.

M. Berlinet s'aperçoit que la jolie demoiselle qu'il lorgne n'a plus aucun homme près d'elle, il ne manque pas de saisir cette occasion pour se rapprocher, et lorsqu'elle se trouve séparée de ses jeunes sœurs, il l'aborde en lui disant :

« Vous êtes ravissante ! vous êtes adorable ! je meurs
« d'amour pour vous ! De grâce, accordez-moi un ren-
« dez-vous pour demain... ce soir... quand vous vou-
« drez... Mais je ne vous quitte pas que vous ne m'ayez
« accordé un rendez-vous... »

Georgina regarde avec surprise ce monsieur qu'elle ne connaît pas et qui lui parle; elle continue son chemin, en disant :

« — Vous vous trompez, monsieur, je ne vous connais
« pas. »

Mais notre courtier en vins ne se rebute pas facilement ; il court après la jeune fille, la rejoint et recommence à lui parler :

« — Mademoiselle, vous ne me connaissez pas, en
« effet; mais c'est pour faire connaissance que je vous
« demande la faveur d'un entretien... J'ose croire, lors-
« que vous me connaîtrez mieux, que vous ne vous re-
« pentirez pas de m'avoir écouté; je ne suis point un pre-
« mier venu. »

En disant cela, le monsieur au monocle se tenait toujours devant Georgina, afin de l'empêcher d'aller
rejoindre ses sœurs. Celle-ci fait tous ses efforts pour
passer, en disant :

« — Encore une fois, monsieur, je vous répète que
« vous vous trompez... vous me prenez sans doute pour
« une autre...

« — Vous êtes faite pour tourner la tête à tout le
« Jockey-Club?... Oh! quels yeux!...

« — Monsieur, je vous prie de me laisser passer... je
« veux rejoindre mes sœurs...

« — Non, vraiment... je ne vous laisserai point passer
« sans avoir obtenu une réponse favorable...

« — Prenez garde, monsieur... J'ai du monde avec
« moi... Je vais appeler...

« — Je me moque pas mal de tout votre monde...
« vous ne passerez pas...

« — C'est ce que nous allons voir, monsieur! » s'é-
crie Alexis qui venait de rejoindre Georgina, parce que
le petit Émile avait été retrouvé par son père devant
une marchande de gâteaux, au moment où Franville et
le jeune voisin accouraient pour l'aider dans ses recherches.

M. Berlinet est resté un peu déconcerté en voyant
Alexis qui est venu se planter devant lui. Quant à Georgina, elle s'empresse de dire :

« — Ah! que vous venez à propos, monsieur Alexis,
« voilà ce monsieur que je ne connais pas, et qui pré-

« tendait m'empêcher de passer, et qui me demandait
« un rendez-vous... »

La colère éclate dans les yeux du jeune ébéniste, qui marche presque sur les pieds de Berlinet en lui disant :

« — Vous demandiez un rendez-vous à mademoi-
« selle ; pour qui donc la preniez-vous?... Répondez... »

Berlinet est fort troublé, mais il tâche de reprendre de l'assurance en répondant :

« — Qu'est-ce que cela vous fait?... de quoi vous
« mêlez-vous?... Je ne vous connais pas... Laissez-moi
« tranquille!...

« — Ce que cela me fait que l'on insulte mademoi-
« selle... Tenez, voilà pour vous l'apprendre. »

En disant cela, Alexis applique sur la joue de monsieur Berlinet un si vigoureux soufflet, que le beau séducteur manque d'être renversé et que son monocle se brise sur son visage.

Georgina pousse un cri. Mais Gerbier et Franville, qui n'étaient qu'à quelques pas, sont bientôt près d'elle : ils l'emmènent loin de la foule qui commence à entourer le monsieur qui a reçu le soufflet. Celui-ci fait de grands gestes, de grands bras en criant à tue-tête :

« — Ah! nous allons voir!... Sacrebleu!... cela ne se
« passera pas ainsi, monsieur!... J'aurai votre vie... je
« vous tuerai, vous êtes un homme mort!...

« — C'est bien, monsieur, » répond Alexis avec sang-froid. « En attendant, vous êtes, vous, un homme souf-
« fleté... Et vous l'aviez bien mérité ; mais je ne refuse
« pas de vous rendre raison, je suis prêt.

M. Berlinet continue de se démener, et surtout de crier bien fort, comme s'il cherchait à attirer de son côté l'intervention des sergents de ville. Mais Franville, qui vient de s'approcher, lui prend le bras en lui disant à demi-voix :

« — Monsieur, quand on a vraiment envie de se
« battre, on ne fait pas tant de bruit...

« — Qu'est-ce que cela vous fait, à vous?... De quoi
« se mêle-t-il, celui-là?

« — Je me mêle de ce qui me regarde, car je serai le
« témoin de ce jeune homme... Allons, monsieur, votre
« carte, vite, et je serai chez vous demain matin, à
« huit heures, pour régler l'ordre du combat...

« — Comment, vous serez chez moi?... mais si j'aime
« mieux aller chez vous... »

Alexis, qui, depuis un moment, écrivait au crayon son
adresse sur ses tablettes, déchire la feuille et la donne à
M. Berlinet en lui disant :

« — Voici mon adresse, monsieur, je vous attendrai
« jusqu'à huit heures; si vous ne venez pas, on ira chez
« vous...

« — Très-bien; demain je vous tuerai...

« En attendant, donnez-nous donc aussi votre adresse,
« monsieur, » dit Franville en retenant le beau séducteur
qui cherchait à s'éclipser.

« — Mais ce n'est pas la peine, puisque j'irai chez
« vous...

« — Vous pourriez l'oublier... On perd la mémoire
« quelquefois, et je ne me fie pas à la vôtre... D'ailleurs,
« monsieur, c'est l'usage, on doit échanger ses cartes...
« Vous n'avez donc jamais eu d'affaires d'honneur?

« — C'est-à-dire que j'en ai eu... plus que je n'ai d'an-
« nées... Tenez... tenez... voici ma carte... A de-
« main... »

Et M. Berlinet, après avoir donné à Alexis une carte
qu'il a prise dans sa poche, et regardée un instant, s'empresse de se perdre dans la foule et de disparaître.

« — Mon Dieu! et mademoiselle Georgina? » s'écrie
Alexis, « où donc est-elle? je ne la vois plus...

« — Rassurez-vous, elle est avec son père et toute sa

« famille... Tenez, je les vois là-bas qui nous attendent...
« Venez, mon ami...

« — Ah ! monsieur, est-ce que vous croyez que M. Ger-
« bier va me gronder ?...

« — Vous gronder ! Par exemple ! parce que vous avez
« défendu sa fille contre les entreprises d'un insolent... Il
« vous remerciera, au contraire... Du reste, nous avons
« été témoins du soufflet... Ah ! le beau soufflet !... Bravo !
« mon jeune ami, touchez là !... Ce soufflet-là m'a prouvé
« que je vous avais bien jugé... Je n'aurais pas mieux
« fait, parole d'honneur ! »

Georgina pleurait, et son père cherchait en vain à la consoler, car elle pensait que le soufflet serait suivi d'un combat ; en apercevant Alexis qui revient avec Franville, elle pousse un cri de joie.

« — Venez donc la consoler... elle vous croyait déjà
« mort ! » dit Gerbier en tendant sa main au jeune homme, « il y a des gens qui vous diraient que vous
« avez été un peu vif ; moi, mon cher Alexis, je dis que
« vous avez bien fait de châtier cet impertinent, car je
« sais par Georgina comment il s'est conduit avec elle...

« — Oh ! c'est égal, » balbutie la jolie fille, « je suis
« bien fâchée d'avoir été la cause de cette querelle !...

« — Mais, mademoiselle, vous en êtes la cause bien in-
« nocente. Est-ce donc votre faute, si un homme qui
« passe près de vous pousse l'impertinence jusqu'à l'in-
« sulte...

« — Mais vous vous battrez avec cet homme, peut-
« être... et si vous étiez blessé... Ah ! mon Dieu... je ne
« m'en consolerais jamais !...

« — Ma chère enfant, » dit Franville, « ayez confiance
« en moi et fiez-vous à mon expérience... Je gagerais
« vingt contre un que ce duel n'aura pas lieu...

« — Pourquoi cela ? » dit Alexis.

« — Oh ! parce que votre adversaire n'a pas du tout

« envie de se battre... C'est un fanfaron... un monsieur
« qui fait du bruit!... On connaît ces gaillards-là. A
« propos, il vous a donné son adresse... Voyons donc
« comment il se nomme, ce particulier... »

Alexis sort la carte de sa poche et lit : « Torse, rue
« Rochechouart, 10. »

« — Ah! il se nomme Torse... C'est bien, s'il n'est pas
« chez vous demain à huit heures, » dit Franville, « j'irai
« rue Rochechouart.

« — J'irai avec toi, » dit Gerbier, « car je serai le se-
« cond témoin d'Alexis.

« — C'est pas la peine que tu te déranges, va !... nous
« ne le trouverons pas, ce monsieur...

« — Sa carte est très-coquette, » reprend Alexis ;
« voyez donc, il y a des dessins... des petits amours aux
« quatre coins...

« — C'est peut-être son portrait qu'il a voulu offrir
« avec son nom, ce monsieur !... mais ça ne lui ressem-
« ble pas du tout. »

La famille Gerbier reprend le chemin de Paris. Mais
cette fois Gerbier dit à Alexis :

« — Donnez votre bras à ma fille, vous en avez acquis
« le droit, mon ami, car vous avez prouvé que vous
« sauriez la secourir et la défendre... enfin, vous êtes
« un brave garçon, et ça me va ! »

Alexis ne se sent pas de joie, et il presse doucement
contre lui ce bras qu'on lui permet de prendre : mais,
quoiqu'elle soit bien heureuse d'avoir celui qu'elle aime
pour cavalier, Georgina est triste tout le long de la
route, car elle pense au duel qui peut être la suite, de
cette aventure.

Le lendemain à sept heures du matin, tout le monde
était déjà réuni chez Gerbier. Personne ne voulait se
rendre à sa besogne habituelle avant de savoir si le
monsieur de la veille viendrait trouver Alexis. La porte

donnant sur le carré était laissée ouverte ; au plus petit bruit dans l'escalier, Alexis courait s'assurer si c'était son adversaire ; car alors il aurait monté bien vite à sa chambre pour l'y recevoir.

Mais huit heures sonnent, puis la demie, puis enfin neuf heures, et personne ne vient. Georgina est radieuse, Gerbier rit, et Franville dit à Alexis :

« — Mon cher ami, vous pouvez aller à votre ouvrage
« comme à l'ordinaire ; tout le monde peut en faire au-
« tant. Vous voyez bien que nous avons affaire à un
« farceur qui nous fait poser. J'en étais sûr. Au reste,
« je vais aller rue Rochechouart, 40, voir si l'on y
« connait ce monsieur qui a des amours sur sa carte,
« et ce soir je vous apprendrai le résultat de ma dé-
« marche.....

« — Franville a raison, » dit Gerbier. « A ce soir, mes
« enfants, et allons travailler. »

On se sépare. Georgina a laissé tomber un tendre regard sur Alexis, et Gerbier a serré affectueusement la main de celui qu'il est heureux maintenant de regarder comme son futur gendre.

Franville s'appuie sur sa canne et marche plus vite qu'à l'ordinaire, parce qu'il a hâte d'arriver rue Rochechouart. Enfin il a atteint le numéro indiqué, entre dans une belle maison et dit au concierge :

« — M. Torse, connaissez-vous cela ?

« — Oui, sans doute, monsieur ; c'est au cinquième au-
« dessus de l'entre-sol.

« — Est-ce qu'il est chez lui, par hasard ?

« — Oh oui, monsieur, toujours à cette heure-ci il tra-
« vaille dans son atelier ?

« — Dans son atelier... c'est donc un artiste...

« — Comment, monsieur ne sait pas que celui qu'il
« demande est peintre, dessinateur...

« — Ma foi ! non, je l'ignorais... c'est sans doute pour

« cela qu'il a fait des amours sur sa carte... n'importe,
« au sixième, dites-vous...

« — Tout en haut.

« — Très-bien. Je vais le trouver. »

Tout en montant, l'ancien militaire se disait : « C'est
« singulier! je n'aurais jamais cru que ce particulier
« d'hier était un artiste... enfin nous allons savoir ce
« qu'il a dans le ventre ce matin. »

Franville est arrivé à la porte de l'atelier, il trouve la
clef, entre dans une grande pièce recevant du jour par le
haut et trouve Torse en train d'esquisser un fort grand
dessin.

En voyant le tout petit artiste dont la tête et le corps
n'ont pas la moindre ressemblance avec le personnage
si criard du bois de Boulogne, Franville ôte son chapeau et dit :

« — Pardon, monsieur, de vous déranger, mais on
« m'avait assuré que je trouverais monsieur Torse ici. »

Le jeune dessinateur relève la tête, regarde d'un air goguenard celui qui vient d'entrer et répond seulement :

« — Eh bien?...

« — Eh bien, je ne le vois pas.

« — Ah! vous ne le voyez pas... alors qu'est-ce que
« vous voyez en ce moment?

« — Il me semble que je ne vois que vous ici.

« — Eh bien?...

« — Ah! sacrebleu... je n'ai pas monté six étages pour
« qu'on se moque de moi... entendez vous, monsieur!...

« — Et moi je voudrais bien savoir ce que vous venez
« faire dans mon atelier, où vous me parlez depuis que
« vous y êtes en me disant que vous ne me voyez
« pas...

« — Votre atelier... pardon, monsieur... tout cela va
« peut-être s'expliquer...

« — Espérons-le ! grand Dieu ! espérons-le !...

« — Auriez-vous la complaisance de me dire votre
« nom...

« — Ah! ceci est joli... vous venez de me le dire tout
« à l'heure, à présent vous me le demandez... »

Franville sort la carte de sa poche et la présente au petit jeune homme en lui disant :

« — Connaissez-vous cela ?

« — Sans doute, c'est une de mes cartes avec mon
« adresse.

« — Alors vous êtes donc monsieur Torse ?

« — Je vous le corne aux oreilles depuis que vous
« êtes entré.

« — Mais ce n'est pas vous qui avez hier insulté une
« jeune fille au bois de Boulogne et reçu pour cela un
« soufflet...

« — Non !... oh ! quant à cela je puis vous assurer que
« ce n'est pas moi... je n'ai jamais reçu de soufflet, et
« j'ose dire aussi que je n'ai jamais insulté de jeunes
« filles, ce n'est ni dans mes goûts ni dans mes habitudes.

« — Je vois fort bien que ce n'est pas vous qui avez
« eu hier cette affaire avec un brave garçon de mes
« amis...

« — Et pourtant j'ai été hier au bois de Boulogne, je
« dois en convenir.

« — Fort bien, mais comment se fait-il que celui que
« nous cherchons pour nous battre avec lui nous ait
« remis votre carte en nous disant que c'était la sienne...

« — Il s'est probablement trompé de carte.

« — Non, il ne s'est pas trompé : je l'examinais atten-
« tivement, moi, et avant de nous donner cette adresse,
« il l'a regardée avec attention.

« — Alors il a voulu faire une farce...

« — Faire une farce quand on a reçu un soufflet...
« est-ce que vous en feriez autant...

« — Non... oh non !... je suis petit... mais rageur...

« — Enfin, celui qui a fait cela doit être de votre con-
« naissance puisqu'il avait votre carte dans sa poche...

« — Attendez donc... oui, je me rappelle à présent !
« hier, au bois de Boulogne, j'ai fait la rencontre d'un
« dandy qui m'a demandé mon adresse pour faire faire
« son portrait ; je la lui ai donnée, puis il m'a quitté pour
« courir sur les pas d'une charmante jeune fille qui pas-
« sait au bras d'un... eh pardieu !... à votre bras, je vous
« remets à présent.

« — C'est cela même. Alors vous savez qui je cherche
« et vous allez me le faire connaître...

« — Parbleu, c'est... »

Le jeune artiste s'arrête, puis reprend :

« — Mais non, au fait, je ne dois pas vous le faire
« connaître... si c'était lui qui eût donné le soufflet, oh !
« je vous le nommerais sur-le-champ ; mais c'est lui qui
« l'a reçu et il se cache... c'est qu'apparemment il est
« content comme cela et ne veut pas que cela ait des
« suites. Il est donc plus sage que vous ne le trouviez
« pas.

« — Ma foi, ce sera comme vous voudrez. Après tout
« je crois que vous avez raison ; il est assez inutile que
« je retrouve ce mauvais farceur, car il est bien certain
« qu'il n'a pas envie de se battre. Monsieur Torse, je vous
« souhaite bien le bonjour... désolé de vous avoir dé-
« rangé...

« — Et moi, monsieur, je suis charmé d'avoir fait
« votre connaissance et su l'emploi que l'on fait de mes
« adresses. »

Le soir venu, Franville s'empresse d'aller chez Gerbier
raconter ce qui lui est arrivé le matin. Georgina saute
de joie en apprenant qu'on ne retrouve pas le monsieur
au soufflet, et Gerbier dit tout bas à son ami :

« — Allons ! puisque ce monsieur a été corrigé, il
« vaut autant que cela se passe comme cela : car ma fille

« serait tombée malade d'inquiétude... Oh! elle aime
« bien ce jeune homme!... mais grâce au ciel je suis
« certain maintenant que c'est un brave garçon... et s'il
« ne tombe pas au sort, il épousera ma Georgina. »

IV

COUP DU SORT.

Le froid était venu; les feuilles étaient tombées; on ne se promenait plus guère, et c'était au coin du feu que l'on se retrouvait le soir pour se délasser des travaux de la journée; autre temps, autres soins.

Franville passait sur le boulevard de la Madeleine; il marchait aussi rapidement que le lui permettait sa jambe invalide; les promeneurs étaient rares, car le temps était froid sans être beau, et un léger brouillard empêchait de voir devant soi. Cependant l'ancien militaire y voit assez pour apercevoir un monsieur qui vient devant lui en marchant les yeux baissés vers la terre, si bien qu'il doit infailliblement le heurter s'il ne se range pas. Tout en se disposant à livrer passage à ce promeneur qui semble si préoccupé, Franville l'examine et se dit :

« — C'est la tournure de Duhautcours... mais ce ne
« doit pas être lui... il marche ordinairement la tête
« haute!... et d'un pas plus assuré... »

C'était cependant bien le capitaliste qui venait devant lui; en arrivant tout près de Franville ce monsieur relève tout à coup la tête. Les deux hommes se reconnaissent; mais Franville n'est pas maître d'un mouvement de surprise en remarquant le changement qui s'est opéré dans les traits de son ancienne connaissance.

En quelques semaines Duhautcours a vieilli de plusieurs années : il est pâle, ses yeux n'ont plus leur éclat, leur expression habituelle, son front est sombre, ses joues se creusent et ses lèvres serrées ne laissent plus voir ce sourire de satisfaction qui semblait défier le malheur.

« — Ah! c'est vous! » murmure Franville, « ma foi je
« ne m'étonne pas si je ne vous reconnaissais pas de
« loin, car c'est à peine si je vous reconnais de près...
« bonjour... »

Le vieux militaire se dispose à continuer son chemin mais la voix de Duhautcours l'arrête :

« — Franville!... vous êtes donc bien pressé...

« — Moi... ma foi non... vous savez bien que je n'ai
« plus rien à faire... mais comme ordinairement vous
« n'êtes pas charmé de me rencontrer, comme vous
« n'avez pas envie de causer avec moi, et que souvent
« même vous m'évitez... je vous mettais tout de suite à
« votre aise en ne m'arrêtant pas... d'autant plus qu'a-
« près tout ce que je vous ai dit, je n'ai plus rien à vous
« dire, à moins de recommencer, et comme je pense que
« ce serait inutile... je m'en abstiendrai... Ah! cependant
« je peux vous dire que je vous trouve bigrement chan-
« gé... vous avez été malade probablement?...

» — Non... je n'ai pas été malade... c'est le chagrin qui cause ce changement qui vous frappe...

« — Le chagrin... vous avez du chagrin... vous?..
« vous avez donc perdu de l'argent?

« — Je n'ai point perdu d'argent... mais... vous igno-
« rez donc le malheur affreux qui m'a frappé?

« — Le malheur... j'ignore tout... mais je remarque
« à présent... vous êtes tout en noir... il y a un crêpe à
« votre chapeau... qui donc avez vous perdu?...

« — Ma fille... ma Célesta...

« — Ah! mon Dieu... que me dites vous-là... votre
« fille!...

« — Elle est morte... il y a huit jours... »

En prononçant ces mots Duhautcours baisse la tête,
et des larmes tombent de ses yeux. Franville se sent vivement ému, il prend la main de son ancienne connaissance et la presse dans les siennes en balbutiant :

« — Ah! malheureux!... je vous plains... ah, je vous
« plains sincèrement!... quoi! cette jeune personne, si
« grande... si forte... et dans un âge où la nature a tant
« de ressources... mais c'est donc un accident inat-
« tendu... quelque catastrophe impossible à prévoir...

« — Non... si Célesta est morte... hélas! elle seule a
« amené ce fatal événement... qu'elle était bien loin de
« prévoir. Écoutez-moi : ma fille, ainsi que vous le di-
« siez tout à l'heure, était grande, forte, bien constituée
« et cette santé, dont j'étais fier, moi, se montrait sur
« son visage par une éclatante fraîcheur, par des cou-
« leurs, un peu vives, peut-être, mais que j'aimais à con-
« templer. Malheureusement il n'en était pas ainsi de ma
« fille : ces couleurs qui couvraient ses joues étaient
« pour elle un chagrin de tous les instants; elle avait
« entendu ses bonnes amies de la société dire que rien
« n'était plus commun que d'avoir le teint coloré, qu'il fal-
« lait laisser cela aux paysannes, aux moissonneuses...
« Ah! les femmes sont si méchantes entre elles!... elles
« éprouvent tant de plaisir à se lancer des traits empoi-
« sonnés!... et ceux-ci n'avaient que trop bien porté.
« Ma fille n'avait plus qu'un désir : perdre ses couleurs,
« devenir pâle, voilà quelle était sa pensée de tous les
« instants, le but de tous ses vœux. Hélas!... à Paris,
« quand on a de l'argent, on trouve toujours des gens qui
« vous offrent de vous rendre tel que vous voulez être...
« il y a quelques semaines je m'aperçus que Célesta

3.

« changeait, qu'elle perdait de ses couleurs. Je lui de-
« mandai si elle se sentait malade : bien loin de là, elle
« laissa éclater la joie la plus vive, en s'écriant : Moi,
« malade !... je ne me suis jamais si bien portée... Ah !
« vous me trouvez moins de couleurs qu'autrefois, tant
« mieux, c'est qu'elles s'en vont ces maudites cou-
« leurs... j'en suis enchantée !

« La perte de ses couleurs ne m'eût pas autrement
« inquiété, si je ne m'étais aperçu que depuis qu'elles
« disparaissaient une toux sèche, mais constante, mais
« incessante s'était emparée de ma fille. Je lui fis obser-
« ver qu'elle devait soigner ce rhume ; elle me pria de ne
« point m'inquiéter de sa santé, en me jurant qu'elle
« n'éprouvait aucune souffrance. Ses couleurs disparu-
« rent bientôt entièrement, mais cette maudite toux ne
« faisait qu'augmenter, les forces de Célesta s'affaiblis-
« saient ; je lui envoyai notre médecin, elle ne voulut
« pas le recevoir, elle entra en fureur lorsque je lui
« dis qu'il attribuait sa maladie à la perte de ses cou-
« leurs ; et en effet le docteur m'avait dit : ce change-
« ment survenu chez mademoiselle votre fille a été trop
« prompt pour être naturel : ses couleurs lui étaient
« antipathiques, je crains qu'elle n'ait pris quelque
« drogue pour les faire passer... ce serait une grande
« faute, car le sang qui était là, est descendu se fixer
« sur la poitrine, où le mal fait des progrès avec une
« effrayante rapidité.

« Hélas ! le médecin n'avait que trop bien deviné !...
« Ma fille, ainsi que je l'ai su depuis par la femme de
« chambre, que j'ai forcée à m'avouer la vérité... ma
« fille avait voulu être pâle... et un de ces charlatans
« qui ont des secrets, des élixirs pour tout ce qu'on sou-
« haite, lui avait fourni le moyen de perdre ses couleurs.
« Bientôt Célesta n'eut plus la force de quitter sa chaise
« longue... en six semaines de temps, cette jeune fille si

« forte, si fraîche, était devenue effrayante de pâleur et
« de maigreur... Eh bien! le croiriez-vous? alors même
« que je la suppliais de suivre les ordonnances du méde-
« cin... d'écouter mes prières, elle me répondait en-
« core :

« — Non, c'est inutile... je ne suis pas malade... je suis
« très-pâle... c'est ce que je voulais, j'ai l'air intéres-
« sant, on ne se moquera plus de moi... ma toux n'est
« rien, elle se passera, et mes forces reviendront... mais
« j'espère bien que mes couleurs ne reviendront plus
« avec.

« Enfin, il y a huit jours... après s'être fait apporter
« un miroir pour se regarder, elle est morte quelques
« instants après avoir répété qu'elle était bien contente
« d'être pâle. »

Duhautcours a cessé de parler; il porte son mouchoir
sur ses yeux. Franville est touché de sa douleur. Après
un moment de silence, il lui dit :

« — Votre fille a causé elle-même sa perte... il fallait
« apparemment que cela fût ainsi... Tous vos efforts
« pour prévenir ce malheur ont été vains... elle n'a pas
« voulu vous écouter, mais du moins vous n'avez aucun
« reproche à vous faire. C'est une perte cruelle pour
« vous, je le conçois... mais cela vous prouve que dans
« la vie, il ne faut pas se flatter d'être constamment
« heureux. Ceux qui croient pouvoir défier le sort ont
« bien tort de faire claquer leur fouet!

« — Oui... oui... en effet! qui aurait jamais pu pré-
« voir que ma fille... ayant tout ce qui pouvait lui assu-
« rer l'existence la plus heureuse et la plus brillante!...
« Oh! fatale coquetterie!

« — Eh mon Dieu! ce n'aurait pas été cela que c'eût
« été autre chose... et puis, voyez-vous, moi, je crois
« à la destinée... Ainsi, vous n'avez plus que votre
« fils?

« — Sans doute.

« — Un enfant, c'est peu... car vous voyez bien qu'il
« arrive des malheurs si imprévus...

« — Ah! que voulez-vous dire?

« — Mon Dieu! je ne veux pas dire que vous perdrez
« votre fils. A Dieu ne plaise, pauvre garçon!... heureu-
« sement les hommes n'ont pas de ces maudites idées de
« coquetterie comme les femmes ; mais c'est égal, un seul
« enfant pour tant de fortune... enfin... que voulez-
« vous... il faut savoir supporter les coups du sort; je
« sais bien que c'est dur, et surtout quand on n'y est
« pas accoutumé. Allons... du courage ! »

Franville se dispose à quitter Duhautcours ; celui-ci
l'arrête encore, il semble vouloir parler et ne pas y être
décidé; après avoir hésité quelque temps, il murmure
enfin :

« — Mais... cet enfant... ce fils d'Adèle, est-ce que
« vous croyez qu'on pourrait le retrouver? »

Au nom d'Adèle, Franville a vivement levé la tête, et
il répond.

« — On le pouvait assurément il y a cinq ou six ans,
« car les enfants que l'on met dans ces maisons-là n'en
« sortent pas, je crois, avant d'avoir atteint l'âge de
« quatorze ou quinze ans; alors on les met en apprentis-
« sage, car on leur donne à tous un état, afin qu'ils ne
« deviennent pas des vagabonds.

« — Et maintenant, si on allait s'informer, pensez-
« vous que l'on saurait encore ce qu'il est devenu?

« — Pourquoi pas? vous l'avez dit vous-même, avec
« de l'argent on vient à bout de tout. Voulez-vous que
« j'aille m'informer à la grande maison? Je crois qu'il
« faut donner une somme... mais qu'est-ce que cela pour
« vous?

« — Oh ! ce n'est pas l'argent qui m'arrête.

« — Qu'est-ce donc alors!... Voyons, Charles, vous

« avez eu un bon mouvement, il faut y céder... vous
« avez compris qu'outre les enfants que vos mariages
« vous ont donnés, il y en avait un autre... qui est mal-
« heureux, indigent peut-être, tandis que son père nage
« dans l'opulence... car ce fils d'Adèle, c'est votre fils
« aussi... Oh! vous le savez bien... vous n'en doutez pas.
« Voyons, pourquoi hésitez-vous encore ?

« — Je désire bien savoir s'il existe... et, s'il existe...
« savoir ce qu'il fait... ce qu'il est; mais je voudrais le
« voir avant qu'il sache... que je m'intéresse à lui...

« Très-bien ! je comprends... vous désirez d'abord le
« connaître, savoir si c'est un brave et honnête garçon...
« s'il mérite qu'on lui fasse du bien...

« — S'il est beau garçon... bien bâti...

« — Oui... oui... Oh ! vous tenez à cela, vous ; mais,
« soyez tranquille, le fils d'Adèle ne peut pas être vilain.
« Alors c'est décidé. Je puis commencer les démarches
« pour retrouver ce pauvre petit. Je dis petit, et il doit
« être grand, à présent... »

Pour toute réponse, Duhautcours sort un rouleau d'or
de sa poche et le donne à Franville :

« — Tenez... il y a mille francs là dedans ; si cela ne
« suffit pas, venez m'en redemander.

« — Oh ! je suis bien persuadé qu'il y a là plus d'argent
« qu'il n'en faut... c'est égal... c'est bien, ce que vous fai-
« tes aujourd'hui... Donnez-moi votre main, Charles...
« de là-haut, cette pauvre Adèle doit être bien contente !
« vous exaucez enfin ses derniers vœux.

« — Mais je vous en supplie, Franville, si vous re-
« trouvez... le fils d'Adèle, soyez prudent et discret... pas
« un mot qui puisse lui faire deviner... les liens qui
« m'attachent à lui.

« — Soyez tranquille, je ne ferai rien sans votre per-
« mission, et dès que je saurai quelque chose, j'irai vous
« en faire part.

« — Prenez aussi ce papier, vous verrez dessus la date
« exacte du jour où l'enfant a été porté... là-bas.

« — Très-bien, avec cela et tout ce que sa mère m'a dit,
« il est impossible de se tromper... Isidore Dubois... fils
« d'Adèle Dubois... et la date de sa naissance, et la petite
« croix attachée à son cou par un ruban, et sur cette
« croix un A et un D, gravés ainsi que la date de sa nais-
« sance. Vous voyez qu'il n'y a pas moyen de commettre
« d'erreur.

« — Mais de la prudence, je vous en prie, que mon
« nom ne soit jamais prononcé par vous.

« — Je vous en donne ma parole, et vous savez que
« l'on peut se fier à moi.

« — Oui, oui, je le sais... adieu... Ah! je voulais vous
« demander des nouvelles de la famille Gerbier ; la voyez-
« vous toujours?

« — Toujours. Je passe presque toutes mes soirées
« chez eux. La famille se porte à merveille.

« — Tous ses enfants !... Ah ! que le sort est injuste...
« il laisse les enfants à celui qui, avec son travail, peut
« à peine les élever... il les enlève à ceux qui pourraient
« leur faire une existence heureuse, brillante, enviée !

« — Vous trouvez cela injuste, vous... c'est peut-être
« le contraire qu'il faudrait dire... La Providence laisse
« beaucoup d'enfants à celui qui n'a pas d'autre richesse,
« n'est-ce pas lui dire : Ce que je te laisse ne vaut-il pas
« cent fois mieux que tout ce que les autres possèdent...
« Mais ce n'est pas le moment de discuter là-dessus... la
« perte que vous avez faite est trop récente, et je com-
« prends qu'en ce moment vous accusiez le sort.

« — Et la fille aînée de Gerbier n'est toujours pas
« mariée ?

« — Non... elle ne l'est pas, mais... »

Franville est sur le point de dire : « Mais cela ne tardera
peut-être pas. » Il s'arrête, parce qu'il comprend que cette

confidence ne fera pas plaisir à Duhautcours, et en ce moment il trouverait peu généreux d'ajouter à ses ennuis.

Duhautcours reprend, en retenant avec peine un soupir :

« — Elle est bien jolie, cette jeune Georgina... elle « a une tête ravissante... elle est bien faite... avec une « toilette élégante, c'eût été la plus jolie femme de « Paris !

« — Et vous vouliez lui donner cette toilette-là, vous ?

« — C'est vrai... Vous savez bien, Franville, qu'il y a « une grande quantité de jeunes filles, dans la même « position, qui auraient accepté, heureuses de changer « leur vie de travail contre une existence de plaisirs et « de luxe.

« — Oui, oh ! je sais qu'il y en a beaucoup comme cela ; « mais Georgina n'est pas de ce nombre, elle est sage, « honnête ; ce ne sont point des diamants et des cache- « mires qu'elle veut... c'est un mari, c'est un nom, c'est le « droit de relever la tête sans rougir... Est-ce que vous « ne trouvez pas que sa vertu ajoute encore du charme à « sa beauté ?

« — Pardonnez-moi, je lui rends justice... cette jeune « fille n'est point une coquette ; c'est un mari seul qui « possédera ses charmes.

« — Et il me semble que celui qui la prendra ne fera « pas une mauvaise affaire... sagesse et beauté, ça ne se « rencontre pas tous les jours !

« — En effet... oui... celui qui l'épousera... Ils demeu- « rent maintenant dans le faubourg Saint-Martin, je « crois ?

« — Oui... est-ce que vous avez envie d'aller les voir ?

« — Non, car probablement je ne serais pas bien « reçu... Sont-ils logés aussi commodément que dans ma « maison ?

« — Mais, à peu près; c'est gentil, c'est propre, et c'est
« moins cher.

« — Je les aurais diminués autant qu'ils auraient
« voulu...

« — Oui, mais à des conditions qui ne leur convenaient
« pas.

« — Sans aucune condition! cette jeune fille n'a point
« accueilli mes présents... c'était une chose finie; je ne
« me serais pas permis de renouveler mes propositions.

« — Je crois qu'il vaut mieux que cela soit terminé
« comme cela. Le hasard arrange toujours les choses de
« manière à réunir ceux qui doivent l'être... si bien que...
« il n'y a point de hasard...

« — Que voulez-vous dire par là?

« — Je veux dire qu'il n'arrive que ce qui doit arriver;
« mais je vous quitte, et dès demain je commencerai à
« m'occuper de ce que vous savez... ensuite, je vous
« rendrai compte de mes démarches.

« — C'est bien... et de la prudence, n'est-ce pas?

« — Puisque c'est convenu. Allons, du courage ! vous
« avez perdu un enfant que vous aimiez beaucoup...
« peut-être la Providence vous réserve-t-elle une con-
« solation.

« — Ah! je ne l'espère pas; mais enfin, nous verrons. »

Franville s'éloigne. Duhautcours regagne lentement sa
demeure. Chaque fois qu'il y rentre, la pensée de la perte
qu'il vient de faire revient avec plus de force oppresser
son cœur. Autour de lui tout rappelle sa fille... Il attache
ses regards sur la place où elle se mettait habituellement,
il va s'y asseoir, et il reste absorbé dans sa douleur.

Bientôt un de ses commis se présente et le salue humblement.

« — Que me voulez-vous?» s'écrie Duhautcours avec
impatience.

« — Apprendre à monsieur que son correspondant de

« New-York est venu tout à l'heure pour lui annoncer
« que ses marchandises avaient été très-bien vendues là-
« bas, et qu'il avait un bénéfice de quatre cent vingt
« mille francs à lui remettre.

« — C'est bien... laissez-moi. »

Le commis s'éloigne, fort étonné qu'on reçoive avec tant d'indifférence l'annonce d'un bénéfice de quatre cent vingt mille francs.

Et Duhautcours s'étend de nouveau dans le fauteuil où se mettait sa fille, en se disant :

« — Je lui aurais acheté tant de choses avec cela !... »

V

In vino veritas.

Pendant quelque temps Auguste continue d'aller chaque jour voir sa malade et de goûter à ce qu'il lui ordonne. Mais il a soin que ses prescriptions ne soient jamais désagréables à prendre. Quand il fait sa visite le matin, c'est du chocolat qu'il ordonne, et il faut qu'il soit à la vanille; il ne manque pas alors de s'en faire donner une bonne tasse pour s'assurer qu'il est bien fait. Dans la journée, c'est un consommé qu'il avale avec un verre de madère et de malaga, avant qu'on en porte à mademoiselle Argentine; le soir c'est presque toujours du thé ou du punch.

Cette nouvelle manière de pratiquer la médecine, qui pourrait envoyer beaucoup de malades dans l'autre monde, réussit assez bien avec la maigre cousine qui reprend bientôt des forces avec la santé, elle s'aperçoit même qu'elle engraisse; alors sa confiance dans son médecin devient du fanatisme; le jeune docteur lui ordonnerait de ne vivre que de boudin blanc, qu'elle lui obéirait... mais heureusement pour elle, Auguste n'est pas fou de boudin blanc.

Cependant il y a plus d'un mois que monsieur Langlumot a dans son hôtel son neveu et son ami; et comme ces messieurs ne se refusent rien, les dépenses prennent des proportions effrayantes; le campagnard s'aperçoit qu'il a déjà dépassé l'excédant qu'il avait trouvé dans la succession et depuis quelques jours, il dit assez souvent à Isidore :

« — Mon cher ami, est-ce que vous ne pourriez pas « faire ouvrir votre porte?...

« — Pas encore, cher oncle, le propriétaire est toujours « à la campagne, je m'en suis informé ces jours-ci...

« — Mais il me semble, que s'il plaisait à votre pro-« priétaire de passer l'hiver à sa campagne, ce n'est pas « une raison pour que vous ne puissiez pas rentrer chez « vous. Allez trouver le commissaire... expliquez votre « cas, et il fera ouvrir votre porte...

« — Je sais parfaitement, bel oncle, qu'à la rigueur « j'aurais le droit d'agir ainsi... mais faire du scandale, « se servir de l'autorité!... cela n'est ni dans mes goûts « ni dans mes habitudes... ce propriétaire reviendra; « pourquoi ne point patienter encore... est-ce que notre « présence vous ennuie? est-ce que notre société vous « déplaît?...

« — Nullement... mais c'est effrayant comme on dé-« pense de l'argent à Paris... si je continue comme « cela... je n'aurai rien à rapporter de ma succession...

« — Eh mon Dieu!... ne faut-il pas s'amuser, jouir de « la vie... vous êtes au plus bel âge de l'homme... à celui « où il sait le mieux plaire et séduire... à quoi sert d'a-« voir de l'argent si on ne s'en sert pas pour connaître « le plaisir...

« — Ma femme trouvera mon absence bien prolon-« gée!...

« — Ne vous a-t-elle pas écrit pour vous dire de vous « donner le temps de terminer vos affaires sans vous « presser... en ajoutant que le voisin Ranflard avait la « complaisance de lui tenir fidèle compagnie...

« — C'est vrai, elle m'a écrit cela... oh! je sais que le « voisin Ranflard est incapable de la laisser s'ennuyer...

« il se mettrait en quatre pour lui procurer du divertis-
« sement...

« — Du moment que le voisin Ranflard se met en
« quatre pour amuser votre femme, qui diable vous
« presse de retourner chez vous?... et cette superbe
« Armande, qui en tient pour vous...

« — Ne m'en parlez pas... je suis très-embarrassé...
« l'autre jour cette demoiselle m'a dit : « vous êtes veuf,
« n'est-ce pas?... Alors ne sachant que répondre, j'ai
« feint un violent mal de dents et je me suis sauvé en me
« tenant la mâchoire.

« — C'est très-adroit !

« Mais je ne pourrai pas sans cesse avoir mal aux
« dents, et alors... je prévois des scènes bien cruelles!... »

Les choses en étaient là, lorsqu'un jour, le petit Isidore qui ne s'amuse pas toujours complétement dans la société de Langlumot et des demoiselles de la Grenouillère, se trouvant le gousset garni, parce que la veille il a rossé l'oncle au billard, prétexte des affaires, et va dîner avec d'anciens compagnons de plaisirs et de folies.

Le dîner se prolonge tellement, que le petit marquis du Carambolage ne rentre à l'hôtel que fort tard et dans un état d'ivresse qui lui permet à peine de se tenir sur ses jambes, aussi s'est-il fait ramener en voiture

Un garçon de l'hôtel, s'apercevant de l'état du jeune homme, lui offre son bras pour le ramener jusqu'à sa chambre. Isidore qui, malgré son ivresse, ne veut pas paraître gris, refuse le bras du garçon, prend un flambeau allumé, et tout en se cognant à droite et à gauche, arrive cependant jusqu'à la porte d'une chambre, qu'il croit reconnaître pour être celle qu'il occupe avec Auguste. Il entre, mais en heurtant un meuble, alors son flambeau lui échappe, tombe et s'éteint :

« — Tant pis, je m'en moque ! » s'écrie Isidore en re-

« fermant la porte. « Je m'en passerai !... je n'ai pas
« besoin de lumière pour me coucher... je sais où est
« mon lit...

« — Qu'est-ce qui est là ? » dit une voix qui part de la
chambre même.

« Eh bien, c'est moi qui suis là... ton ami Zidore !...
« tu es donc déjà couché, gros Auguste !... merci... tu vis
« comme les poules à présent... tu auras encore passé la
« soirée avec ton imbécile d'oncle... et ces deux horri-
« bles femelles de la Grenouille... ah ! ah ! ah !... sais-tu
« que je commence à m'embêter bigrement dans cette so-
« ciété-là... j'en ai plein le dos... les deux cousines me font
« l'effet de deux bornes-affiches... je ne pourrai jamais
« me décider à épouser ça... merci ! j'aime mieux ma
« blanchisseuse de fin... Philiberte... elle est canaille !...
« mais ce n'est pas une buse... comme ces deux Nor-
« mandes. Quant à ton oncle, pauvre cher homme ! qui
« se croit séduisant !... qui veut faire le Joconde... je lui
« fais voir des étoiles en plein midi, à celui-là... il me
« demandait encore l'autre jour si on pourrait bientôt
« ouvrir la porte de notre appartement... ah !... elle est
« bonne celle-là... a-t-il donné dedans le jobard... hein !...
« y a-t-il donné !...

On ne répond pas, mais une espèce de murmure sourd
se fait entendre et Isidore reprend :

« — Tu es de mon avis... ça va tout seul... voyons...
« est-ce que je ne trouverai pas une chaise pour me
« déshabiller à mon aise... ah ! voilà un fauteuil... c'est
« mon affaire... aujourd'hui je m'en suis donné, dis donc,
« Auguste, j'ai dîné avec les amis... Calinette en était...
« elle va débuter aux *Folies-Nouvelles*... je les ai joli-
« ment fait rire en leur contant les farces que nous
« jouons à l'oncle Langlumot... qui croit que nous avons
« un appartement superbe... au-dessus de la blanchis-
« seuse de fin !... pauvre bonhomme !... s'il savait que

« nous étions en pension chez Philiberte... et nichés dans
« un grenier, sans le sou, au régime des pommes de
« terre, ah! quel bon chamberlin nous avons bu!...
« quel champagne... nous en sommes-nous tapés... tiens,
« j'ai perdu une bretelle... ils étaient tous gris... il n'y
« a que moi qui me suis un peu ménagé... pas beau-
« coup... j'ai une pointe, mais c'est rien... c'est moi qui
« ai régalé... tiens!... c'était avec l'argent de l'oncle...
« je l'ai encore rossé au billard!... brave ganache!... il
« croit qu'il sait jouer... je veux qu'il mange ici toute la
« succession... et il la mangera...

« — Non, monsieur! je ne la mangerai pas... ou
« ce ne sera pas avec vous du moins... » s'écrie alors
Langlumot en s'asseyant sur son séant sur son lit,
car dans son ivresse Isidore s'était trompé de porte,
et c'était dans la chambre de l'oncle d'Auguste qu'il
était entré et avait laissé tomber sa lumière, ce qui
avait réveillé Langlumot qui commençait à s'assou-
pir.

En entendant cette voix forte qui résonne près de lui
et qui n'a aucune ressemblance avec celle de son ami,
le petit Isidore demeure tout saisi, il tâche de rassembler
ses idées et balbutie :

« — De quoi... qu'est-ce qu'il y a... est-ce que ce n'est
« pas toi, Auguste?

« — Non, monsieur, ce ne n'est pas Auguste... c'est
« son imbécile d'oncle... c'est le jobard de Langlumot,
« comme vous l'appelez... et dont vous vous moquez
« d'une façon si ignoble... ah! vous ne vous attendiez
« pas à cela?

« — Comment... c'est notre oncle qui est là... je suis
« entré chez l'oncle en croyant entrer chez nous... ah!
« elle est bonne la méprise... ah! ah! ah! j'en rirai
« longtemps... j'en rirai toujours!...

« — Quoi, monsieur, vous osez encore rire... vous

« n'êtes pas honteux... après tout ce que vous m'avez
« dit...

« — Qu'est-ce que je vous ai donc dit, cher ami ?

« — Vous m'avez dévoilé toutes vos turpitudes : je
« sais que vous logez dans un grenier... qui appartient
« à votre blanchisseuse, que vous n'aviez pas le sou;
« que vous étiez au régime des pommes de terre... ah!
« diantre... je ne m'étonne plus, si vous ne voulez pas
« rouvrir votre porte... vous vous en donnez avec moi!...
« vous ne vous refusez rien... mais en voilà assez... dès
« demain vous quitterez cet hôtel. Ah! je suis une ga-
« nache! faites-moi le plaisir de sortir bien vite de ma
« chambre... infâme ivrogne...

« — Comment, cher oncle... vous vous fâchez pour
« des plaisanteries de jeunes gens... c'est vous qui avez
« tort...

« — Ah! ma société vous embête... fi! quelles expres-
« sions... quel mauvais genre! la vôtre me ruine, moi,
« et je n'en veux plus.

« — Eh bien, oui, vous m'ennuyez après tout... ah!
« ah! ah!... si vous n'êtes pas content je m'en moque...

« — Sortez d'ici bien vite...

« — Ah! minute... laissez-moi reprendre mes effets...
« vous me bousculez... vous m'ahurissez!... qu'est-ce
« qui m'a fichu un oncle comme ça!... »

Langlumot s'est levé, il rallume la bougie, ramasse
à la hâte les vêtements que le jeune homme avait déjà
ôtés, les lui met sur les bras et le pousse hors de sa
chambre en lui disant :

« — Allez-vous-en... partez... et que demain je ne
« vous retrouve plus dans cet hôtel...

« — J'y serai si je veux... un hôtel est à tout le
« monde... vous n'avez pas le droit de me renvoyer,
« mon bon ami !...

« — Mais comme je préviendrai le maître de la maison

« que je ne paye plus ni pour vous, ni pour mon neveu,
« nous verrons s'il vous gardera encore...

« — Langlumot... ce que tu fais là... ce n'est pas
« bien... cher oncle...

« — Je vous défends de me redonner ce titre... en-
« tendez-vous, ivrogne..... polisson...

« — Ah ! nous nous fâchons... nous ne sommes plus
« gentils... Langlumot... on vous dit zut !... »

La porte se referme avec violence sur Isidore qui, à moitié déshabillé, et un peu dégrisé par la scène qui vient d'avoir lieu, parvient, en tâtonnant, à trouver la porte de sa chambre, y entre et se jette sur son lit, en se disant :

« — Ma foi tant pis... dormons, demain il fera
« jour! »

Isidore dormait encore profondément à dix heures passées, lorsqu'il est réveillé par son ami Auguste qui le secoue fortement en lui disant :

« — Allons, réveille-toi... habille-toi et partons!...

« — Qu'est-ce qu'il y a donc? » demande le petit jeune homme en se frottant les yeux. « Comment,
« tu es déjà habillé, Auguste... est-ce que tu es déjà
« sorti?

« — Je suis allé chez mon oncle qui m'a fait dire de
« passer dans sa chambre. Tu as fait de belles choses
« cette nuit, toi, maudit ivrogne... Tu as été dire à mon
« oncle que nous nous moquions de lui...

« — Bah !... tiens... ce n'est donc pas un rêve... je me
« figurais que j'avais rêvé tout cela...

« — Non ! malheureusement ce n'est point un rêve...
« mon oncle est furieux contre toi, surtout, il veut que
« nous quittions cet hôtel, tout de suite... il ne consent
« à me voir encore, qu'à condition que je cesserai entiè-
« rement de te fréquenter...

« — Et pour cela, il nous renvoie tous les deux vivre

« ensemble dans notre grenier; il est spirituel, ton
« oncle!...

« — Mais tu étais donc bien gris, hier?... toi qui ordi-
« nairement supportes si bien le vin!...

« Ah! vois-tu, c'est qu'hier je me suis retrouvé avec
« les amis... les farceurs... et Calinette... et Tambouri-
« nette... c'est que je me suis amusé... que j'ai ri, comme
« autrefois... Ah! la bonne existence que celle des bam-
« bocheurs... Tiens, pour moi... c'est là le bonheur...

« — Tu ne vivais donc pas bien ici... avec mon
« oncle...

« — Si... mais il fallait être raisonnable... et cela me
« coûtait...

« — Eh bien, et nos projets de mariage avec les deux
« cousines?

« — Ah! cher ami, ne m'en parle plus... moi, épouser
« une de ces Grenouillères... m'accoupler à un de ces
« monuments... non! le sacrifice est au-dessus de mes
« forces... je te cède les cousines, épouse-les toutes les
« deux... mène-les en Turquie où l'on a le droit d'être
« bigame... moi, j'y renonce.

« — En attendant, habille-toi et quittons cet hôtel...

« — Nous aurions bien le droit de rester encore,
« parce qu'enfin ton oncle ne gouverne pas ici, et en
« promettant de payer... mais comme nous ne payerions
« pas, il vaut autant y mettre de la complaisance et
« nous en aller tout de suite. Et puis, veux-tu que je te
« le dise, il me semble que je ne reverrai pas sans plai-
« sir cette bonne Philiberte... et ses pommes de terre
« frites!...

« — Moi, je ne suis pas de cet avis; mais heureuse-
« ment j'ai quelques fonds... ma cliente, mademoiselle
« Argentine, m'a forcé hier au soir d'accepter six napo-
« léons, entre une tasse de thé et une tartine de pain
« beurré...

« — Comment, gros Auguste, tu as un air désespéré,
« lorsque tu possèdes cent vingt francs dans ta poche...
« Sapristi, mais nous ne retournerons chez Philiberte
« que quand tu n'auras plus le sou...

« — Oh! non pas... je ne veux plus mener cette con-
« duite... je veux économiser...

« — Taisez-vous, rat! Je te conseille de parler d'éco-
« nomies! toi qui pratiques la médecine de façon à être
« d'abord nourri par tes malades... c'est une fort jolie
« invention que la tienne... elle aura du succès...

« — Elle a aussi ses inconvénients... Tu ne sais pas ce
« qui m'est arrivé hier chez mademoiselle Argentine?...

« — Non... tu as avalé de travers?

« — Ce n'est pas cela : figure-toi que j'y vais sur les
« onze heures, suivant mon habitude... j'avais ordonné
« du chocolat à la vanille, et je savais que j'en aurais ma
« tasse; mais apparemment que ma cliente, échauffée par
« le régime que je lui fais suivre, avait besoin de se ra-
« fraîchir, car elle avait ordonné à sa bonne de lui prépa-
« rer un lavement. Ce matin, en arrivant chez les deux
« cousines, je trouve la domestique qui me fait entrer
« dans un petit cabinet de toilette en me disant :

« — C'est ici que vous pourrez le prendre, monsieur,
« restez là, je vais vous l'apporter, et si cela vous est plus
« commode, je vous le donnerai.

« — Moi, je pense qu'il s'agit du chocolat qu'on a pré-
« paré pour moi, je m'étonne seulement qu'on ne me le
« serve pas comme à l'ordinaire dans la salle à manger.
« Mais juge de ma surprise en voyant la bonne revenir
« armée d'une seringue qu'elle me présente en me di-
« sant :

« — Voici le vôtre, monsieur, celui de mademoiselle
« est pareil, vous allez juger s'il est bon.

« Quand je vis qu'il s'agissait d'un lavement, j'eus
« toutes les peines du monde à faire comprendre à cette

« fille que je n'essayais pas ces choses-là !... Juge donc
« maintenant si ma cliente s'avisait de prendre un pur-
« gatif sans me consulter... on me le ferait aussi avaler
« à moi.

« — Docteur, toute médaille a son revers, vous auriez
« dû prévoir ce qui vient de vous arriver. Moi, à votre
« place, j'aurais accepté la seringue. Mais me voilà prêt...
« partons... allons-nous dire adieu à ton oncle...

« — C'est inutile... il ne veut plus te voir.

« — Bon !... un jour, peut-être, il me rouvrira ses bras...
« est-ce qu'on peut répondre des événements... Allons
« déjeuner.

VI

LES DEUX APPRENTIS

Dans la soirée qui a suivi le jour de sa rencontre avec Duhautcours, Franville ne manque pas de se rendre chez ses bons amis du faubourg Saint-Martin.

Alexis, qui semble faire partie de la famille depuis l'aventure du bois de Boulogne, se hâte, lorsqu'il revient de son travail, de descendre chez Gerbier. A la façon amicale dont celui-ci le traite, il est facile de voir qu'il le regarde déjà comme l'un de ses enfants. Les deux amoureux ne cherchent plus à cacher ce qu'ils éprouvent l'un pour l'autre, et déjà le jeune ébéniste a dit en rougissant à Gerbier :

« — Ah ! monsieur... il sera bien heureux celui auquel
« vous accorderez la main de mademoiselle Georgina ! »

Alors l'imprimeur a frappé doucement sur l'épaule d'Alexis en lui disant :

« — Je gage que vous voudriez bien être cet heureux
« mortel-là... Patience, jeune homme... il faut d'abord
« satisfaire à la conscription ; si vous ne tombez pas au
« sort, nous arrangerons cette affaire-là ?... »

On doit penser alors avec quelle impatience et en même temps quelle inquiétude les deux amoureux attendaient l'annonce de ce tirage qui devait décider de leur bonheur à venir. Et pourtant Georgina disait souvent à Alexis :

« — Eh bien, si vous tombez au sort... si vous êtes
« obligé de partir, notre bonheur sera seulement différé,
« mais vous pouvez être bien certain, mon ami, que je
« vous resterai fidèle et que je n'en épouserai pas un
« autre que vous. »

Alexis soupirait en prenant tendrement les mains de Georgina dans les siennes, et murmurait :

« — Hélas!... peut-on répondre de l'avenir... mais si
« je ne suis pas tué, je veux revenir officier, afin d'être
« plus digne de vous...

« — J'aime mieux que vous reveniez soldat et que
« vous vous exposiez moins. »

Ces conversations étaient fréquentes entre les deux amants. Quand on s'aime, on se dit toujours la même chose, et on a toujours du plaisir à l'entendre... la belle chose que l'amour.

Franville vient donc d'arriver chez ses amis. Après lui avoir serré la main, Gerbier lui dit :

« — Tu as quelque chose ce soir, toi, tu n'es pas dans
« ton assiette ordinaire...

« — C'est vrai... tu ne te trompes pas... j'ai appris
« une nouvelle qui m'a tellement frappé !...

« — Une triste nouvelle ?

« — Oui, la mort de quelqu'un... et d'une personne si
« jeune encore...

« — Est-ce que nous la connaissons, cette personne-
« là?...

« — Toi pas, mais ta fille a dû la voir chez son père...

« — De qui donc voulez-vous parler ? » s'écrie Georgina.

« — De la fille de Duhautcours, de mademoiselle Cé-
« lesta...

« — O mon Dieu !... il serait possible... cette demoi-
« selle est morte.

« — Oui... et elle n'avait pas encore dix-neuf ans...

4.

« — Ah! c'est affreux, cela... et son père... son mal-
« heureux père!... » murmure Gerbier... « c'est lui qui
« doit être à plaindre... perdre un de ses enfants... ah!
« on n'ose pas penser à cela!... »

Aussitôt et par mouvement spontané, tous les enfants de Gerbier courent près de lui, le pressent, l'entourent, l'embrassent, comme pour le rassurer ; il semble que chacun d'eux veuille lui dire :

« — Ne t'afflige pas, mon père, nous sommes tous
« près de toi... tu ne nous perdras pas, nous. »

Gerbier regarde ses enfants, il les embrasse avec un redoublement de tendresse, comme pour les remercier d'avoir compris sa pensée.

« — Oui, » dit Franville, « j'ai trouvé Duhautcours
« changé... abattu... car il aimait sa fille... et cette mort
« lui a porté un coup d'autant plus rude, que depuis
« longtemps il s'était habitué à n'avoir que du bonheur,
« et il ne croyait pas qu'il pût jamais lui arriver autre
« chose.

« — Mais par quel événement!... quelle catastrophe,
« cette jeune fille a-t-elle succombé si vite...

« — Eh! mon Dieu!... la coquetterie... toujours la
« coquetterie... Ah! combien j'en ai connu de jeunes
« filles que ce défaut a fait périr... Ordinairement, elles
« se serrent trop, et pour avoir la taille si fine, que par-
« fois cela en est ridicule, elles étranglent leur estomac
« et leurs poumons. Mademoiselle Célesta, c'est autre
« chose : elle avait de très-fortes couleurs et craignait
« de ressembler à une paysanne!... Quelle sottise!...
« est-ce qu'une paysanne bien fraîche, bien rose, n'est
« pas cent fois plus attrayante qu'une demoiselle pâle,
« chétive, et qui a l'air de trembler sur ses jambes... Ah!
« mille carabines!... mais enfin, c'est fait!... cette jeune
« fille a pris des drogues pour faire passer ses couleurs,
« et elle s'est abîmé la poitrine!... elle avait tout ce que

« l'on peut désirer pour être heureuse... son père con-
« tentait tous ses vœux, tous ses caprices... et elle a
« trouvé le moyen de ne pas être satisfaite de son sort...
« il y a de grandes leçons là dedans !... mais les femmes
« ne se corrigeront pas.

« — Pauvre monsieur Duhautcours, » dit Gerbier.
« Ah ! maintenant je ne me souviens plus de ses torts...
« je ne lui en veux plus !...

« — Oh ! ni moi non plus ! » s'écrie Georgina.

« — Ce monsieur avait donc mal agi avec monsieur
« votre père ? » dit Alexis qui entend pour la première
fois parler de Duhautcours. Georgina est embarrassée et
ne répond rien ; Gerbier s'empresse de prendre la parole :

« — Oui, ce monsieur a été... notre propriétaire... et
« comme tel, j'ai eu quelquefois à me plaindre de lui...
« mais je le répète, j'oublie entièrement nos contesta-
« tions... Pauvre homme !... il doit être si malheureux...
« enfin, il a encore un fils... mais c'est bien peu !... est-
« ce qu'il ne comprend pas cela, maintenant, Fran-
« ville ? »

Ces mots sont accompagnés d'un regard qui signifie
que Gerbier se souvient des confidences que son ami lui
a faites au sujet de Duhautcours, et l'ancien militaire
répond à ce regard par un mouvement de tête, en murmurant :

« — Si... si... il commence à le comprendre... et peut-
« être avant peu les vœux que je formais seront-ils exau-
« cés... à moins que mes recherches ne soient vaines ! »

Georgina et Alexis ne cherchent point à entendre ce
que les deux amis se disent à demi-voix ; les deux amoureux sont près l'un de l'autre, et ils se regardent : ils ont
bien assez d'occupation !

Huit jours se sont écoulés depuis sa rencontre avec
Franville, et Duhautcours tâche de trouver dans le

monde, dans le mouvement des affaires, des distractions à sa douleur. La fortune continue de lui être favorable, toutes ses spéculations réussissent avec une constance qui le fait surnommer partout l'heureux capitaliste. Mais dans une maison l'argent ne remplace pas une femme. Célesta savait si bien commander que les domestiques avaient pris l'habitude de lui obéir, c'était à elle qu'ils allaient demander des ordres pour le service de la maison. Duhautcours ne se mêlait plus de tous ces détails de la vie intime; et maintenant, lorsque ses gens viennent d'un air humble prendre ses ordres pour le dîner, pour la soirée, pour les réceptions, il frappe du pied avec impatience et se contente de leur répondre:

« — Laissez-moi en repos !... faites ce que vous vou-
« drez !... et ne me cassez pas la tête avec ces détails de
« ménage dont je ne veux pas m'occuper ! »

Mais, livré à ses réflexions, Duhautcours se disait.

« — Une maison comme la mienne... sans une femme
« pour la conduire... c'est impossible !... Ma pauvre fille
« savait si bien commander, faire marcher tout son
« monde... elle s'y entendait parfaitement... Mais elle
« n'est plus là... Je ne puis, moi... avec mes chiffres, mes
« opérations de Bourse dans la tête, ordonner le menu
« d'un dîner, m'informer de la mode des attelages, de la
« santé de mes chevaux, savoir choisir un meuble nou-
« veau pour mon salon. C'est une femme qu'il faut pour
« tout cela... Alors même que je retrouverais cet enfant
« d'Adèle... c'est un garçon... je ne le mettrai pas à la tête
« de ma maison... Je n'ai que quarante-huit ans... je
« pourrais me remarier encore... pour la troisième fois...
« C'est beaucoup, trois fois !... J'ai fait deux mariages
« d'argent... maintenant que je suis millionnaire, ne
« pourrais-je donc pas choisir une femme à mon goût...
« une femme que j'aimerais... Ah ! si cette petite Geor-
« gina était fille de gens distingués... que m'importerait

« qu'elle n'eût pas le sou... Mais ce père... qui travaille
« dans une imprimerie... qui sort avec un bonnet de
« papier sur la tête... Oh! non! il n'y faut pas penser...
« C'est dommage... elle est si jolie!... Ah! qu'elle serait
« ravissante avec une toilette... comme j'en vois à tant
« de femmes laides!... »

Au bout de huit jours, Franville se présente chez Duhautcours; il est introduit dans le cabinet du capitaliste, qui donne des ordres pour que l'on ne vienne pas les interrompre, et dit au vieux militaire:

« — Eh bien, que savez-vous? avez vous retrouvé les
« traces de cet enfant?

« — Les traces... oui; mais l'enfant, non. D'abord, je
« suis allé à... la grande maison. . Là, moyennant une
« somme assez minime, je me suis fait donner tous les
« renseignements possibles sur le fils d'Adèle. J'ai su
« d'abord qu'il n'était point mort... c'était le principal.
« A l'âge de quinze ans, il a été mis avec d'autres de
« ses camarades du même âge que lui, en apprentissage
« chez un menuisier du faubourg Saint-Antoine. Très-
« bien; on me donne le nom, l'adresse de ce menuisier,
« et je me rends chez lui. Mais depuis trois ans, le menui-
« sier est mort, un autre a succédé. Cependant il y a
« dans la boutique un ancien garçon; je lui demande ce
« qu'est devenu un nommé Isidore Dubois, entré à quinze
« ans chez son précédent maître. Je lui dis l'époque, et
« cet homme me répond :

« — En effet, je me rappelle... un gentil petit garçon,
« il était entré ici en apprentissage avec un autre enfant
« trouvé comme lui... Oh! c'était un farceur, celui-là, et
« qui ne travaillait guère : il se nommait Eustache Cra-
« quet...

« — Je ne vous parle pas de celui-ci, dis-je, mais du
« nommé Isidore Dubois...

« — Ah! monsieur, c'est que l'un me rappelle l'autre,

« parce qu'ils sont arrivés ensemble et partis ensemble...

« — Comment, partis?

« — Oui monsieur; et cela nous a bien surpris de la
« part d'Isidore, qui était un bon petit garçon... doux,
« assidu au travail!... Que ce mauvais sujet de Craquet
« soit parti, cela se comprenait, il ne voulait rien faire...
« il passait son temps à flâner, à jouer... mais Isidore,
« qui montrait de grandes dispositions, qui réussissait
« à tout ce qu'il entreprenait...ah! ça nous a bien surpris!

« — Enfin, comment sont-ils partis?

« — Dame, monsieur, un matin ils ne sont pas des-
« cendus à l'établi; on a été voir dans le petit grenier
« où ils couchaient, ils n'y étaient plus. On les a atten-
« dus toute la journée, tout le lendemain, on ne les a
« jamais revus. Alors, mon bourgeois a dit : Tant pis,
« après tout, je ne répondais pas d'eux.

« — Et combien de temps étaient-ils restés ici?

« — Six mois à peu près.

« — Cet homme ne pouvant m'en dire davantage, je
« suis parti et j'ai commencé ma tournée chez tous les
« menuisiers de Paris. D'abord, à toutes mes questions
« on me répondait : Connais pas! Enfin chez un menui-
« sier du faubourg Saint-Honoré, on m'a dit :

« — Isidore Dubois... oui, oui, nous avons eu ça il y a
« trois ou quatre ans... mais nous ne l'avons pas eu
« longtemps... c'était un fort triste sujet, qui ne travail-
« lait pas une heure par jour... Nous l'avons bien vite
« mis à la porte...

« — Mais, [dis-je, ne vous trompez-vous pas?... le
« mauvais sujet, n'était-ce pas un nommé Eutache Cra-
« quet, son camarade, qui sans doute, était entré avec
« lui?

« — Nous ne connaissons personne qui se nomme Eus-
« tache Craquet. Le petit Isidore est entré ici seul et il en
« est parti seul.

« — Ne pouvant obtenir d'autres renseignements, « j'allai visiter d'autres menuisiers. Un autre, qui demeure près de la barrière Montmartre, s'est souvenu aussi d'avoir eu chez lui le jeune Isidore Dubois... et... « je dois vous l'avouer, il m'en a dit absolument la « même chose que son confrère du faubourg Saint-Honoré... L'apprenti ne voulait rien faire ; il passait son « temps à inventer des niches qu'il jouait à ses camarades, qu'il empêchait de travailler. Bref, on l'avait « aussi renvoyé. Je suis allé ailleurs, mais après cela, « plus rien !... on ne l'a jamais vu... on ne le connaît « pas... Je perds entièrement ses traces... Il faut qu'il ait « changé de profession, ce qui n'aurait rien de surprenant, puisque l'état de menuisier avait si peu d'attrait « pour lui. »

Duhautcours, qui a écouté attentivement Franville, répond après un moment de réflexion :

« — D'après ce que l'on vous en a dit, il paraît que ce « jeune homme est un assez mauvais sujet... et j'aurais « peut-être à me repentir si je parvenais à le retrouver !...

« — Permettez !... il y a dans tout cela quelque chose « qui m'embrouille, qui ne semble pas clair. Rappelez-« vous que chez le premier menuisier où il est en ap-« prentissage, où il reste six mois entiers, on le cite « comme un bon petit sujet, bien doux, bien appliqué « à son travail ; on ajoute même qu'il réussissait dans « tout ce qu'il entreprenait. Mais il y a près de lui un « mauvais sujet, nommé Craquet, qui, sans doute, « l'aura entraîné à partir, à faire ce coup de tête. Il « faut ensuite que la société de ce Craquet ait un peu « gâté Isidore, puisqu'on cesse d'en dire du bien... « mais après tout, doit-on s'en rapporter à des maîtres « souvent brusques, injustes, qui se montrent parfois « trop durs pour de jeunes apprentis ? Ce qu'il y a de « certain, c'est que le naturel, le fond étaient bons,

« puisque les premiers renseignements sont en faveur
« d'Isidore... et puis, enfin, il était si jeune... il faut par-
« donner les défauts si fréquents à cet âge; cela ne
« prouve rien pour l'avenir. Combien de ces jeunesses
« orageuses, étourdies, indomptées, ont fait ensuite des
« hommes rangés, travailleurs, des hommes d'invention,
« de génie même... Croyez-moi, quand le fond est bon,
« il y a toujours de la ressource.

« — Je le veux bien ! » dit Duhautcours, « mais enfin,
« vous ne l'avez pas retrouvé?

« — Non... je n'en sais pas plus. Maintenant, le jeune
« homme a ses vingt ans bien accomplis... mais que fait-
« il?... est-il toujours à Paris?... voilà ce que nous
« ne savons pas... ce qu'un hasard peut nous faire dé-
« couvrir demain... ou ce que peut-être nous ne saurons
« jamais!... Pauvre Adèle!... j'ai fait ce que j'ai pu...
« Ah! dame, si on n'avait pas attendu si longtemps...
« mais enfin, ce qui est fait est fait... Maintenant, il faut
« que la Providence vienne à notre aide et nous fasse
« rencontrer l'enfant perdu !

« — Oui... mais je crois que la Providence se mêle peu
« de tous ces détails !...

« — Je ne suis pas de votre avis, j'ai foi en elle. Je cher-
« cherai toujours; elle me guidera peut-être. Si je par-
« venais à savoir quelque chose, je viendrais sur-le-
« champ vous en faire part...

« — Ne vous gênez pas... Si vous avez besoin d'argent...

« — Oh ! il m'en reste plus qu'il ne m'en faut... mer-
« ci... adieu...

« — Franville...

« — De quoi ?...

« — Y a-t-il longtemps que vous avez été chez...
« Gerbier?

« — Pas plus tard qu'hier au soir. Je vous ai dit que
« j'y passais presque toutes mes soirées.

« — Ah ! oui... en effet... Et toute sa famille continue
« à se bien porter ?

« — Parfaitement...

« — Et mademoiselle Georgina est toujours aussi
« jolie ?

« — Bigre !... si on devenait laid à dix-huit ans, ce
« serait trop tôt !... Mais il n'y a pas de danger... Oh!
« c'est un friand morceau... et quand je lui donne le bras
« à la promenade, il faut entendre tous les compliments
« qu'on lui adresse en passant. Quel feu roulant !... Mais
« elle baisse les yeux et n'en est pas plus fière.

« — Vous lui donnez donc quelquefois le bras quand
« elle va se promener ?

« — Quand nous allons tous promener... vous com-
« prenez que le papa n'a pas peur de me la confier... il
« sait bien que je ne lui dirai pas de bêtises, moi !...

« — Oui... oui... je comprends cela...

« — Allons, adieu. Je désire avoir bientôt quelque
« chose à vous dire.

« — Au revoir. »

Franville s'éloigne en se disant :

« — Décidément Duhautcours en tient toujours pour
« notre Georgina... Tant pis pour lui !... car il en sera
« pour ses soupirs ! Il aime maintenant quelqu'un qui ne
« l'aime pas... Autrefois il n'aimait pas quelqu'un qui
« l'adorait... Chacun son tour. »

IV

LES FUMEURS.

En sortant de l'hôtel garni de la rue d'Amsterdam, Isidore, qui a passé son bras sous celui du gros Auguste, lui dit :

« — Nous avons cent vingt francs à manger ; c'est trop
« pour deux hommes seuls. Je sais bien qu'avec de la
« bonne volonté et de l'estomac, nous en viendrions à
« bout ! Mais je ne connais pas de plaisirs parfaits sans
« les femmes !... Je ne m'amuse jamais complétement
« quand je n'ai pas un cotillon qui fait frou frou à côté
« de moi... Je t'ai connu amateur aussi, j'aime à croire
« que la société des demoiselles de la Grenouillère ne t'a
« pas encore entièrement dégoûté du beau sexe... et que
« tu partages mes sentiments ?

« — Où veux-tu en venir ?... Que signifient toutes ces
« phrases ? D'abord, je ne vois pas pourquoi nous man-
« gerions tout de suite la somme que je possède... Il faut
« se ménager une poire pour la soif...

« — Oh !... fi !... fi !... Tais-toi, tu me fais de la
« peine... Une poire pour la soif !... Voilà des proverbes
« bons pour les gniafs !... Et c'est le docteur Auguste
« qui dit de pareilles vilenies à son ami Zidor !...

« — Mon ami Zidor a fait hier une grosse sottise après
« s'être grisé. Nous vivions comme des coqs en pâte...
« tu as brisé notre position !

« — Un peu plutôt, un peu plus tard, toutes les po-
« sitions changent !... Il ne s'agit pas de cela. J'ai dîné
« hier avec Tambourinette et Calinette... Tu en tenais
« pour cette dernière quand elle était avec Gédéon.
« Elle m'a dit hier : « J'ai quitté Gédéon ! » Ce qui
« signifiait : « Votre ami Auguste peut se présenter... »

« — Vraiment, elle a quitté Gédéon ?

« — Ah ! voilà que tu mets le nez au vent !... Tu
« vois bien que je m'occupe de ton bonheur... Tam-
« bourinette m'a donné son adresse... Calinette demeure
« chez elle pour l'instant dans un but d'économie...
« et parce que les loyers sont trop chers. Par consé-
« quent, en nous rendant chez Tambourinette, nous y
« trouverons son amie... Chacun sa passion... chacun
« son objet... De l'amour en partie double ! il me
« semble que cela vaut bien les seringues de mademoi-
« selle Argentine... Qu'en dis-tu ?

« — Je dis que cela me va beaucoup... seulement si
« nous pouvions ne pas dépenser mes cent vingt francs...

« — Ah ! que tu deviens cancre !... pas un mot de
« plus ou je raccommode Calinette avec Gédéon. »

Mademoiselle Tambourinette, jeune ouvrière en chemises, et qui se destine au théâtre, parce qu'en général le travail des chemises pousse beaucoup vers l'art
dramatique, est une petite brune de vingt-trois ans
qui louche parfaitement de l'œil gauche, et dont le nez
a quelques points de ressemblance avec un pied de
marmite ; mais qui malgré cela n'est pas désagréable,
parce que ses cheveux sont bien noirs, sa bouche fraîche et bien garnie, ses yeux très-vifs, et que le total
forme un ensemble fort éveillé, j'allais dire libertin...
mais je ne le dirai pas. Ajoutez à cela une tournure
légère, un pied de danseuse, un mollet bien placé, une
taille svelte et une démarche qui rappelle sur-le-champ
les danses espagnoles... qui ont tant de succès au

théâtre et dans le monde, tandis que l'on y proscrit le cancan... arrangez cela si vous pouvez.

Mademoiselle Tambourinette demeure pour le moment... car en général les grisettes déménagent à chaque terme, et souvent même au demi-terme, elle demeure rue de l'Ancienne-Comédie, sur le chemin de l'Odéon, quand on fait ce voyage par la rive droite. Mademoiselle Tambourinette fait sonner bien haut qu'elle loge dans une maison honnête !... ce qui pourrait faire penser qu'elle n'en a pas l'habitude ; elle est dans ses meubles, ce qui lui semble si extraordinaire à elle-même qu'elle reste quelquefois pendant cinq minutes en admiration devant son lit, sa commode et ses trois chaises... le mobilier se borne à cela pour l'instant; mais ainsi que le dit la petite chemisière :

« — Il y a commencement à tout ! Paris ne s'est pas
« fait en un jour. » Les proverbes ont toujours raison.

« — Ce doit être ici ? » dit Isidore en s'arrêtant devant une porte cochère ouverte. « C'est bien le numéro
« qu'elle m'a dit... cependant Tambourinette demeurer
« dans une maison à porte cochère... cela me semble
« une anomalie... un phénomène ! Aussi vais-je m'in-
« former au concierge... Monsieur, mademoiselle Tam-
« bourinette, s'il vous plaît? c'est une jeune lingère
« qui n'est pas encore en boutique. »

Un petit homme qui a l'air grognon et revêche répond d'un ton sec :

« — L'escalier à droite au fond de la cour, au cinquième... porte en face.

« — Infiniment obligé ! »

Et Isidore fait signe à son ami de le suivre, en lui disant :

« — C'est bien ici... elle ne m'a point induit... il n'est
« pas possible... il faut qu'elle ait des accointances avec
« le propriétaire ! »

Ces messieurs montent un escalier qui est très-beau jusqu'au troisième étage, mais qui alors devient infiniment plus étroit et plus raide. Enfin ils sont devant la porte indiquée qui est de la largeur des autres portes ; mais lorsqu'il ont sonné, ils voyent cette première porte s'ouvrir et en laisser voir une autre, qui est tout au plus assez large pour qu'une personne de moyenne grosseur puisse y passer.

Cette porte s'est ouverte et mademoiselle Tambourinette en jupon court et en paletot gris vient se montrer et s'écrie :

« — Tiens ! c'est Carambolage... et son ami le gros
« Guguste... Calinette ne te cache pas... n'aie point
« peur... ce n'est pas Gédéon... Entrez, messieurs, entrez !

« — Entrez !... c'est facile à dire ! » répond Isidore,
« mais vous me faites l'effet de demeurer dans une ar-
« moire... Je connais des personnes qui ne pourraient
« jamais s'introduire chez vous.

« — Bah !... ne faites donc pas votre embarras... Ne
« logez-vous pas dans un palais, vous !

« — Mais un peu.

« — Ce n'est que l'entrée qui est étroite, après cela on
« est très à son aise... Ah ! dame ! vous concevez qu'un
« logement dans une maison à porte cochère... Je ne peux
« pas prendre le premier, moi ! »

Les deux jeunes gens sont entrés dans une chambre qui ressemble parfaitement à un couloir. La fenêtre est à un bout, le lit à un autre, plusieurs renfoncements et massifs qui empiètent sur la largeur se trouvent dans l'intervalle ; du reste point de cheminée, point de poêle, mais un joli robinet qui sort d'une encoignure et avec lequel on a toujours de l'eau.

« — Eh bien ! j'espère que c'est gentil ma chambre ? »
« s'écrie Tambourinette, vous ne m'en faites pas com-
« pliment, messieurs.

« — Franchement, ma chère amie, je crois que ce réduit
« devait être autrefois des lieux à l'anglaise dont on a
« eu l'idée de faire une chambre. Ce robinet qui vous
« donne de l'eau en abondance me confirme dans mon
« opinion.

« — Ah! quelle horreur! dire que je loge dans des
« lieux à l'anglaise. »

En ce moment une grande et assez jolie fille de vingt
ans sort de dessous une robe qu'on avait pendue à un
champignon servant de patère, et se met à sauter dans
le couloir qui représente une chambre, en chantant sur
l'air du tra la la :

> « Ça n'est pas Gédéon,
> « Ça n'est pas Gédéon,
> « Non, non... ça n'est pas ce vilain... polisson. »

« — Et pourquoi donc avez-vous si peur de Gédéon? »
demande Auguste en allant prendre la main de mademoiselle Calinette.

« — Parce qu'il a dit qu'il me donnerait une roulée
« quand il me rencontrerait.

« — Ah! voilà qui est indigne d'un homme de bonne
« compagnie... battre une femme! Fi ! le cuistre... Et
« que lui avez-vous donc fait pour qu'il vous en veuille
« tant!

« — Rien... une bêtise... j'ai été vendre son habit noir
« pendant qu'il dormait.

« — Ah! diable... est-ce qu'il n'en avait pas d'autre?

« — D'autre habit, non, mais il avait un paletot... est-
« ce qu'un homme a besoin d'avoir autre chose qu'un
« paletot... D'ailleurs, moi, j'avais envie d'un perdreau
« truffé, et je m'en suis régalée... Tant pis, Gédéon ne
« voulait jamais satisfaire mes envies... je l'avais prévenu
« qu'il s'en repentirait... et voilà... quand un homme ne

« peut pas contenter les désirs de sa maîtresse, il ne doit
« pas avoir de maîtresse.

« — Ceci est parfaitement juste, M. Gédéon est
« dans son tort. Il devait de lui-même manger son habit
« avec vous... Nous, mes petites chattes, nous avons
« cent vingts francs à dépenser et nous venons vous pro-
« poser de les croquer avec nous... ici près, chez Dag-
« neaux où l'on est fort bien. »

Les deux jeunes filles se mettent à sauter, danser dans la chambre, en criant :

« — Ah ! quel bonheur ! sont-ils gentils !
« — Allons-nous fricoter !
« — Carambolage, tu me feras manger du beefteack
« à la béarnaise, on dit que c'est excellent.
« — Nous mangerons de tous les beefteacks possibles...
« mais par grâce, mesdemoiselles, ne sautez pas tant,
« vous sauteriez infailliblement sur nos pieds... il n'y a
« pas moyen de danser en rond dans votre chambre...
« habillez-vous... préparez-vous... nous mourons de
« faim.

« — Et nous donc... nous étions avec Tambourinette
« à nous demander ce que nous achèterions pour nous
« notre déjeuner et nous n'avions que quinze centimes à
« nous deux.

« — Dis donc, la Carambolle, tu étais joliment gris
« hier... tu en avais une culotte !...

« — Je me flatte de l'être pour le moins autant ce soir.
« Mesdemoiselles, pendant que vous donnerez le dernier
« lion à votre toilette, je demande à aller prendre l'air
« sur le carré... on étouffe dans votre couloir... soi-
« disant chambre... nous allons fumer notre cigare en
« attendant.

« — Ne vous avisez pas de fumer sur le carré... c'est
« expressément défendu, vous nous feriez donner congé
« tout de suite.

« — Un peu plus tôt, un peu plus tard, ça ne peut
« toujours pas vous manquer.

« — Ah ! Carambolage, pas de bêtises !

« — Apprêtez-vous... nous vous attendons... nous
« irons fumer dans le cour.

« — C'est également défendu dans la cour.

« — Alors nous entrerons fumer chez le portier.

« — Ah ! ce serait encore pis !

« — Tambourinette, allez revêtir vos plus brillants
« atours, et ne vous inquiétez pas du reste.

« — Monsieur Auguste, je vous en prie, si vous aperce-
« viez Gédéon ne le laissez pas entrer.

« — Soyez tranquille, belle Calinette, vous êtes sous
« notre protection ; si M. Gédéon se permettait main-
« tenant de vous approcher, je l'aplatirais comme un cha-
« peau Gibus. »

Les deux jeunes gens sortent de chez Tambourinette.
Sur le carré ils prennent des cigares dans leur poche,
puis commencent à les allumer. Au troisième étage les
cigares sont en plein execice ; les deux amis descendent
tout doucement ; au premier étage ils rencontrent le portier qui monte d'un air furibond, comme si le feu était
à la maison et armé d'un plumeau, en disant :

« — On fume... on fume... qui est-ce ? qui se permet...
« qui est-ce qui ose ?... il faut être bien hardi... dans une
« maison comme celle-ci... Ah ! ce sont ces messieurs. »

Les jeunes gens saluent gracieusement le portier en
continuant de fumer.

« — Messieurs, on ne vous a donc pas dit que c'était
« défendu de fumer dans nos escaliers... ces demoiselles
« devaient vous le dire... c'est bien... on ne la gardera
« pas lontemps mademoiselle Tambourinette... Mes-
« sieurs, je vous répète qu'on ne fume pas ici ?

« — Vous voyez bien que nous descendons. »

Le portier continue de grogner en descendant sur les

pas des jeunes gens, mais ceux-ci, au lieu de sortir de la maison, se mettent à se promener tranquillement dans la cour en continuant de fumer leur cigare; alors le portier redevient furieux :

« Messieurs, je vous ai dit qu'on ne fumait pas dans
« la maison.

« — Nous sommes dans la cour, ce n'est plus la mai-
« son.

« — Si, messieurs, la cour est dans la maison... une
« cour est toujours dans une maison, elle n'est jamais
« dehors.

« — Si vous en êtes certain...

« — Vous ne pouvez pas fumer ici.

« — Vous voyez bien que si.

« — Moi, je vous le défends, et je vous enjoins de sortir
« sur-le-champ.

« — Portier, vous nous embêtez, fichez-nous la paix.

« — Ah! c'est comme ça... mon épouse, va chercher
« la garde.

« — Pour nous empêcher de fumer... Ah! nous serions
« curieux de voir ça!

« — Vas-y, Aldégonde... amène aussi le juge de paix
« et le commissaire de police.

« — Allez, respectable Aldégonde, et rapportez-nous des allumettes, ce sera bien aimable. »

Une vieille femme, qui a l'air aussi mauvais que son mari, est sortie de la loge en faisant des menaces aux deux jeunes gens qui lui rient au nez et se promènent toujours en fumant.

Cependant le portier ne pouvant parvenir à faire sortir les deux fumeurs de la cour, cherche un moyen pour les dégoûter de cette promenade; il va prendre dans sa loge un énorme balai de bouleau et commence à s'en servir, en ayant soin de pousser toujours les ordures et la poussière du côté des fumeurs.

5.

Cette manœuvre assez adroite commence à produire son effet. A chaque instant les jeunes gens reçoivent dans le nez la poussière ou quelques ordures que le portier envoie sur eux à grands coups de balai.

« — Est-ce que vous ne pourriez pas balayer plus
« loin, » crie Isidore au Cerbère.

« — Non, je veux balayer ici... Ah! vous voulez fu-
« mer, eh bien ! moi je veux balayer.

« — Mais vous nous envoyez exprès toutes les ordures
« de votre cour... vous nous poursuivez avec votre balai...
« vous nous couvrez de poussière... vous n'en avez pas
« le droit.

« — Vraiment!... allez-vous-en fumer ailleurs... vous
« ne recevrez pas de poussière. »

A cela Isidore riposte par une bouffée de fumée qu'il souffle dans le nez du portier; celui-ci s'empresse d'y répondre en lui envoyant un nuage de poussière.

« — Voilà un gredin qui commence à m'ennuyer
« bigrement, » murmure Isidore. « Pour peu que ces de-
« moiselles tardent encore à descendre, nous serons tel-
« lement couverts de poussière qu'on nous prendra pour
« des paillassons.

« — Moi, j'ai les yeux abîmés, » dit le gros Auguste,
« je ne sais pas ce qu'il vient de m'envoyer dans la figure
« avec son balai... mais certainement il y a du sable dans
« sa cour.

« — Tu as bien de la patience alors... s'il m'en faisait
« autant et que j'eusse ta force... car tu es fort comme
« Samson, toi... je sais bien ce que je ferais.

« — Qu'est-ce que tu ferais ?

« — J'enlèverais le ballon à ce drôle-là.

« — Me le conseilles-tu ?

« — Je fais plus : je t'y exhorte.

« — Alors... attends... tu vas voir cela... au premier
« coup de balai de ce monsieur, il aura son affaire. »

Le coup de balai ne se fait pas attendre : le portier vient avec une joie féroce de lancer devant les jeunes gens un nuage d'ordures et de poussière, lorsqu'il reçoit dans son centre de gravité un coup de pied si bien appliqué, qu'après avoir rebondi comme un ballon, il retombe, tout de son long sur le ventre où il reste en criant qu'il est mort.

En ce moment revenait justement la portière, qui ne ramenait ni la garde, ni le commissaire, parce que on lui avait répondu qu'il n'y avait pas grand mal à fumer dans une cour, et qu'on n'arrêtait pas les gens pour cela. La portière voit son époux recevoir le coup de pied, s'élever dans les airs, puis retomber à plat et ne plus bouger. Aussitôt elle saute sur Auguste, l'empoigne par son paletot et se met à crier :

« — Au secours !... à l'assassin !... il vient de tuer mon « mari... il lui a brisé l'anus !... à la garde !... »

Il n'en faut pas tant à Paris pour amasser cinq cents personnes en une minute, surtout dans un quartier très-populeux. La porte cochère étant toujours ouverte, les passants s'arrêtent, s'amassent, on entre dans la cour où le portier est toujours étendu sur le nez, tandis que sa femme, véritable furie, ne veut pas lâcher Auguste et continue de crier :

« — Mon mari vient d'être assassiné... à coups de « pied... je tiens l'assassin... à la garde... ah ! le gueu- « sard !... prêtez-moi main-forte. »

Tambourinette et Calinette, bien parées, bien coiffées, arrivent alors dans la cour ; en y voyant tout ce monde, en entendant ce tapage, elles sont persuadées que c'est Gédéon qui est venu pour les voir et qui se bat avec Auguste, elles se dépêchent de gagner la rue et de sortir ; de son côté, Isidore qui voit un sergent de ville entrer dans dans la cour et mettre la main sur Auguste, se hâte de s'esquiver et de rejoindre les deux grisettes, qu'il prend sous les bras, en leur disant :

« — Filons... filons bien vite... il n'est que temps...

« — Mais Auguste... il a donc tué Gédéon...

« — Nullement, il n'est pas question de Gédéon, c'est
« à votre portier qu'il a appliqué un coup de pied qui a
« trop bien porté, à ce qu'il paraît... on l'arrête pour
« qu'il explique la chose... je ne pense pas que ce puisse
« être sérieux... à moins que votre portier n'en crève,
« ce qui m'étonnerait beaucoup, je n'ai jamais entendu
« dire qu'on soit mort d'un coup de pied au derrière...
« En attendant, ce que nous avons de mieux à faire est
« d'aller déjeuner...

« — Oh! oui, allons déjeuner...

« — Allons ici près, chez Dagneaux... Auguste nous
« y rejoindra, il sait que c'est là que nous devions dé-
« jeuner. »

On va au pas gymnastique, on arrive chez le traiteur,
on se fait donner un petit salon. Isidore dit :

« — Mettez-nous quatre couverts, car nous serons
« quatre, un ami va venir ; mais comme il pourrait tar-
« der et que nous avons très-faim, vous nous servirez
« toujours les huîtres et le chablis, n'est-ce pas, mesde-
« moiselles?

« — Oui, oui, nous mangerons les huîtres en attendant
« Auguste... et s'il est long à venir, tant pis, nous en
« mangerons beaucoup. »

Le couvert est mis, les huîtres sont apportées, et elles
disparaissent avec une vivacité qui fait honneur à l'appétit de ce monsieur et de ces demoiselles. A chaque
instant Isidore crie :

« —Garçon! d'autres huîtres... nous n'en avons plus!...

« — Combien de douzaines, monsieur?

« — Qu'on en ouvre toujours... on comptera plus
« tard... »

Enfin Tambourinette s'écrie

« — Si nous passions à autre chose... pour attendre
« Auguste, il n'est pas dit que nous ne mangerons que
« des huîtres.

« — Je suis de votre avis... nous l'attendrons aussi
« bien en mangeant des rognons sautés... Garçon !...
« servez-nous les rognons.

« — Ah! Isidore, vous savez que vous m'avez promis
« des beefteacks à la béarnaise...

« — Je tiendrai toutes mes promesses.

« — Moi, je veux du perdreau...

« — Le perdreau ne manquera pas à l'appel...

« — Et du champagne frappé?

« — On frappera tout ce qui vous fera plaisir. »

Les rognons sont mangés et Auguste ne paraît pas. Les beefteacks disparaissent également et Calinette dit :

« — Nous avons joliment bien fait de ne pas attendre
« ce gros Auguste... il nous aurait fait jeûner longtemps!

« — Après tout, » dit Tambourinette, s'il ne vient pas
« nous en serons quittes pour manger sa part... Pourquoi
« donne-t-il les coups de pied si profondément !...

Isidore, qui écoutait les jeunes filles en souriant, avale un grand verre de champagne, puis répond, en posant ses deux coudes sur la table :

« — Certainement, mes petites colombes, ce n'est pas
« l'absence "Auguste qui nous empêchera de déjeuner...
« et il me semble que nous le prouvons assez bien de-
« puis que nous sommes à table... mais il y a quelque
« chose que nous ferons moins facilement sans lui...

« — Quoi donc?

« — C'est de payer la carte du déjeuner!...

« — Comment... vous avez dit que vous aviez cent
« vingt francs à déjeuner.

« — Et c'était la vérité; mais ces cent vingt francs, par
« malheur, c'est Auguste qui les a, puisqu'il les avait
« reçus hier au soir d'une de ses clientes...

« Ah! saperlotte... c'est lui qui a tout?

« — Absolument tout!

« — Et tu n'as pas d'argent, toi, petit Carambolage...

« — Pas un décime... pas même un sou étranger...

« — Ah! que c'est bête, ça... nous voilà bien alors...

« — Comment donc ferons-nous... Ah! mon Dieu, ce « qu'il vient de nous dire me donne déjà mal au ventre.

« — Allons! allons!... calmez-vous... mes Andalouses. « Est-ce que vous avez jamais vu Isidoro embarrassé? Je « trouverai bien de l'argent quelque part... mais d'abord « continuons de déjeuner... et ne nous refusons rien, « parce qu'enfin quand il s'agira de payer, que l'addi-« tion soit plus ou moins grosse, cela ne fera rien à l'af-« faire.

« — Tiens! il a raison! » dit Tambourinette, » ne nous « refusons rien... oh! je ne suis pas poltronne comme « Calinette moi... »

On continue de fêter le déjeuner qui peut à juste titre passer pour un dîner. La grande Calinette seule va moins bien, et, à chaque instant, elle dit à Isidoro :

« — Eh! petit, avez-vous trouvé un moyen pour avoir « de l'argent?...

« — Minute!... j'y pense... mais nous avons le temps,

« — Nous ne pouvons pas manger jusqu'à demain...

« — Peut-être... nous attendons un ami, cela motivera « la prolongation de notre séjour.

« — Il faudra toujours arriver au terrible quart « d'heure...

« — Attends, je crois que j'ai mon moyen!...

« — Ah! voyons...

« — Écoutez-moi...

« — Attends, que j'allume une cigarette... Garçon, du « feu!... »

Ces demoiselles s'étaient mises à fumer comme le font maintenant toutes ces dames ou demoiselles qui mènent joyeuse vie et tiennent à ressembler le plus possible à des Andalouses. Isidore reprend la parole :

« — Nous avons fait la connaissance de deux cousines
« riches et d'un âge mûr... Toutes deux sont demoiselles,
« Auguste est leur médecin ; il a déjà guéri l'une d'elles...
« ça m'a beaucoup étonné, mais enfin il l'a guérie en lui
« faisant manger de tout ce qu'il aimait... ceci est une
« nouvelle manière de pratiquer la médecine... qui a bien
« son mérite...

« — Et tu vas envoyer chez ces vieilles filles de la part
« d'Auguste pour leur demander de l'argent...

« — Tambourinette, tâche de me laisser parler sans
« m'interrompre... je n'enverrai point chez ces personnes
« de la part d'Auguste, attendu que ce sont elles qui lui
« ont remis hier cent vingt francs pour prix de ses visi-
« tes. Mais nous avons l'oncle d'Auguste, un certain
« M. Langlumot, provincial fort épais et qui fait la cour
« à l'une des cousines... il est très-bien vu de ces dames...
« auxquelles il a rendu quelques services... c'est de sa
« part que je vais envoyer... j'inventerai une histoire... il
« est dans un magasin... il veut faire des emplettes... il
« n'a pas assez d'argent sur lui... les demoiselles de la
« Grenouillère donneront en plein dans le panneau...

« — Comment les appelles-tu ?... des Grenouilles ?...

« — Pourvu cependant que notre oncle ne soit pas chez
« les cousines quand j'y enverrai... Quelle heure est-il...
« Calinette, il y a une pendule derrière vous...

« — Quatre heures et demie...

« — L'oncle ne va chez ces dames que de une heure
« à deux ou le soir... Bah ! il n'y sera pas... et après tout,
« qui ne risque rien, n'a rien... Holà ! garçon, une plume,
« de l'encre, du papier... j'ai une lettre à écrire... »

On apporte à Isidore ce qu'il demande, et il écrit aussitôt ce billet aux deux cousines :

« Gracieuses et tout aimables demoiselles, un accident

« imprévu m'arrive... j'ai fait des emplettes chez un
« bijoutier... il me manque deux cents francs... je suis plus
« près de chez vous que de chez moi... c'est pourquoi
« j'envoie chez vous de préférence... veuillez remettre
« cette somme à mon cocher, et ce soir, j'aurai le plaisir
« de vous la rapporter en allant vous baiser les cinq doigts
« et le pouce.

« — Comment, les cinq doigts et le pouce... elles ont
« donc six doigts aux mains, les demoiselles...

« — Taisez-vous... ignorante... cette locution s'em-
« ploie, elle est peut-être vicieuse, mais du moment que
« cela se dit, cela suffit... Votre admirateur... Langlu-
« mot. »

« Je ne mets point de paraphe pour qu'il ne m'accuse
« pas d'avoir voulu contrefaire sa signature... mais les
« cousines ne doivent point la connaître... voilà qui est
« fait...

« — Et tu vas envoyer cela par un commissionnaire...

« — Pas si bête... des affaires comme cela, on les fait
« soi-même...

« — Comment, tu porteras cette lettre toi-même... tu
« vas donc te déguiser en Auvergnat ?

« — Tambourinette, le champagne frappé t'ôte de tes
« moyens... Laissez-moi conduire ma barque... Garçon...
« y a-t-il près d'ici un cabriolet... un milord ou un
« coupé...

« — Il y en a en face, monsieur.

« — Très-bien, alors je pars... il faut que j'aille savoir
« ce qu'est devenu notre ami dont l'absence commence
« à nous causer de l'inquiétude... Je vous confie ces da-
« mes, garçon, veillez à ce qu'elles ne manquent de
« rien !... »

Le garçon ne semble pas très-satisfait de voir s'éloigner
le jeune homme, après une consommation aussi considérable, mais les deux dames restant, il ne peut rien

dire. Calinette et Tambourinette semblent aussi fort contrariées en voyant partir Isidore; celui-ci leur fait des signes qui les obligent au silence, et reprend tout haut :

« — Ne vous impatientez pas, mes petites chattes... je
« serai bientôt de retour... Commandez le dessert et ne
« vous privez de rien... Tambourinette, tu aimes le ma-
« rasquin... fais-en venir... je lui dirai deux mots à mon
« retour. »

Et le petit jeune homme sort vivement de chez le traiteur.

VIII

UNE PARTIE D'EAU.

Il est une heure de l'après-midi, le cabinet du capitaliste Duhautcours et encombré d'agents de change, de courtiers, d'hommes d'affaires, de négociants, de spéculateurs qui tous viennent ou solliciter l'entremise du millionnaire, ou prendre ses ordres pour la Bourse, ou lui faire des offres de services, ou lui proposer d'entrer dans quelque nouvelle spéculation.

La confiance que l'on a en Duhautcours est si grande que c'est à qui lui offrira des fonds, ou obtiendra sa participation dans une affaire. On entend de tous côtés des voix qui lui crient :

« — Monsieur, Duhautcours, voulez-vous entrer dans
« l'opération dont je vous ai parlé... Si vous vouliez
« y mettre seulement cinquante mille francs, moi
« j'en mets deux cent mille... tant j'ai confiance en
« votre bonheur...

« — Mon cher Duhautcours, prenez-vous des actions
« du nouveau chemin de fer... Si vous en prenez, j'en
« prends... je me fie à votre chance...

« — Duhautcours, aurons-nous de la baisse ou de la
« hausse à la Bourse, aujourd'hui?... Je m'en rappor-
« terai à ce que vous me direz, et j'achèterai ou je ven-
« drai en conséquence... car vous ne vous trompez ja-
« mais, vous.

« — Oh! quel homme heureux...

« — Dites donc, messieurs, quel homme profond... il
« devine d'un coup d'œil toutes les positions... Oh! il y
« a plus que du bonheur dans son fait... Vous direz
« ce que vous voudrez, mais pour devenir millionnaire,
« il faut une forte tête, des capacités, du talent, de l'es-
« prit...

« — Et d'ailleurs! » dit à demi-voix un quart d'agent
de change à un de ses voisins... « on m'aurait pas tout
« cela que les millions vous le donneraient.

« — Voyons, Duhautcours, combien avez-vous gagné
« hier sur le Crédit mobilier... au moins trois cent mille
« francs, n'est-ce pas?... hein... il sourit... il ne veut pas
« répondre...

« — Il trouve que cela n'en vaut pas la peine... trois
« cent mille francs! qu'est-ce que cela pour lui!...

« — Prenez-moi des *Béziers*... prenez-moi du *Grand-
« Central*, je suis sûr qu'alors ils remonteront... »

A tout cela Duhautcours répond avec cet air de protection de l'homme qui ne voit autour de lui que des
adulateurs et dont toutes les paroles sont écoutées comme
des arrêts de la fortune.

Mais la foule commence à s'éclaircir parce que c'est
l'heure de la Bourse. Duhautcours lui-même se dispose
à s'y rendre, lorsqu'un domestique entre et lui dit bas :

« — Monsieur Franville est là qui désirerait parler un
« moment à monsieur...

« — Faites-le passer dans ma bibliothèque... qu'il at-
« tende... je vais y aller. »

L'homme riche cause encore quelques instants avec les
personnes restées dans son cabinet, puis il leur donne
rendez-vous à la Bourse et les congédie. Bientôt il est
près de son ancienne connaissance.

« — Pardon, » dit Franville, « je vous ai dérangé,
« mais j'ai quelque chose à vous apprendre... je crois

« avoir retrouvé la trace de notre jeune homme... j'ai
« pensé que vous seriez bien aise de savoir cela...

« — Ah ! vous croyez... mais vous n'êtes pas encore
« certain ! » répond Duhautcours d'un air assez froid.
« Eh bien, voyons, qu'avez-vous appris ?

« — Hier au soir, par hasard et contre mon habitude
« j'étais entré dans un café près de la porte Saint-Martin ;
« on jouait au billard dans une salle du fond et je m'a-
« musais à regarder jouer. C'étaient des jeunes gens qui
« tenaient le billard et l'un deux sur un coup difficile
« dit à l'autre : Tu ne feras jamais ce carambolage-là...

« — Je te parie que si...

« — Moi je te parie que non... il est par trop difficile
« et je ne connais qu'un homme capable de le faire...

« — Qui donc ?

« — Eh parbleu, celui qui jouait si bien, que nous
« l'avions surnommé marquis du Carambolage...

« — Ah ! oui... je me rappelle... Isidore Dubois !...

« Lorsque j'entendis prononcer ces deux noms : Isidore
« Dubois, vous devez penser si je prêtai l'oreille, mais
« les jeunes gens continuèrent leur partie sans en dire
« davantage sur ce sujet, j'attendis qu'ils eussent fini, car
« le billard absorbait toute leur attention, ils ne m'au-
« raient pas bien répondu. Enfin, ils quittent le jeu et
« sortent du café, alors je les aborde en leur disant :
« Excusez-moi, messieurs, mais vous avez parlé tout à
« l'heure d'une personne qui se nomme Isidore Dubois,
« et depuis très-longtemps je cherche un jeune homme
« qui porte ce nom-là, vous me rendriez un véritable
« service si vous pouviez me dire où je pourrais trouver
« celui dont vous parliez...

« — Les deux jeunes gens, qui du reste avaient l'air
« d'assez bons enfants, me regardaient d'un air indécis.
« Je me hâtai d'ajouter :

« — Messieurs, si cet Isidore Dubois est de vos amis,

« et s'il est celui que je désire trouver, je puis vous cer-
« tifier que je le cherche pour lui annoncer des choses qui
« lui seront très-agréables, et qui changeront son sort
« de la manière la plus heureuse... enfin regardez-moi
« bien, messieurs, je suis un ancien militaire... je vous
« donne ma parole d'honneur que je ne suis point un
« créancier...

« — Les jeunes gens me regardent fixement puis l'un
« deux me dit :

« — Nous vous croyons, mais malheureusement nous
« ne pouvons pas vous donner de grands renseignements
« sur la personne dont nous parlions tout à l'heure ;
« depuis longtemps nous l'avons perdue de vue...

« — Pardon, messieurs, mais son âge d'abord?

« — Vingt et un ans, peut-être vingt-deux ou vingt-
« trois... nous ne savons pas au juste.

« — Celui que je cherche est dans sa vingt et unième
« année...

« — Il est possible qu'il n'ait que cela... il est petit,
« mais assez gentil garçon... spirituel et très-bambo-
« cheur... nous vous en prévenons...

« — Cela se rapporte bien à ce qu'on m'en a déjà dit.

« — Il avait pour intime ami un certain Auguste...

« — Craquet sans doute... un certain Craquet?

« — Nous n'avons jamais entendu prononcer ce nom-
« là... Isidore est de première force au billard, aussi l'a-
« t-on surnommé marquis du Carambolage.

« — Fort bien et son adresse?

« — Nous ne l'avons jamais sue. Ne pensant qu'à
« s'amuser, mais sans cesse poursuivi par des créanciers,
« il ne restait pas longtemps dans la même demeure...
« tout ce que je puis vous dire, c'est que l'ayant rencon-
« tré il y a... deux mois environ, je lui demandai le nom de
« son hôtel et il me répondit en riant : « Mon ami, mon
« hôtel c'est ma blanchisseuse de fin... j'ai reçu l'hospi-

« talité de cette industrielle, alors que je ne savais où
« reposer ma tête... mise à prix par mes créanciers.

« — Et l'adresse de cette blanchisseuse...

« — Ah! ma foi, je ne jugeai pas à propos de la lui de-
« mander. Voilà tout ce que nous savons...

« En ce moment l'autre jeune homme prit la parole et
« ajouta : « — Moi je puis vous dire de plus que j'ai
« aperçu Isidore il n'y a pas plus de huit à dix jours, il
« était en calèche découverte avec deux messieurs; sa
« toilette était fort soignée, fort élégante, tout semblait
« annoncer que la fortune lui était devenue favorable,
« et franchement, quand on va se promener en calèche,
« il n'est pas probable qu'on loge toujours chez sa blan-
« chisseuse de fin... voilà ce que je me suis dit, et ce
« que je vous soumets. Maintenant vous en savez autant
« que nous. Monsieur, nous avons l'honneur de vous
« saluer.

« Là-dessus les deux jeunes gens me quittèrent, non
« sans que je les eusse encore remerciés de leurs rensei-
« gnements. Voilà ce que j'ai appris sur cet Isidore Du-
« bois. Je sais bien qu'on peut porter ces deux noms et
« ne pas être celui que nous cherchons. Cependant tant
« de rapports s'y trouvent que j'ai bonne espérance...
« quelque chose me dit que c'est bien le fils d'Adèle...
« le vôtre dont ces jeunes gens parlaient.

« — Si c'est lui en effet, » dit Duhautcours en secouant
la tête, « je vois que ce monsieur est un très-mauvais
« sujet, qu'il mène une affreuse conduite... toujours tra-
« qué par des créanciers... obligé de se réfugier chez
« une blanchisseuse, cela promet...

« — Eh mon Dieu!... songez donc qu'il n'a pas vingt
« et un ans... il est bambocheur, il aime le plaisir... ce
« sont des défauts excusables chez un jeune homme qui
« ne se connaît pas de famille, qui ne tient à rien... qui
« n'a jamais eu l'amitié d'une mère pour lui redonner

« du cœur et de bons conseils, enfin... est-ce que parce
qu'il a fait des folies, vous voulez maintenant renon-
« cer à lui tendre la main ?

« — Non... non... je ne dis pas cela... mais com-
« ment espérez-vous le découvrir sur de si faibles in-
« dices...

« — Oh ! j'en sais assez ! j'irai chez toutes les blanchis-
« seuses de fin de Paris... j'ai bien été chez tous les me-
« nuisiers ! ce ne sera pas plus long !...

« — Après tout !... » dit Duhautcours en se balan-
çant sur son fauteuil, « si de ce jeune homme... je
« ne puis faire quelque chose... de bien bon...
« j'ai du moins un dédommagement avec mon fils...
« mon Armand... Ah ! j'ai le droit d'en être fier de ce-
« lui-là... à douze ans, il remporte déjà des prix de grec,
« de composition latine... de vers français... c'est une de
« ces organisations rares qui n'apparaissent que de loin
« à loin... aussi ses maîtres en sont fous... je suis allé il
« y a trois jours le voir à son collège, à Choisy-le-Roi.
« tous ses professeurs m'ont dit : « Monsieur, il y a dans
« votre fils ce qui annonce un génie, un homme qui doit
« faire parler de lui... il apprend tout ce qu'il veut et
« son amour pour l'étude est presque une passion.

« — Tant mieux, » dit Franville, « tout cela est très-
« bien ; que vous soyez orgueilleux de votre jeune Ar-
« mand, je le conçois... et je ne doute pas qu'il ne réa-
« lise un jour toutes vos espérances, mais ce n'est pas
« une raison pour que le fils d'Adèle... qui est bien votre
« enfant aussi, n'obtienne pas une petite place dans
« votre cœur...

« — Nous verrons ce que nous pourrons en faire...
« mais vous conviendrez que les renseignements que
« vous avez obtenus sur lui ne sont rien moins que sa-
« tisfaisants !...

« — Est-ce qu'il faut se fier à des : on dit ! quand

« nous tiendrons notre jeune homme, nous le ramène-
« rons dans le bon chemin.

« — Oui, » reprend Duhautcours, qui semble ne plus
écouter le vieux militaire. « Oui... mon Armand pourra
« arriver à tout... une immense fortune... un physique
« fort agréable... car il est très-bien de figure... de l'es-
« prit comme un démon... une instruction profonde!...
« avec tous ces avantages, on peut arriver où l'on veut,
« qui sait... il sera peut-être ministre un jour!

« — Est-ce que vous croyez que l'on est bien heureux
« quand on est ministre ?...

« — Je crois... que c'est toujours une belle chose d'ob-
« tenir une des premières places dans le gouvernement...
« d'être considéré... de commander aux autres!... Ah!
« vous ne comprenez pas cela vous...

« — Il est vrai que je n'ai jamais été ambitieux. Si
« j'avais eu des enfants, j'aurais désiré qu'ils fussent
« heureux selon leurs goûts; voilà tout, ensuite s'ils
« avaient voulu apprendre trop de choses à la fois, j'au-
« rai craint que cela ne nuisît à leur santé...

« — J'ai eu soin de recommander aux maîtres de mon
« fils de ne point trop le fatiguer... je les ai même priés
« de le mener souvent en promenade, en cavalcade, afin
« de le distraire un peu de ses études...

« — Vous avez très-bien fait.

« — Mais Armand a une santé de fer, le travail est
« pour lui un plaisir et rien ne le fatigue... Hélas! ma
« fille aussi avait une belle santé... et sans ce malheu-
« reux désir d'être pâle... elle serait encore près de
« moi! »

En ce moment un valet entre dans la bibliothèque,
place plusieurs lettres devant Duhautcours en disant :
« le courrier de monsieur. » Puis se retire.

Le banquier regarde d'abord les lettres avec indifférence, en murmurant :

« — Je lirai cela plus tard... à mon retour de la
« Bourse... Je n'ai pas le temps maintenant. »

Cependant il y a une grande lettre cachetée de noir qui attire ses regards sans qu'il puisse bien se rendre compte de l'impression qu'elle lui fait éprouver, il se décide à la prendre en la séparant des autres et jette les yeux sur l'adresse.

« — Voilà qui annonce la mort de quelqu'un! » dit Franville en apercevant le grand cachet noir...

« — Oui... peut-être... ce n'est pas une lettre de faire
« part cependant... ce n'est point un imprimé... »

Examinant plus attentivement la lettre, Duhautcours s'écrie tout à coup :

« — *Choisy-le-Roi*... cette lettre vient de Choisy-le-
« Roi!... »

Et une pâleur effrayante couvre son visage.

« — Eh bien... qu'avez-vous donc? » dit Franville,
« qui vous fait pâlir ainsi?...

« — Choisy-le-Roy... c'est là qu'est mon fils...

« — Eh bien, quelque chef du collège sera mort et
« voilà pourquoi on cachette la lettre de noir... que vou-
« lez-vous donc qui soit arrivé à votre fils que vous
« avez vu il y a trois jours, et qui a une santé de fer...
« vous le disiez vous-même tout à l'heure...

« — Ah! c'est vrai... vous me rassurez, Franville,
« vous avez raison... je ne sais pourquoi le timbre de
« cette ville m'avait frappé au cœur... comme vous
« dites... c'est quelqu'un du collège qui sera mort et on
« croit devoir m'en faire part... »

En disant cela Duhautcours brise le cachet, jette l'enveloppe, et ouvre la lettre tout cela d'une main tremblante, quoiqu'il s'efforce de se remettre de son émotion.

Mais à peine a-t-il lu quelques mots que ses traits se décomposent, ses yeux suivent avec terreur chaque ligne... il bégaye des mots que l'on ne peut entendre, puis enfin le papier lui tombe des mains et lui-même se renverse sans connaissance sur son fauteuil, en murmurant :

« — Mort... ô mon Dieu !... mort !... mon fils est « mort !...

« — Allons ! cela n'est pas possible ! » s'écrie Franville, « vous avez mal lu, la crainte vous a fait voir ce « qui ne peut pas être !... »

Et ramassant la lettre, l'ancien militaire lit rapidement :

« Monsieur, c'est avec la plus vive douleur, avec le « désespoir dans le cœur que nous prenons la plume « pour vous apprendre un événement bien fatal... rassemblez tout votre courage, monsieur, vous en avez « besoin pour supporter un tel coup... votre fils, votre « cher Armand... nous n'osons achever... mais nous « allons vous tracer le récit des faits et vous verrez que « nous ne sommes coupables ni d'imprudence, ni de « négligence !... Hier après le dîner, et dans le but de « procurer un peu de délassement, de distraction aux « élèves et surtout à votre fils, nous proposâmes une « promenade dans la campagne. Mais votre fils qui « aime beaucoup à aller sur l'eau s'écria : « Ce serait « bien plus amusant de louer des bateaux et de se pro« mener sur la rivière... moi je sais conduire un bateau, « vous verrez comme je manie bien les avirons.

« Nous vîmes que cela ferait tant de plaisir à votre « fils de faire cette partie d'eau, que nous ne crûmes « pas devoir nous y opposer. Quinze élèves sortaient et « avec eux deux professeurs dont la prudence et le zèle « nous sont connus. On loua deux bateaux qui pou« vaient contenir sans danger douze personnes chacun, et « comme ils n'étaient en tout que dix-sept, vous voyez « que les bateaux n'étaient pas trop chargés. A peine

« sur l'eau, le jeune Armand se saisit des rames et se
« met à conduire l'embarcation dans laquelle étaient
« avec lui six de ses camarades et un des professeurs.
« Pendant quelque temps la promenade fut charmante,
« mais, en tournant une petite île, monsieur votre fils
« laissa tomber à l'eau un des environs... il se pencha
« vivement pour le rattraper et, dans ce mouvement
« trop prompt, perdit l'équilibre et tomba dans la
« rivière. Les élèves poussent des cris de détresse, le
« professeur se jette à l'eau pour essayer de sauver votre
« fils... par une circonstance fatale un bateau à vapeur
« arrivait en ce moment, et se dirigeait justement sur
« la légère embarcation de laquelle ce malheureux
« enfant était tombé... c'est à cette rencontre inatten-
« due qu'il faut attribuer la perte du jeune Armand...
« Avait-il passé sous le bateau à vapeur... s'y était
« il accroché... en vain les deux professeurs et deux
« élèves nagèrent longtemps... ils revinrent épuisés au
« rivage... et ce n'est que trois heures plus tard que l'on
« put retrouver le corps inanimé de votre fils. Nous
« vous le répétons, monsieur, nous ne sommes pas
« coupables... la fatalité... et ce malheureux bateau
« à vapeur... voilà les causes de la perte de ce cher en-
« fant que nous regrettons comme s'il eût été notre fils ! »

Franville demeure quelques instants atterré par la lecture de cette lettre, puis enfin s'apercevant que Duhautcours est toujours sans connaissance, il sonne, il appelle, en demandant du secours.

Les domestiques accourent et s'empressent autour de leur maître.

« — Il a perdu son fils, » leur dit Franville, « c'est
« la douleur, le désespoir qui l'ont mis dans cet état...
« secourez-le... faites venir un médecin... quant à moi,
« je vais lui en chercher un autre... le seul qui puisse
« maintenant adoucir un peu ses regrets. »

Et le vieux militaire s'éloigne vivement en se disant :

« — C'est à présent qu'il faut à tout prix que je re-
« trouve son autre fils ! »

IX

LES DEUX COMMISSIONS.

En sortant de chez le traiteur, où il laissait Tambourinette et son amie, le petit Isidore n'était pas complétement gris, mais il avait la tête montée ; le vin lui donnait de l'audace, et quoiqu'il n'en manquât pas à jeun, il se sentait alors capable d'affronter tous les obstacles pour arriver à son but. Or, en quittant le petit salon où il a fait un déjeuner si prolongé, le but d'Isidore est d'avoir de l'argent pour payer sa dépense.

Il aperçoit une place de voitures, il monte dans un fiacre, crie au cocher : « Rue Charlot, au Marais », puis s'étend sur le siége du fond en se disant :

« — Il s'agit de trouver un homme adroit pour porter
« ma lettre... et bien lui faire sa leçon sur ce qu'il aura
« à répondre si on l'interroge... il doit y avoir des com-
« missionnaires au coin du boulevard devant *Bonvalet*...
« Je me ferai arrêter à quelque pas de là.

« — Quel numéro dans la rue Charlot ? » demande le cocher au bout de quelques temps.

« — Vous m'arrêterez à l'entrée... j'ai quelqu'un à
« faire chercher... je descendrai au coin du boulevard. »

Le cocher se conforme aux instructions qu'il a reçues. Il arrête ses chevaux à l'entrée de la rue Charlot. Isidore descend en disant :

« — Attendez-moi là... n'en bougez pas. »

6.

Sur le boulevard Isidore trouve bientôt un commissionnaire, il lui remet sa lettre en lui disant :

« — Si on vous demande qui vous envoie, vous répon-
« drez : c'est un monsieur de bonne mine qui est chez
« un bijoutier sur le boulevard Saint-Denis et qui m'a dit
« de me dépêcher. Allez, on vous remettra de l'argent,
« et vous me le rapporterez dans ce fiacre...qui stationne
« là bas... Je serai dedans, je vous y attendrai. »

Le commissionnaire part ; Isidore regagne sa voiture, remonte dedans et dit au cocher qui s'apprête à fermer la portière.

« — Ne fermez pas... j'ai envoyé un exprès quelque
« part et il faut que j'attende sa réponse avant de repar-
« tir. »

Maintenant, laissons Isidore attendre dans le fiacre, et le commissionnaire se diriger vers la demeure des demoiselles de la Grenouillère ; retournons près de l'oncle Langlumot que nous avons laissé au moment où il mettait le petit Carambolage à la porte de sa chambre.

On est toujours vexé d'avoir été pris pour dupe ; lorsqu'on a de l'esprit on s'en console vite en se disant ces paroles si vraies : « Cela arrive à tout le monde. » Mais lorsqu'on n'a pas d'esprit on est bien plus mystifié d'avoir été trompé, car cela froisse horriblement l'amour-propre; et les sots sont bien plus susceptibles que les hommes de mérite.

Langlumot, qui n'avait jamais été un aigle, n'a pas pu dormir de la nuit tant les aveux échappés à l'ami de son neveu ont froissé son amour-propre. A tous ses regrets, se joignent les calculs de l'argent qu'il a dépensé depuis qu'il héberge les deux jeunes gens dans son hôtel, et il se dit :

« Il est temps de mettre ordre à tout cela... dans la
« compagnie de ces deux mauvais sujets je finirais par
« le devenir moi-même... J'en prenais déjà le chemin...

« moi, qui étais venu à Paris dans l'intention de mora-
« liser mon neveu... j'oublie ici mon épouse Hortense et
« mon fils Alphonse... je tourne au *Germany* de *Trente
« ans, ou la vie d'un joueur !*... j'ai perdu pas mal de na-
« poléons au billard avec ce petit polisson d'Isidore...
« arrêtons-nous, il n'est que temps. Dès aujourd'hui j'irai
« faire mes adieux aux deux cousines, et demain en
« route pour Lisieux... Je sais bien qu'il m'en coûtera
« pour quitter cette superbe Armande, qui me fait des
« yeux blancs... bien expressifs : mais le devoir avant
« tout ! d'ailleurs ces dames sont nos voisines en Nor-
« mandie, leur propriété n'est pas bien loin de la nôtre,
« et je ne vois pas pourquoi là bas je ne cultiverais pas
« leur connaissance... j'irai les voir en me promenant...
« je ferai semblant, près de ma femme, d'aimer la
« chasse... je tirerai des pierrots. »

Langlumot se lève tard, il se fait servir à déjeuner dans sa chambre, il pense que son neveu va venir lui faire des excuses au nom de son ami et tâcher d'apaiser son ressentiment ; mais personne ne paraît. Ennuyé d'attendre en vain, l'oncle dit à un domestique de lui envoyer son neveu. Auguste arrive, Langlumot lui conte les événements de la nuit, et lui enjoint de quitter à l'instant l'hôtel avec Isidore. Le gros docteur s'éloigne tout penaud. Bientôt l'oncle se ravise, et veut garder seulement son neveu ; il l'envoie chercher par un domestique qui revient au bout d'un moment annoncer que le docteur Auguste est sorti avec son ami Isidore.

« — Ils n'ont pas osé affronter ma présence ! » se
dit Langlumot, « ils ont bien fait. Maintenant allons
« faire mes adieux aux deux cousines ; soignons ma
« toilette, parce qu'il faut toujours laisser de soi un
« souvenir avantageux... portons-leur des marrons gla-
« cés... je sais qu'elles les aiment... soyons galant afin

« que l'on m'invite à aller au domaine de la Grenouil-
« lère continuer nos relations. »

Le provincial se met de la pommade, des odeurs, des parfums et se rend chez les deux cousines, il y arrive sur les trois heures de l'après-midi.

Argentine et surtout Armande montrent les plus vifs regrets en apprenant que Langlumot retourne le lendemain à Lisieux. Elles voudraient bien aussi retourner chez elles, mais grâce à maître Chipotier leur affaire avec la corsetière n'est pas prête à s'arranger. Cependant on se promet de se revoir, on invite Langlumot à venir à la Grenouillère, et comme ce monsieur n'a jamais dit qu'il était marié, naturellement on n'invite que lui. En attendant on mange ses marrons glacés, puis enfin pour jouir plus longtemps de sa société on l'engage à rester à dîner, et Langlumot accepte cette aimable invitation.

Bientôt la domestique vient dire au campagnard qu'un commissionnaire porteur d'une lettre demande à lui parler.

« — Pour me relancer jusqu'ici... c'est donc quelque
« chose de bien important, » dit Langlumot. « Mon
« neveu seul sait que je viens chez vous, mesdames...

« — Voyez ce qu'on vous veut, ne vous gênez point, dit Armande. « Monsieur votre neveu est peut-être in-
« disposé, ce cher docteur... sachez vite ce qu'il vous
« écrit. »

Langlumot va trouver le commissionnaire. Celui-ci lui remet une lettre en lui disant :

« — Je viens de votre hôtel, monsieur, mais le jeune
« homme qui est au corps de garde m'avait dit : si mon
« oncle n'est pas chez lui, vous irez rue Charlot à tel
« numéro il y sera... il paraît que c'est vot' neveu. »

« — Comment, celui qui vous envoie est au corps
« de garde !

« — Oui, monsieur... au poste qui est tout près de
« l'Odéon... Ah, il y a une fameuse trotte d'ici là et rue
« d'Amsterdam... mais je ne me suis pas amusé. »

Langlumot se hâte d'ouvrir la lettre que lui écrit Auguste et lit :

« Mon cher oncle, je viens d'être arrêté et conduit au
« corps de garde parce que je fumais dans une cour...
« vous conviendrez que la chose est cependant bien in-
« nocente; il est vrai que j'ai donné un coup de pied
« dans le derrière d'un portier... et que cela lui a cassé
« le nez... ceci doit vous sembler bien extraordinaire,
« mais je vous expliquerai comment cela s'est fait. Venez
« me réclamer, je vous en prie... et ne me laissez
« point passer la journée au corps de garde, ça m'empê-
« cherait d'aller voir mes malades, et j'en ai beaucoup
« en ce moment...

« Votre bien-aimé neveu,

« AUGUSTE. »

« P. S. Je vous certifie qu'Isidore n'est pour rien dans
« tout ceci, j'ai entièrement rompu avec lui. »

« — Ah! monsieur mon neveu est au corps de
« garde! » se dit Langlumot, « il aura fait quelque nou-
« velle sottise avec son cher ami... il a rompu avec lui,
« dit-il, oh, je ne donne pas là dedans... qu'il reste au
« corps de garde, tant mieux, ce sera une petite leçon
pour lui. C'est bien, commissionnaire, vous pouvez
vous en retourner,

« — M'en retourner... tout seul? le jeune homme qui
« m'a envoyé m'a dit de vous ramener avec moi...

« — Je n'ai nullement l'envie d'aller avec vous...

« — Qu'est-ce que je vais donc lui dire à ce monsieur?

« — Dites-lui qu'il est bien où il est, qu'il n'a que ce
« qu'il mérite... qu'au surplus, demain... si j'ai le temps,
« je passerai par là...

« — Eh ben, merci! il va être content, le bourgois...
« vous ne voulez donc pas le réclamer vot' neveu?

« — Commissionnaire, ceci ne vous regarde pas...il me
« semble que je n'ai pas de compte à vous rendre...
« allez!...

Le commissionnaire s'éloigne en murmurant :

« — En v'la un oncle qui ne vaut pas les quatre fers
« d'un chien ! »

Langlumot retourne près des deux cousines, il compose sa figure, se fait un air bénin et leur dit :

« — Ce n'est rien d'important... rien qui mérite votre
« attention... Auguste avait oublié sa bourse, et me fai-
« sait demander quelques napoléons...

« — Verrons-nous ce soir ce cher neveu?

« — Je ne crois pas... il a ce soir une consultation...
« je ne pense pas qu'il sera libre. »

L'arrivée de maître Chipotier interrompt la conversation, l'avocat avait l'habitude de se rendre toujours chez ses clients quelques instants avant l'heure de leur dîner; et comme il est assez difficile de ne point inviter quelqu'un qui est chez vous lorsque vous allez vous mettre à table, ce monsieur attrapait comme cela des invitations à dîner qu'il ne manquait pas d'accepter, tout en s'écriant :

« — Ah! mon Dieu que je suis fâché d'être venu en ce
« moment... je ne pensais pas que vous dînassiez si
« tôt!... c'est bien indiscret à moi d'accepter... mais cela
« me donnera le temps de causer avec vous. »

Cette fois encore, les demoiselles de la Grenouillère engagent maître Chipotier à faire comme Langlumot qui a bien voulu accepter leur invitation, et l'avocat s'écrie :

« — En vérité c'est indiscret à moi de rester... je ne
« pense jamais que vous dînez vers cinq heures... mais
« je n'ai pas le courage de vous refuser, et puisque j'ai
« le plaisir de me retrouver avec monsieur Langlumot, je
« vais vous raconter cette cause... fort piquante, que
« j'avais commencé à vous narrer l'autre jour, et que
« des circonstances fortuites m'empêchèrent de conti-
« nuer...

« — Quelle cause? » disent les deux cousines.

« — Quelle histoire ? » demande Langlumot.

« — Oh ! c'est une cause remplie de détails dignes de
« Rabelais, mais devant les dames je sais mettre des
« gazes... je crois que j'aurai le temps de vous la ra-
« conter avant qu'on ne serve le potage... J'avais pour
« cliente madame Rigaut... cette dame voulait se sépa-
« rer d'avec son mari parce qu'elle l'avait vu monter au
« grenier avec sa bonne, grosse fille de vingt ans envi-
« ron... à la mine espiègle et même je pourrais dire... »

Maître Chipotier est encore interrompu dans son récit
par l'entrée de la domestique qui vient d'un air ahuri,
en s'écriant :

« — V'là un autre commissionnaire, avec une autre
« lettre, celui-là demande à parler à ces dames de la
« part d'un monsieur qui est chez un bijoutier...

« — Qu'est-ce que cela signifie ? Armande... attendez-
« vous quelqu'un...

« — Personne, ma cousine, mais c'est peut-être le doc-
« teur Auguste, qui a encore besoin de son oncle... et
« nous fait demander s'il est ici.

« — Oh! ce n'est pas probable! » s'écrie Langlumot,
« ce serait par trop sans façon... vous écrire... pour que
« vous alliez le... ce serait trop fort...

« — Faites entrer ce commissionnaire, nous saurons
« ce que c'est. »

Le commissionnaire paraît, il se frotte les pieds pendant

plusieurs minutes à la porte du salon avant de se décider à y entrer, la vue de tant de monde l'intimide.

« — Que demandez-vous ? » dit Argentine.

« — Les cousines... de la Grenouille...

« — De la Grenouillère, achevez donc!

« — C'est ça... Grenouillère... et v'là une lettre pour « elles...

« — De quelle part?

« — Dame... c'est un individu de bonne mine... qui « attend chez un bijoutier... boulevard Saint-Denis. »

Mademoiselle Argentine prend la lettre, l'ouvre, regarde tout d'abord la signature et s'écrie :

« — Langlumot!... comment, monsieur Langlumot! « c'est vous qui nous écrivez!

« — Moi, mesdames, » répond le provincial en ouvrant de grands yeux... « Oh! non!... non!... je ne vous ai « point écrit... vous comprenez bien que je n'avais pas « besoin de vous écrire puisque je suis venu...

« — C'est bien signé Langlumot...

« — Par exemple, voilà qui est trop fort... voyons... « ce n'est ni mon écriture, ni ma signature...

« — C'est peut-être d'une autre personne qui s'ap-« pelle Langlumot aussi, » dit maître Chipotier. « Il y a « plus d'un âne à la foire qui s'appelle Martin... cela « s'est vu, mon avis est qu'on lise la lettre.

« — C'est juste, lisons la lettre... tenez, Armande « lisez... vous avez plus d'organe que moi. »

La grosse Armande s'empresse de lire tout haut :

« Gracieuses et tout aimables demoiselles... un « accident imprévu m'arrive, j'ai fait des emplettes chez « un bijoutier, il me manque deux cents francs...

« — Oh! c'est infâme!... c'est abominable! » s'écrie Langlumot en sautant sur sa chaise, « se servir de mon « nom pour emprunter de l'argent!...

« — Laissez donc achevez la lecture de la lettre! » dit

l'avocat en contenant avec peine le campagnard sur son siége. « Ceci est grave, et nous fournira une affaire à
« la cour d'assises! »

Mademoiselle Armande poursuit la lecture :

« Il me manque deux cents francs, je suis plus près de
« chez vous que de chez moi, c'est pourquoi j'envoie
« chez vous de préférence, veuillez remettre cette somme
« à mon cocher... »

Ici, tous les regards se tournent vers le commissionnaire qui retourne sa casquette dans ses mains, et n'a pas l'air d'un cocher. Mais Isidore avait écrit sous l'influence du champagne.

« A mon cocher... et ce soir j'aurai le plaisir de vous
« la rapporter en allant vous baiser les cinq doigts et le
« pouce. Votre admirateur Langlumot. »

Cette fois Langlumot ne se contient plus, il se lève comme un ressort d'acier et s'écrie :

« — Il n'y a que ce petit gredin d'Isidore qui soit ca-
« pable d'avoir écrit cela...

« — Comment, » disent les deux cousines. » Monsieur
« Isidore Dubois... l'ami de votre neveu... qui vous ap-
« pelait son petit oncle...

« — C'est un filou, mesdames... c'est avec regret que je
« me vois forcé de vous le dire... du reste je ne le sais
« que depuis ce matin... c'est un drôle qui m'a trompé...
« qui nous a trompés tous... je n'ai pas besoin de vous
« répéter que je n'ai point écrit cette lettre.

« — Il faut savoir d'où elle vient, » dit maître Chipotier, « laissez-moi interroger cet homme... vous
« allez voir comme je m'y prends... avancez un peu,
« vous!...

« — Moi, monsieur?

« — Oui, vous... Qui vous a remis cette lettre?...

« — Un monsieur de bonne mine qui est chez un
« bijoutier boulevard Saint-Denis...

« — Vous répétez la leçon qu'on vous a faite... est-ce
« que vous êtes cocher...

« — Moi, monsieur... pas du tout, je suis commission-
« naire...

« — Celui qui vous envoie dit positivement : vous re-
« mettrez cette somme à mon cocher...

« — Moi, je suis commissionnaire... ma place est sur
« le boulevard devant *Bonvalet* le traiteur...

« — Ah! votre place est devant Bonvalet, et le mon-
« sieur qui vous a envoyé est sur le boulevard Saint-
« Denis... prenez garde, homme de peine... point de
« fausses dépositions, ceci peut devenir grave... où at-
« tend-on votre retour? point de mensonges, du reste
« ils seraient inutiles, nous allons vous accompa-
« gner.

« — Ah! dame, tant pis, » répond le commissionnaire,
« tout ça ne me regarde pas... je dis ce qu'on m'a dit
« de dire. Mais le jeune homme attend dans un fiacre...
« là-bas... contre le boulevard.

« — Ah! c'est bien heureux...

« — Marchons alors, » s'écrie Langlumot. « Mesda-
« mes... je vous en prie... prêtez-moi une canne... que
« je rosse ce polisson...

« — Non! point de canne! point de voies de fait, » dit
maître Chipotier, « cela gâterait votre cause ; venez, je
« vais vous accompagner pour vous prêter main-forte
« au besoin... mesdames, ceci retardera un peu votre
« dîner, mais le cas est grave...

« — Messieurs nous vous attendrons... mais de la pru-
« dence... point de colère!...

« — Écrire sous mon nom pour se faire donner de l'ar-
« gent... Oh! ceci est trop fort!...

« — Gardez la lettre, mesdemoiselles, elle servira de
« pièce au procès... maintenant, commissionnaire,
« marchez devant nous... à quinze pas de distance pas

« plus, et vous nous désignerez la voiture dès que vous
« l'apercevrez. »

Langlumot exaspéré, sort avec l'avocat, le commissionnaire marche devant eux d'un air bête et l'on suit ainsi la rue Charlot, en se dirigeant du côté du boulevard.

Mais Isidore qui était resté dans la voiture, trouvait le temps long, et à chaque instant regardait par la portière dans l'espoir de voir revenir son commissionnaire; il n'était point tranquille et commençait à craindre que tout n'eût point marché suivant ses désirs.

Enfin, comme sa vue est bonne, il voit de loin arriver l'homme qu'il a chargé de sa lettre, mais presque aussitôt il reconnaît Langlumot et maître Chipotier, qui se tiennent sous le bras et marchent sur les pas du commissionnaire.

« — Tout est perdu !... » se dit Isidore, « l'oncle était
« chez les cousines quand on a porté ma lettre... ils
« viennent pour me pincer... mais je ne vous attendrai
« pas, mes petits amis... vous vous arrangerez avec
« mon cocher, et vous payerez la course. »

Ouvrant aussitôt la portière qui donne contre les maisons, le petit jeune homme sort de la voiture sans être vu par le cocher, et, se faufilant lestement contre les murailles, a bientôt gagné le boulevard où il se dit :

« — Maintenant je n'ai plus d'abri que chez toi... ô
« Philiberte... retournons chez ma blanchisseuse... il y
« a longtemps qu'elle me connaît celle-là... c'est elle
« qui, la première, m'a donné l'hospitalité lorsqu'à seize
« ans je sortais de chez mon menuisier !... c'est une bonne
« fille... qui ne m'a jamais abandonné dans les circons-
« tances difficiles, allons-y gaiement !... la fortune a des
« hauts et des bas... je remonterai peut-être ! »

X

UNE RECONNAISSANCE.

Isidore était retourné depuis dix jours habiter son grenier au-dessus de mademoiselle Philiberte; lorsqu'un matin la blanchisseuse et ses ouvrières voient arriver au milieu d'elles un homme à moustaches grises et à l'abord sévère, qui commence par jurer en entrant, et s'écrie:

« — Cré nom d'une bombe!... j'en suis à ma soixante-
« neuvième blanchisseuse!... il y en a bigrement dans
« Paris... enfin, il faudra bien que je trouve mon affaire!...
« mais pourquoi diable tant de blanchisseuses.

« — Que voulez-vous, monsieur; que demandez-vous?» dit mademoiselle Philiberte en prenant son air impertinent, parce que la manière dont ce monsieur se présente lui semble peu poli.

Franville, car on a déjà reconnu l'ancien militaire, commence par s'asseoir sur la première chaise qu'il aperçoit, en répondant :

« — Pardon... mais je suis fatigué... c'est haut ici...
« et en général les blanchisseuses ne demeurent pas sou-
« vent à des premiers... j'ai eu l'occasion de m'en assu-
« rer depuis une douzaine de jours que je vais chez
« toutes les personnes de votre état.

« — Et pourquoi allez-vous chez toutes les blanchis-
« seuses de fin?...

« — Pourquoi... je vais vous le dire, je ne suis venu
« que pour ça. Parce que je suis à la recherche d'un
« jeune homme qui a élu domicile chez une personne de
« votre profession. Ce jeune homme se nomme Isidore
« Dubois, il faut absolument que je le trouve... et je le
« trouverai, mille carabines!... quand je devrais pour
« cela fouiller tout Paris!...

« — Nous n'avons pas de jeune homme ici! » répond
Philberte en fronçant ses épais sourcils. « Je n'emploie
« que des femmes, moi.

« — Est-ce que vous pensez que je crois que mon
« jeune homme s'est fait blanchisseuse?... ce n'est pas
« cela... il s'agit d'un étourdi... d'un farceur... qui a fait
« des dettes et qui se cache chez quelqu'un de votre état...
« Ah! sapredié! s'il savait pourquoi je le cherche, moi...
« je vous réponds qu'il ne se cacherait plus. C'est une
« famille que je veux lui rendre... c'est une fortune qui
« l'attend... c'est un père très-riche qui lui ouvre ses
« bras!...

« — Une fortune, un père!... me voici... Isidore Du-
« bois!... présent! »

En même temps un petit jeune homme, ayant avec
son pantalon une simple camisole de femme, sort
d'un cabinet où il était en train d'éplucher des pommes
de terre cuites dans l'eau, et vient se placer devant
Franville; celui-ci reste un moment tout saisi par
cette brusque apparition, mais bientôt il se remet et
s'écrie :

« — Vous vous nommez...

« — Isidore Dubois...

« — Votre âge...

« — J'ai eu vingt ans le vingt-quatre juillet dernier...

« — Le vingt-quatre juillet... oui, c'est bien la date de
« votre naissance, vous êtes né en mil huit cent trente-
« quatre... et vous avez été élevé...

« — Aux frais du gouvernement.

« — Qu'y avait-il dans votre berceau?

« — Un billet écrit par ma mère, dans lequel elle di-
« sait le jour de ma naissance, me nommait Isidore et
« déclarait se nommer Adèle Dubois...

« — C'est cela!... ô c'est bien cela!... ensuite, que
« disait encore votre mère dans ce billet!

« — Elle disait : j'ai attaché au cou de mon enfant un
« ruban bleu avec une petite croix en or sur laquelle est
« gravé mon chiffre et la date ci-dessus. Je désire que
« mon fils porte toujours cette croix...

« — Oui... oui... voilà bien ce que m'a dit votre
« pauvre mère avant de mourir ; car elle est morte, elle...
« vous ne la connaîtrez pas!... c'est singulier... j'ai beau
« vous regarder... aucun rapport dans les traits... ni
« avec elle, ni avec votre père... et pourtant vous êtes
« bien le fils d'Adèle... il n'y a pas à en douter... vous
« avez conservé, je pense, la petite croix qui venait de
« votre mère...

« — Mon Dieu, monsieur, il y a six mois je la possé-
« dais encore... mais alors... à la suite d'une dispute...
« d'une rixe dans les Champs-Élysées... j'ai perdu cette
« petite croix à laquelle je tenais beaucoup parce qu'elle
« venait de ma mère, ainsi que le petit billet qu'elle
« avait mis dans mon berceau, et comme j'avais tou-
« jours enveloppé la croix dans le billet, naturellement
« en perdant l'une j'ai perdu l'autre!...

« — Ah! diable... c'est fâcheux... mais après tout,
« nous avons assez d'autres preuves... en sortant des
« Enfants trouvés... où avez-vous été?...

« — On m'avait mis en apprentissage chez un menui-
« sier du faubourg Saint-Antoine ; j'y suis resté six mois
« à peu près...

« — C'est cela, et n'est-ce pas aux conseils de votre
« camarade... un mauvais sujet, nommé Eustache Cra-

« quel, que vous avez cédé en disparaissant de chez
« votre premier maître ?... »

Isidore, qui s'est légèrement troublé au nom d'Eustache Craquet et a échangé un coup d'œil avec Philiberte, reprend bien vite son aplomb et répond :

« — Ah!... oui... Eustache Craquet... un cama-
« rade...

« — Qui était sorti des Enfants trouvés en même
« temps que vous... qui ne voulait rien faire, qui empê-
« chait les autres de travailler...

« — Ah! je m'en souviens parfaitement... oui, il m'a
« un peu entraîné.

« — J'en étais sûr... qu'est-il devenu celui-là...

« — Je l'ignore entièrement. Nous nous sommes sépa-
« rés peu de temps après. Je suis entré chez d'autres
« menuisiers... faubourg Saint-Honoré... barrière Mont-
« martre...

« — C'est cela... c'est bien cela...

« — Mais je n'avais aucun goût pour cet état. Je me
« sentais capable de devenir mieux qu'un simple arti-
« san... J'aimais la lecture... j'ai beaucoup lu, j'ai tâché
« de m'instruire... je suis entré dans un bureau de co-
« pie, puis dans un magasin de nouveautés... mais je ne
« me sentais aucun goût pour le commerce...

« — En revanche, il paraît que vous avez du goût
« pour le billard, car on dit que vous y êtes de première
« force !

« — Le billard, c'est vrai, je ne m'en défends pas...
« mais enfin, monsieur, puis-je savoir qui vous envoie
« vers moi...

« — Qui? eh pardieu, votre père... qui vous a oublié
« un peu longtemps, c'est vrai, mais le sort l'en a bien
« puni... vous êtes, vous, le résultat d'une passion de
« jeune homme; d'une de ces liaisons... qui ont souvent
« des suites plus graves qu'on ne pense. Enfin, quand

« vous êtes venu au monde, votre mère gagnait à peine
« de quoi se nourrir... et votre père ne faisait rien
« pour elle... Cependant, elle vous aurait gardé, elle...
« oh! oui... elle aurait travaillé les nuits pour garder
« son enfant... et c'est à son insu que l'on vous a... car
« elle n'y aurait jamais consenti!... pauvre Adèle!... »

Isidore se retourne et se mouche fort longuement ; Franville croit qu'il pleure, il lui frappe sur l'épaule en lui disant :

« — Vous êtes attendri... c'est bien, cela... ne cachez
« pas vos larmes, elles vous font honneur... »

Isidore, qui n'a pas une seule larme à montrer, porte son mouchoir sur ses yeux et les essuie avec tant de force qu'il parvient à les rendre rouges. Alors le vieux militaire lui ouvre ses bras en lui disant :

« — Fils d'Adèle... j'étais l'ami, le confident des peines
« de votre mère... je suis bienheureux de vous avoir re-
« trouvé ! laissez-moi vous presser dans mes bras.

« — Comment donc!... avec grand plaisir, mon-
« sieur. »

Isidore se laisse embrasser, mais il lui tarde de revenir à ce qui l'intéresse le plus, et il reprend :

« — Enfin, monsieur, pardon... je ne sais pas votre
« nom...

« — Franville.

« — Eh bien, monsieur Franvile, mon père existe,
« lui ?

« Oui ; il s'est marié deux fois, il a perdu ses deux
« femmes... Oh!... elles ne valaient pas la pauvre fille
« qu'il avait délaissée!... mais elles étaient riches, et les
« hommes songent souvent, avant tout, à leurs intérêts.
« De ces unions, il avait une fille et un fils ; il les a per-
« dus tous deux... par des circonstances fatales, impré-
« vues !... Enfin il n'a plus que vous pour l'aimer, pour le
« consoler !... vous entendez, jeune homme, jusqu'à

« présent votre jeunesse a été, dit-on, un peu folle...
« votre conduite bien légère... bien étourdie ; maintenant
« qu'un autre avenir s'offre à vous, il faut devenir plus
« sage, il faut enfin faire en sorte que votre père n'ait
« point à se repentir de vous avoir rappelé près de
« lui...

« — Oh! rassurez-vous, monsieur, désormais je veux
« que l'on n'ait pas le plus petit reproche à m'adresser...
« je serai sage, rangé, raisonnable, studieux... mais la
« position de mon père... vous ne m'avez pas dit ce qu'il
« était...

« — Ce qu'il est... quoi je ne vous ai pas dit qu'il était
« banquier... millionnaire, qu'il avait hôtel, voiture,
« laquais... plusieurs maisons à la ville... deux ou trois
« campagnes ; enfin que c'est un des plus riches
« capitalistes de Paris!

« — Ah! qu'est-ce que j'entends!... il serait possible!...
« ce n'est pas un songe... tout ce que j'avais rêvé se
« réalise... Philiberte! entends-tu? des voitures, des che-
« vaux, des laquais...

« — Oui! oui! » répond la blanchisseuse avec un
sourire qui semblait dire bien des choses, « vous n'avez
« pas été trompé dans vos calculs... dans vos espé-
« rances... nous verrons maintenant si vous tiendrez vos
« promesses... »

Le petit jeune homme s'est mis à danser, à sauter
dans la chambre, jetant en l'air tout ce qui se trouve
sous sa main, robe, jupon, fichu... Puis, saisissant la
grande Lisiska qui est en train de repasser, il la fait polker avec lui, la lâche pour faire tourner Fanfinette,
puis laisse Fanfinette pour aller prendre Philiberte
par la taille et faire avec elle un galop autour de la
table sur laquelle le linge est étalé.

Franville regarde tout cela d'un air ébahi, puis s'écrie
enfin :

« — Nom d'une pipe! si c'est comme ça que vous de-
« venez raisonnable, vous!

« — Ah! écoutez donc, mon ancien, est-ce que vous
« croyez que l'on peut apprendre qu'on va mener un
« train de prince sans que cela vous tourne un peu la tête...
« mais ça se calmera. Philiberte, tu auras le cachemire
« que tu désires tant... et une foule d'autres choses avec.

« — Mais je l'espère, mon petit!

« — Lisiska aura un manchon... Fanfinette un man-
« telet... jusqu'à la mère chose... à qui je ferai don d'une
« chaufferette!...

« — Nous verrons si vous tenez parole...

« — Et je veux vous bourrer d'huitres... je vous en
« payerai jusqu'à ce que vous tombiez dessus!...

« — Est-il gentil!

« — Tout cela est fort bien, jeune homme, mais votre
« père est seul; il est profondément affligé, car il n'y a
« que onze jours qu'il a perdu son jeune fils... il est
« temps d'aller lui porter un peu de consolation...

« — Je ne demande pas mieux... quand vous voudrez,
« je suis prêt...

« — Je pense que vous n'allez pas sortir avec cette
« camisole.

« — Ah! mon Dieu... je n'y pensais plus... le bonheur
« me faisait oublier que je n'étais pas habillé... attendez-
« moi ici, mon cher monsieur Franville, je ne serai pas
« long à ma toilette. »

Isidore monte à son grenier; Franville reste au milieu
des blanchisseuses, qui ne peuvent encore croire à la
nouvelle fortune de leur pensionnaire, excepté cependant
Philiberte qui s'écrie :

« — Il en avait toujours l'espoir, lui... c'était son idée
« fixe.

« — En vérité, » dit Franville, « il espérait un jour re-
« retrouver ses parents.

« — Oui, monsieur, car il m'a dit plusieurs fois : un
« enfant qu'on recommande si bien, à qui on met une
« petite croix pendue au cou... c'est nécessairement un
« enfant de l'amour... et ceux-là, il arrive un moment
« où l'on peut les reconnaître... et où ils se trouvent quel-
« quefois quitter un grenier pour aller dans un château.

« — Ma foi, il avait deviné... c'est bien ce qui lui ar-
« rive aujourd'hui. Croyez-vous qu'il sera digne de sa
« nouvelle fortune, madame?

« — Ah!... tout ce que je peux vous dire, c'est qu'il
« saura bien la manger!... »

Isidore revient, il a mis ce qu'il a de mieux ; et comme avec l'oncle d'Auguste il avait pu remonter sa garde-robe, c'est dans la tenue d'un élégant qu'il se présente à Franville, celui-ci est content de voir au jeune homme une si bonne tournure.

« — A la bonne heure, » dit-il, « vous pouvez comme
« cela vous présenter à votre père ; je crois même qu'il
« ne s'attend pas à voir quelqu'un qui ait aussi bonne
« façon... tant mieux, cela le flattera... car il tient à tout
« cela, lui. Allons, Isidore, dites adieu à celles qui vous
« donnaient l'hospitalité et partons... »

Isidore embrasse toutes les blanchisseuses, il leur promet de ne point les oublier. Philiberte lui dit quelques mots à l'oreille, auxquels il répond de même, puis il quitte pour la seconde fois la demeure dans laquelle il se flatte bien de ne plus rentrer.

Un cabriolet conduit Franville et le jeune homme jusqu'à l'hôtel du capitaliste. Isidore n'est pas maître d'une certaine émotion en entrant dans cette superbe maison habitée par Duhautcours, mais il suit son guide qui s'arrête dans une vaste antichambre et lui dit :

« — Je vais d'abord prévenir votre père ; il ne faut
« pas entrer tout de suite avec moi... ce pauvre homme
« est encore bien chagrin de la mort de son cher Armand...

« mais il me semble que votre présence doit le consoler...
« Ah ! voilà un valet... M. Duhautcours est-il chez lui ?
« — Oui, monsieur, il est seul dans son cabinet...
« Seul... très-bien... conduisez-nous ; monsieur atten-
« dra dans le petit salon qui précède le cabinet. »

Depuis qu'il avait appris la mort du jeune Armand, Duhautcours ne quittait presque plus son cabinet ; il ne s'occupait plus d'affaires de Bourse ; gagner de l'argent lui était même devenu indifférent ; toute sa personne offrait aussi un grand changement ; il était pâle, son front était sombre, ses cheveux avaient grisonné avec une rapidité extraordinaire ; il avait beaucoup moins d'embonpoint ; ce n'était plus cet homme heureux que nous avons vu au chemin de fer de Lisieux, se promenant le sourire sur les lèvres et jetant sur tout le monde un regard de protection, les deux coups qui venaient de le frapper d'une façon si terrible avaient bouleversé toutes ses idées ; après s'être cru en position de braver le sort, de défier l'adversité, cet homme se sentait humilié d'être à plaindre, il avait presque honte de son malheur... il fuyait le monde où il s'était montré si orgueilleux, si vain de son bonheur et ne trouvait en lui-même ni consolation, ni résignation.

La présence de Franville peut à peine tirer Duhautcours de son accablement, il lui fait un simple signe de tête et laisse retomber ses regards vers le parquet, mais Franville qui tient à captiver son attention s'écrie aussitôt :

« — Il y a du nouveau, j'ai découvert celui que je cher-
« chais... je l'ai vu... je lui ai parlé... »

Duhautcours relève vivement la tête, il écoute avec intérêt maintenant.

« — Oui... oui... je l'ai trouvé... à force de courir chez
« toutes les blanchisseuses. Je savais bien que j'arriverais
« à mon but !...

« — Et... vous êtes certain que c'est bien le fils... d'A-
« dèle ?

« — Parbleu!... vous pensez bien que je lui ai fait toutes
« les questions nécessaires pour m'assurer que c'était bien
« lui... Il n'y a pas à douter... l'âge, la date de la nais-
« sance... le billet dans le berceau... tout ce qui était
« écrit dessus, il savait tout ; puis la petite croix, ce qui
« était gravé dessus... il n'ignore rien. Seulement, il a
« perdu, il y a peu de temps, le billet qui enveloppait
« cette croix... qu'il portait toujours sur lui... Ceci
« pouvait même lui arriver plus tôt ; les jeunes gens ne
« sont pas très-soigneux... Il m'a nommé tous les me-
« nuisiers chez lesquels il a travaillé, ce sont bien ceux
« que j'ai vus et qui m'ont parlé de lui. Je vous le
« répète, c'est bien votre fils.

« — Et comment est-il?... quelle tournure?... Sans
« doute celle d'un ouvrier?

« — Pas du tout!... Jolie prestance!... un petit
« maître... fort gentil... ma foi!... »

Le front de Duhautcours s'éclaircit ; ce qu'il craignait
surtout, c'était de trouver quelqu'un aux manières com-
munes, dans l'enfant qu'il avait jadis abandonné. Il
se lève vivement en disant :

« — Comment... en vérité? il a un air convenable... et
« sait-il... lui avez-vous dit quels liens l'unissaient à moi?

« — Ma foi, oui!... j'avoue que cela m'est échappé, je
« lui ai dit : Je vais vous rendre votre père!... Mais à
« présent que vous n'avez plus d'autres enfants, j'ai
« pensé que cela ne vous contrarierait pas...

« — En effet, je n'ai plus d'autre enfant. Tous les pro-
« jets que j'avais formés sont évanouis... mais si... ce
« jeune Isidore est présentable... si je puis le mener avec
« moi sans rougir, je n'ai plus de raison pour craindre
« de le nommer mon fils...

« — D'autant plus que vous réaliserez alors le vœu de
« sa mère, de cette bonne Adèle, et que vous devez bien
« cela à sa mémoire.

« — Et ce... jeune homme, quand pourrai-je le voir?
« — Quand vous voudrez...
« — Où donc est-il maintenant?
« — Là, à côté, qui attend.
« — Il serait là, si près de moi, et vous ne me le di-
« siez pas...
« — Il fallait bien vous préparer un peu... Faut-il l'ap-
« peler... à présent?...
« — Oui, oui... Faites-le venir? »

Franville ouvre la porte du petit salon, où Isidore attendait en se lissant les cheveux devant une glace et en regardant si sa raie était bien faite.

Sur un signe du vieux militaire, il se hâte d'entrer dans le cabinet où l'attend Duhautcours; il se présente à lui, non pas avec cette émotion d'un fils qui va pour la première fois se trouver devant son père, mais comme un acteur qui va débuter sur un théâtre et qui se dit : « Il faut avoir de l'aplomb. »

Comme en général l'aplomb réussit mieux que la timidité, Duhautcours regarde avec satisfaction ce jeune homme, qui est mis avec goût et qui le salue avec grâce, en murmurant :

« — Voulez-vous me permettre, monsieur, de vous
« présenter mes devoirs? »

Après l'avoir considéré quelques instants, le riche capitaliste se décide enfin à lui dire :

« — Venez m'embrasser, monsieur, je vous le permets.
« — Et allons donc ! » s'écrie Franville en poussant le jeune homme pour qu'il se précipite dans les bras de Duhautcours; mais Isidore prend son temps, il ne court pas, il va en souriant recevoir l'accolade qu'on lui offre et donner un baiser respectueux sur la joue qu'on lui tend.

Cet embrassement ressemble beaucoup à ceux que se font les acteurs sur le théâtre.

Duhautcours se ravise, il fait signe à Isidore de prendre un siége, puis, après l'avoir considéré quelque temps, lui dit :

« — Des circonstances qu'il est inutile de vous rappor-
« ter m'ont forcé jadis à... vous éloigner de moi... Je
« désire que vous ne reveniez jamais sur ce sujet, que
« vous tâchiez même de l'oublier.

« — Je ne demande pas mieux, je vous le jure.

« — Je ne m'attendais pas à vous trouver si bonne fa-
« çon... vous me semblez avoir l'habitude du monde...
« Où l'avez-vous prise ?

« — Monsieur, je ne me sentais pas né pour faire un
« ouvrier... quelque chose semblait me dire que je
« n'étais pas à ma place chez des menuisiers; aussi n'y
« ai-je pas fait un long séjour... Je me suis donné à moi-
« même de l'éducation... Je sais un peu de tout, très-
« superficiellement... comme vous devez le penser, mais
« assez pour n'être pas embarrassé, et souvent pour
« éblouir les sots... Or, comme ils sont généralement en
« majorité dans la société, vous voyez que je puis me
« présenter partout.

« — Très-bien... très-bien... vous avez de l'assurance
« et de l'esprit; avec cela, en effet, on doit faire son che-
« min...

« — Franville, trouvez-vous qu'il ressemble à sa
« mère?

« — Ma foi, non... pas le moins du monde.

« — Et... à moi !

« — Pas davantage.

« — Il me semblait... quelque chose dans le regard...

« — En cherchant bien, on finirait peut-être par trou-
« ver.

« — Isidore, vous avez fait déjà pas mal de folies,
« m'a-t-on dit ?

« — C'est vrai, monsieur... mais je n'avais rien de

« mieux à faire... et puis, c'est comme cela qu'on se
« forme.

« — Vous devez avoir des dettes?
« — Oui, pas mal.
« — Combien devez-vous?... A peu près...
« — Mais... deux à trois mille francs.
« — Oh! c'est une misère!
« — Je n'ai pas pu en faire davantage.
« — Vous les payerez; vous aurez de quoi vivre large-
« ment... Vous achèterez des chevaux, si vous les ai-
« mez... vous aurez votre cabriolet et votre domestique...
« votre logement dans l'hôtel... vous mangerez avec
« moi quand vous le voudrez... enfin vous tâcherez de
« me faire honneur... sans faire de folies, cependant... »

Isidore prend la main de Duhautcours, qu'il presse
avec effusion dans les siennes, en répétant :

« — Ah! monsieur... combien je suis touché de ce
« que vous faites pour moi... croyez que je ferai en sorte
« de m'en rendre digne... Merci... monsieur... merci!

« — Eh! sambleu!... dites donc merci mon père! »
s'écrie Franville, ennuyé du ton maniéré d'Isidore.

Mais celui-ci reprend :

« — Je n'aurais pas osé me permettre d'employer ce
« titre sans y être autorisé; et puis, dans le monde, j'ai
« toujours entendu les jeunes gens de mon âge dire :
« monsieur, en parlant à l'auteur de leurs jours.

« — Il a raison... » dit Duhautcours. « Monsieur est de
« meilleur ton... D'ailleurs, le monde ignore encore...
« les liens qui nous unissent, et nous avons tout le
« temps de le mettre dans notre confidence ! »

Puis, s'approchant de son bureau, le banquier ouvre
un tiroir à caisse, y prend une liasse de billets de banque et la met dans les mains du jeune homme, en lui
disant :

« — Tenez, Isidore, prenez ces vingt-cinq mille francs...

« vous payerez vos dettes, et vous achèterez tout ce dont
« vous pourrez avoir besoin. »

Isidore frémit et rougit de plaisir en recevant les billets ; il balbutie de nouveaux remerciments.

Mais Duhautcours l'interrompt en lui disant :

« — Je n'ai plus que vous... j'avais une fille char-
« mante... un fils... qui, à douze ans, était déjà la
« gloire de sa pension... Je les ai perdus... bien cruel-
« lement... Je désire, en vous connaissant davantage,
« pouvoir éprouver pour vous ce que je ressentais
« pour eux. Je vais tâcher de me distraire... de me
« livrer de nouveau aux affaires... je vais retourner à
« la Bourse, où je n'ai pas mis le pied depuis que j'ai
« appris la mort de mon pauvre Armand... Vous,
« Isidore, montez votre maison... Je dîne à six heures...
« vous dînerez avec moi quand cela vous plaira... Je
« ne prétends vous gêner en rien... Franville, je vous
« remercie pour toutes les démarches que vous avez
« faites... Je ne vous offre pas d'argent... je sais que
« vous me refuseriez.

« — Oh ! je n'ai pas besoin d'argent, moi ; et ce que
« j'ai fait, vous savez bien que c'était avec plaisir...
« avec bonheur même. J'ai réalisé les derniers désirs de
« cette pauvre Adèle, c'est tout ce que je voulais.
« A présent, vous n'avez plus besoin de moi, bonjour.

« — Au revoir. »

Duhautcours quitte son cabinet.

Isidore, tenant toujours sa main sur la poche où il a fourré ses billets de banque, sort avec Franville en s'écriant :

« — Vingt-cinq mille francs ! j'ai vingt-cinq mille
« francs à moi... dont je puis faire ce que je veux !...
« Comprenez-vous cela ?

« — Je comprends, jeune homme, que vous devez
« d'abord payer toutes vos dettes... puis monter votre

« maison... puis ne pas faire trop de folies, afin que
« votre père n'ait pas lieu de se repentir de sa généro-
« sité... »

Mais Isidore n'écoute pas Franville, il se jette dans un coupé qui passe, en criant au cocher :

« — Aux Champs-Élysées... chez un marchand de che-
« vaux... Allez comme le vent... je vous payerai triple !

« — Sapredié ! » se dit l'ancien militaire en regardant Isidore s'éloigner avec le coupé ; « voilà un gaillard
« qui ne m'a pas l'air disposé à devenir sage... Ma foi,
« maintenant que je lui ai rendu son père, cela ne me
« regarde plus... Après tout, Duhautcours est million-
« naire, et il ne lui reste pas d'autre enfant !... Mais,
« c'est singulier... la reconnaissance du père et du fils
« ne m'a pas ému du tout... ce n'est pas étonnant, ceux
« que cela intéressaient le plus l'étaient encore moins
« que moi ! »

XI

LE TIRAGE AU SORT.

Les démarches que Franville avait faites pour trouver Isidore, l'avaient pendant quelque temps empêché de voir aussi souvent la famille Gerbier, où régnait toujours ce bonheur intime et modeste qui est bien plus durable que celui qui fait du bruit.

Cependant Gerbier a été quelques jours malade.

Tout une semaine sans travailler, il a fallu se gêner, se restreindre, sur la dépense déjà si bornée chez l'ouvrier imprimeur.

Georgina a veillé plus tard, afin de gagner de quoi payer la tisane et le sirop qu'il faut pour son père; les enfants n'ont mangé que des pommes de terre et quelquefois du pain sec; mais personne ne s'est plaint. Entre gens qui s'aiment, les privations se supportent avec courage. Et puis la santé est revenue chez le chef de la famille, et, avec elle, la gaieté dans la maison.

Alexis, qui connaît la position de ses voisins et a vu Georgina veiller pour gagner davantage, a plusieurs fois offert ses épargnes à la jeune fille, en lui disant:

« — Ce qui est à moi n'est-il pas aussi à vous?...

Mais Georgina a toujours refusé, en répondant à celui qu'elle aime:

« — Nous n'avons pas besoin de votre argent... Tra-

« vailler un peu plus est un plaisir pour moi... car je
« suis fière de pouvoir être utile à mon père... Nous ne
« mangeons pour le moment que des pommes de terre,
« qu'importe ! nous ne nous en portons pas plus mal !...
« Gardez votre trésor, Alexis, augmentez-le si vous pou-
« vez, afin d'avoir de quoi vous acheter un homme, si
« vous tombez au sort... »

Alexis souriait, mais il détournait la tête en soupirant, car il savait bien qu'il ne pourrait jamais amasser la somme nécessaire pour s'acheter un remplaçant.

Chez Gerbier, on avait appris par Franville l'affreux événement qui avait privé Duhautcours de son jeune fils, et tout le monde avait pris la plus vive part à son nouveau malheur.

Cet homme, que pendant longtemps on avait détesté, était devenu intéressant pour tous ceux qui le croyaient maintenant le plus infortuné des pères.

C'est donc avec joie que l'on entend Franville s'écrier, en entrant chez ses amis :

« — Vous avez été quelque temps sans me voir... mais
« ce n'est pas ma faute... je courais pour ce pauvre Du-
« hautcours, je dis pauvre... quoiqu'il soit toujours
« millionnaire...

« — Et tu as bien raison ! » dit Gerbier en regardant ses enfants. « Ah !... je me trouve bien plus riche que
« lui... moi !...

« — Grâce au ciel ! mes démarches n'ont pas été sans
« succès... j'ai retrouvé un enfant... qu'il avait perdu
« autrefois... Tu sais, Gerbier ?...

« — Oui... oui, je comprends...

« — Comment, ce monsieur avait perdu un autre de
« ses enfants ? » s'écrie Georgina.

« — Oui... on l'avait égaré... en nourrice... mais il est
« retrouvé... C'est un jeune homme maintenant...

« — Cela doit adoucir un peu les regrets de M. Du-

« hautcours, » dit Gerbier, « il n'est plus seul; il a un
« fils encore...

« — Oui... je crois que ça le distraira un peu... On ne
« sait pas... cet homme-là est tellement en dedans...

« — Et le jeune homme?

« — Oh! celui-là est comme un fou de se trouver tout
« à coup au sein de l'opulence... Je crains qu'il ne fasse
« sauter un peu vite les billets de banque dont Duhaut-
« cours l'a déjà gratifié... Mais, après tout, comme ce-
« lui-ci est millionnaire, ce sera une occasion de placer
« ses fonds.

« — Ce jeune homme n'est-il pas surtout heureux d'a-
« voir retrouvé son père?...

« — Hum!... Je crois que c'est surtout sa fortune qui
« le touche... Si tu avais été témoin de leur reconnais-
« sance... ils n'étaient pas plus attendris l'un que l'autre.
« Décidément le jeune homme tient plus de son père que
« de sa mère.

L'arrivée d'Alexis met fin à cette conversation. Pour
célébrer le retour à la santé de Gerbier, on projette pour
le lendemain dimanche une petite promenade. Ce sont
de ces plaisirs qui ne coûtent rien, et que l'on peut se
permettre, même quand on a une nombreuse famille.

Le lendemain, tout le monde a été exact; et, sur les
trois heures de l'après-midi, Gerbier et ses enfants
suivent les boulevards du côté de la Madeleine. Alexis
a maintenant la permission de donner le bras à Georgina,
et c'est un bonheur qu'il ne laisse pas échapper. Quant
à Franville, il marche à quelques pas de Gerbier, qui
tient ses fils par la main.

Un monsieur vient de croiser tout ce monde-là. Ce
monsieur a surtout regardé Georgina et Alexis. Puis,
lorsqu'il les a dépassés, il s'arrête pour les regarder encore.

« — Eh mais! il me semble que c'est Duhautcours qui

« vient de passer là ! » s'écrie Franville qui se retourne et aperçoit le capitaliste arrêté à quelques pas. « Oui, « c'est bien lui... Oh! il faut que j'aille lui demander « s'il est content de son fils... Allez, mes enfants, je vous « rejoindrai. »

Duhautcours est toujours à la même place, considérant Georgina et Alexis; ses traits sont altérés, sa physionomie a une expression qui n'annonce pas le contentement.

« — Bonjour, » dit Franville en l'abordant, « je vous « ai reconnu... Je voulais vous demander si vous étiez « satisfait de notre jeune homme... Il n'y a que quelques « jours qu'il est chez vous, mais enfin vous le connais- « sez mieux... »

Duhautcours écoute à peine Franville ; il suit des yeux Georgina et son cavalier, il répond d'un air distrait :

« — Vous parlez d'Isidore... Ah! oui... Je ne sais... « Quel est donc ce jeune homme qui lui donne le bras?...

« — Le bras à qui?... Je vous parle de votre fils...

« — Moi, je vous demande quel est ce jeune homme « qui donne le bras à la fille de Gerbier?...

« — Ah!... celui qui sert de cavalier à Georgina... Eh « parbleu! c'est Alexis!...

« — Qu'est-ce que c'est que... Alexis?...

« — Un brave garçon...bien rangé, bien travailleur... « Il demeure dans leur maison... c'est leur voisin...

« — Ah! c'est leur voisin... Et que fait-il ce brave « garçon?

« — Il est ébéniste, il a beaucoup de talent ; il est « aussi fort bon musicien : il joue du piston comme un « ange.

« — Et probablement ce... garçon... fait la cour à « mademoiselle Georgina?

« — Dame!... c'est bien possible... Quand il la lui fe- « rait... il n'y aurait là rien d'étonnant... Mais, en tout

« cas, ce ne serait qu'avec des vues honnêtes... Oh! il
« n'y a pas de danger que ce soit autrement. »

Duhautcours ferme convulsivement ses poings et s'éloigne brusquement sans même dire adieu à Franville qui lui crie :

« — Eh bien... et Isidore... vous ne m'avez pas ré-
« pondu à son sujet... Ah! bon... il ne m'écoute pas...
« il est déjà loin... il pense toujours à Georgina... Il pa-
« raît qu'il en était sérieusement amoureux... et en la
« voyant pour la première fois au bras d'un autre... je
« comprends... ça l'a un peu suffoqué! et pas un mot sur
« son fils!... Il faudra pourtant que je sache comment
« il se conduit, ce gaillard-là.

« — Eh bien, » dit Gerbier, lorsque Franville l'a rejoint, « M. Duhautcours est-il un peu moins malheureux ?

« — Oui... il commence à se distraire...

« — Ah! » dit Alexis, « ce monsieur qui s'est arrêté
« pour nous examiner, c'est M. Duhautcours! Je l'ai bien
« remarqué, moi... »

Et le jeune homme ajoute à demi-voix :

« — Comme il vous a regardée, Georgina!... Et ses
« yeux avaient une expression... Tenez, je gagerais
« que ce monsieur est amoureux de vous...

« — Eh bien, quand cela serait, » répond la jolie brune en souriant, « que m'importe à moi... puisque
« c'est vous que j'aime... les autres, cela ne m'intéresse
« pas... cela m'est bien indifférent ! »

Alexis est trop ému pour répondre, mais il presse tendrement le bras qui est sous le sien, et il ne voudrait pas, pour tous les biens de la terre, changer sa position pour celle de ce riche monsieur qui a regardé si longtemps Georgina.

Rien ne troublerait le bonheur de ces jeunes amoureux, si, aux doux rêves de l'avenir, ne venait pas toujours se mêler le souvenir de la conscription.

Chaque jour, lorsqu'elle revoit Alexis, la première question de Georgina est pour lui demander si on l'appelle déjà pour le tirage au sort, et le jeune homme lui répond :

« — Il n'en est pas encore question... ne vous in-
« quiétez pas de cela, ma chère Georgina, vous le saurez
« assez tôt. »

Mais un soir la jeune fille dit à Alexis :

« — Je veux savoir d'avance l'époque où vous de-
« vrez tirer au sort, car je veux être là, près de vous, à
« ce moment-là... Est-ce que ce n'est pas permis?... est-
« ce que je ne pourrai pas y être?...

« — Je crois bien que si... mais ce serait vous causer
« des émotions trop vives... Il me semble qu'il vaut
« mieux que vous n'en soyez pas prévenue d'avance...

« — C'est cela!... et vous me cacherez quand ce sera.
« Mon Dieu!... c'est demain peut-être!...

« — Mais, non... rassurez-vous, je vous jure qu'il
« n'en est pas encore question.

« — D'ailleurs, Alexis, vous me le cacheriez en vain...
« M. Franville lit les journaux, il est au fait de ce qui se
« passe; il m'a bien promis de me prévenir quand on
« annoncera le tirage de la conscription... il est vrai
« que depuis quelques jours nous le voyons moins sou-
« vent... Je crois qu'il s'occupe du fils de M. Duhaut-
« cours... qui, à ce que j'ai pu entendre, n'est pas un
« très-bon sujet... car j'espère que notre vieil ami n'est
« pas malade. »

Quinze jours après cette conversation, Alexis, moins gai et plus pensif que de coutume, avait passé la soirée chez Gerbier, en faisant son possible pour cacher à Georgina sa préoccupation. Depuis une semaine, Franville, qui souffrait de sa jambe blessée, n'était pas venu chez ses amis, et Gerbier se promettait d'aller le voir le lendemain. Mais le père de famille avait bien peu de temps de reste. Il partait de bon matin pour son imprimerie, où l'ouvrage pressait; et lorsqu'il rentrait le soir, il ne se reposait bien qu'en caressant ses enfants.

En quittant Georgina pour remonter à sa chambre, Alexis ne peut retenir un gros soupir :

« — Mon Dieu ! qu'avez-vous ? » s'écrie la jolie fille, « est-ce qu'il y a quelque chose de nouveau ?...

« — Non... rien... Tranquillisez-vous...

« — Il m'a semblé que ce soir vous n'étiez pas aussi « gai qu'à votre ordinaire...

« — Vous vous êtes trompée.

« — Rappelez-vous que vous devez me prévenir quand « le tirage aura lieu... Vous n'y manquerez pas ?...

« — Non... vous le saurez. »

Mais le jeune conscrit mentait alors, car le jour fatal était arrivé: le tirage avait lieu le lendemain, et il n'en disait rien à Georgina, parce qu'il voulait lui épargner une nuit de chagrins, d'inquiétudes, l'incertitude étant le pire de tous les tourments. Il voulait en la revoyant pouvoir lui dire sur-le-champ : « Je suis libre, » ou : « Je « suis soldat. »

Cependant un vague pressentiment agitait la jeune fleuriste, et dans cette journée où, sans qu'elle le sût, le sort de son amant se décidait, elle n'a point l'esprit à son ouvrage ; elle se sent triste, oppressée. Tout à coup une des ouvrières de son atelier vient à dire :

« — C'est aujourd'hui que mon pauvre cousin tire « pour la conscription... Ah ! je voudrais bien être à « ce soir...

« — Mon Dieu !... on tire aujourd'hui pour la cons-« cription, s'écrie Georgina !

« — Certainement, c'était affiché... Il y a un jour pour « chaque arrondissement...

« — Et votre cousin... qui tire aujourd'hui... il est « donc...

« — Du cinquième...

« — Ah ! Alexis aussi... Et il me l'a caché !... Oh ! mais
« non, j'aurais dû le deviner hier au soir, à la manière
« dont il m'a dit adieu !

« — Quel est cet Alexis ?...

« — Mon fiancé... celui que j'aime... qui doit m'épou-
« ser... Mon père y a consenti...

« — Pauvre Georgina !... Priez le ciel, alors, pour qu'il
« ait un bon numéro...

« — Mais où se fait donc ce tirage ?...

« — A l'Hôtel de Ville.

« — Ah ! si j'y allais...

« — C'est bien inutile à présent, il est près de deux
« heures.... Ces opérations là se font toujours de bonne
« heure, vous ne trouveriez plus personne...

« — Mon Dieu !... vous croyez que c'est terminé...

« — J'en suis sûre...

« — C'est donc fini ! il connaît son sort... et moi je
« ne le sais pas... Ah ! je ne puis plus travailler... je n'y
« vois plus... je tremble... Non, non, je ne puis plus
« rester dans cette inquiétude... Mesdemoiselles, je m'en
« vais... vous direz... vous direz... »

Georgina n'achève pas sa phrase, elle a déjà pris son
petit châle, et elle est dans la rue. En moins de dix minutes elle a franchi le chemin que chaque jour elle met
plus d'un quart d'heure à faire. En entrant dans sa maison, elle court s'adresser à la portière :

« — Madame Bernard, M. Alexis est-il rentré ?...

« — M. Alexis ?... Mais vous savez bien, ma chère
« demoiselle, qu'il ne revient pas si tôt que ça... à peine
« s'il est deux heures...

« — Oui ; mais je sais que... aujourd'hui il aurait pu
« revenir dans la journée... car il ne doit pas être à
« son ouvrage, puisque ce matin il a dû tirer à la cons-
« cription...

« — Ah ! quoi que vous me dites là ?... ce pauvre cher
« ami... Comment il tirait au sort ce matin !... C'est donc
« ça ! je lui trouvais un air tout chose quand il a passé
« devant ma loge... et puis il était habillé avec plus de
« soin qu'à l'ordinaire, et il est descendu plus tard !

« — Et il ne vous a rien dit pour moi ?

« — Rien de rien, mon enfant.

« — Alors, je monte chez nous... Madame Bernard,
« je vous en supplie, dès que M. Alexis rentrera, dites-
« lui que je suis là-haut... que je l'attends... qu'il vienne
« tout de suite...

« — Oui, mon enfant, oui, oh ! je comprends... Pardi !
« c'est ben naturel... vous êtes impatiente de savoir s'il
« a eu un bon numéro...

« — Oh ! oui, madame !

« — Eh ben, moi aussi, à présent que je sais qu'il est
« sorti pour ça... un si gentil garçon... ça serait dom-
« mage s'il était tombé... Ce n'est pas que... on en
« revient... Mais je comprends, il faut attendre, et c'est
« long !...

« — Ah ! dites-lui bien d'entrer tout de suite chez
« nous...

« — Oui.. oui... oh ! soyez tranquille ! »

Georgina est montée chez elle. Ses sœurs et ses frères, tout étonnés de la voir au milieu de la journée, lui demandent si elle est malade. La jeune fille est si pâle, elle a l'air si triste, si souffrant, que la petite famille s'empresse autour d'elle et ressent déjà les plus vives alarmes. Georgina s'efforce de rassurer tout le monde, en murmurant :

« — Non, je ne suis pas malade... Ce n'est pas de
« moi qu'il s'agit... mais notre voisin, M. Alexis... Vous
« ne savez pas... il nous l'avait caché... c'est aujourd'hui
« qu'il tire au sort... pour la conscription ! »

Les deux sœurs de Georgina sont déjà assez raisonnables pour comprendre sa douleur, mais les deux petits garçons se regardent en se disant :

« — Il va tirer au sort... qu'est-ce que c'est que ce « jeu-là?

— Ah! il va gagner des macarons; alors dit Émile, je « je suis sûr qu'il nous en rapportera.

« — Taisez-vous, petit gourmand, » dit la jeune Marie, « vous voyez bien que Georgina a du chagrin... et vous « pensez toujours à manger... tirer au sort... c'est pour « savoir si on ira à l'armée, si on deviendra soldat?

« — Eh bien! alors c'est un fusil qu'on gagne!... il « me rapportera un petit fusil! »

Le temps semble horriblement long à celle qui compte les minutes, les secondes, qui meurt d'impatience de connaître son sort, car l'avenir de Georgina était déjà lié à celui d'Alexis. Enfin la porte s'ouvre, le jeune conscrit paraît, il s'approche de Georgina en s'efforçant de montrer du courage, de la fermeté; mais à peine la jeune fille l'a-t-elle regardé qu'elle retombe sur sa chaise en murmurant :

« — Ah! je sais tout... vous êtes soldat! »

Les yeux de son amant lui avaient appris la vérité, car les yeux ne peuvent pas feindre lorsque notre âme éprouve une vive douleur.

Alexis court à Georgina qui verse un torrent de larmes, il lui prend une main qu'il presse dans les siennes en lui disant :

« — Oui, le destin l'a voulu ainsi... j'ai amené le nu- « méro vingt-cinq... je suis soldat... Eh bien! mainte- « nant que mon sort est décidé, ayons du courage, « chère Georgina, à quoi bon s'abandonner à une dou- « leur inutile... Il faut accepter sa destinée; et si vous « me conservez votre cœur ne serai-je pas encore heu- « reux.

« — Si je l'aimerai toujours... il me le demande!...

Mon Dieu! mon Dieu!... que je suis malheureuse!

« — Ah! ne pleurez pas ainsi... pensez à votre père...
« à ces chers enfants qui vous entourent... et qui versent
« aussi des larmes parce qu'ils vous voyent si déso-
« lée. »

Marie et Lisa étaient assises dans un coin de la chambre et pleuraient, car elles comprenaient la peine de leur sœur; l'aîné des petits garçons voyait seulement que l'on avait du chagrin et il pensait qu'il devait en avoir aussi; quant au petit Émile il faisait une petite moue toute drôle, mais il ne parvenait pas à pleurer.

« — Hélas! c'est plus fort que moi! » dit enfin Georgina,
« pardonnez-moi, mon ami, je sais bien que je vous fais
« du chagrin et vous en avez déjà assez... mais on ne
« peut pas comme ça tout de suite... Oh! je ne me con-
« solerai jamais!

« — Si... quand je reviendrai près de vous... et si je
« revenais avec un beau grade, de belles épaulettes... est-
« ce que vous ne seriez pas heureuse?

« — Ah! que vous reveniez seulement, je n'en de-
« mande pas plus... Mais est-ce que vous allez partir
« tout de suite... est-ce que vous allez être envoyé en
« Crimée pour vous battre?

« — Je dois aller demain à la mairie, je saurai ensuite
« dans quelle ville je dois me rendre... Je ne pense pas
« qu'on envoie sur-le-champ à l'armée ceux qui ne
« savent pas encore faire l'exercice, il faut auparavant
« que j'apprenne mon état... mais mon plus grand
« désir est d'être envoyé bien vite où l'on se bat, car
« c'est là aussi qu'on peut se distinguer et obtenir de
« l'avancement.

« — Ah! ne dites pas cela, Alexis, ne dites pas cela...
« Mon Dieu! c'est donc fini tout à fait, il n'y a donc plus
« moyen de vous empêcher de partir... Ah! c'est à
« présent que je regrette de ne pas être riche!... avec

« de l'argent je vous dirais : Achetez-vous bien vite un
« homme... faites-vous remplacer et ne me quittez
« jamais.

« — Ne pensons plus à cela, puisque cela ne nous est
« pas possible... chère Georgina, il faut prendre notre
« parti.

« — Non ! je ne le pourrai jamais ! »

Georgina pleurait encore et Alexis était toujours près d'elle lorsque Gerbier revient de son imprimerie. La portière lui a déjà appris ce qui s'est passé dans la journée, et les larmes de sa fille lui disent sur-le-champ quel a été le résultat du tirage. Il va prendre la main d'Alexis qu'il serre dans la sienne, en lui disant :

« — Mon pauvre garçon !... c'est donc fini, et vous
« n'avez pas eu la main heureuse.

« — Ah ! monsieur Gerbier, si je n'adorais pas votre
« fille, si je n'avais pas eu le bonheur de lui plaire, je vous
« jure que la nouvelle carrière que je vais embrasser
« aurait des charmes pour moi... défendre son pays...
« battre les ennemis... marcher au son de cette musique
« guerrière qui anime, qui électrise !... Ah ! c'est bien
« séduisant... et l'amour seul pouvait me faire oublier
« tout cela... mais Georgina, je l'aime tant... Ah !... je
« l'aimerai toujours, moi !

« — Croyez-vous donc, mon ami, que ma fille chan-
« gera, qu'elle ne vous sera pas fidèle... n'ayez pas cette
« crainte, je connais ma Georgina, telle vous la laissez
« aujourd'hui, et telle vous la trouverez à votre retour.

« — Merci, monsieur, merci, mais... »

Alexis, profitant de ce moment où Georgina absorbée dans sa douleur n'écoute pas ce qui se dit autour d'elle, entraîne Gerbier un peu plus loin et là continue tout bas :

« — Ce que vous venez de me dire, monsieur, m'est
« bien doux à entendre. Je ne doute point du cœur de

« Georgina... Oh! non... mais je ne suis point un
« égoïste! ce que je désire avant tout, c'est qu'elle soit
« heureuse... Je vais partir, et sept ans... c'est bien
« long, monsieur!... il peut se passer bien des événe-
« ments dans cet espace de temps. Si quelqu'un de bien
« riche... quelqu'un pouvant lui assurer un sort brillant,
« se présentait pour demander la main de Georgina...
« elle est si jolie... cette supposition n'a rien d'invrai-
« semblable... Alors, monsieur Gerbier, dites à votre
« fille que je lui rends ses serments, que je la délie de
« sa promesse... que je ne veux pas qu'elle refuse la
« fortune et peut-être le bonheur pour un pauvre diable
« qui peut ne revenir qu'invalide et sans avancement...
« Qu'elle soit heureuse, et je ne me plaindrai jamais. »

Gerbier sent une larme mouiller sa paupière et secouant la main d'Alexis, lui répond d'une voix
émue :

« — Mon garçon, si j'avais pu hésiter à vous garder
« ma fille, ce que vous venez de me dire m'y aurait
« sur-le-champ décidé... elle vous attendra... elle sera
« votre femme, à moins que... mais vous nous revien-
« drez, j'ai bon espoir, moi!... Que diable! il y en a
« toujours qui en reviennent et je suis certain que vous
« serez de ceux-là. »

Alexis est si vivement touché de l'amitié que lui
témoigne Gerbier, qu'en le remerciant il semble avoir
encore quelque chose à lui confier, mais la voix de
Georgina le rappelle et il ne quitte plus un seul instant
la jeune fille pendant tout le restant de la soirée.

Le surlendemain, le jeune conscrit va prendre sa
feuille de route, il doit partir deux jours après avec
plusieurs de ses nouveaux camarades et se rendre à
Nîmes où est le dépôt du régiment de ligne dans lequel
il est incorporé. Il revient apprendre tous ces détails à
Georgina près de laquelle il passe maintenant tout le

temps qu'il a encore à rester à Paris, car afin d'être plus souvent avec Alexis, la jeune fleuriste a obtenu dans son magasin la permission de travailler chez elle pendant quelques jours.

Franville qui ne souffre plus autant de sa jambe est revenu chez ses bons amis, et sait que le sort a fait d'Alexis un soldat. L'ancien militaire emploie toute son éloquence à prouver à Georgina que cet état est le plus beau qu'un homme puisse embrasser; que la carrière des armes peut mener à tout, et qu'un jeune homme qui a déjà de l'instruction et du courage ne saurait manquer d'y parvenir.

La charmante fille écoute tout cela en poussant de gros soupirs, elle s'efforce d'avoir l'air résigné, mais à à chaque instant elle détourne la tête, porte son mouchoir à ses yeux et murmure tout bas :

« — Mon Dieu ! mon Dieu ! si j'avais quatre mille francs
« pourtant. »

Puis elle dit à Franville :

« — Est-ce qu'une fois entré dans son régiment, il ne
« serait plus possible de faire remplacer Alexis?

« — Pardonnez-moi, ma chère amie, il est toujours
« possible de se faire remplacer, lorsque celui que l'on
« met à sa place convient au conseil de recrutement.

« — Ah! cela est toujours possible ! »

Et un rayon d'espoir semble ranimer un moment les traits assombris de Georgina, mais bientôt ce rayon se dissipe, car la réflexion est venue et avec elle la cruelle certitude de n'avoir jamais la somme nécessaire à la libération de son amant.

Le jour du départ est arrivé. C'est à neuf heures du matin que le jeune conscrit doit se trouver à l'endroit qui lui est désigné ainsi qu'à ses nouveaux camarades et de là se mettre en route pour Nîmes sous la conduite d'un sous-officier.

La veille, Alexis a fait ses adieux à Gerbier et à Franville ; il n'a pas voulu que ceux-ci lui fassent ce que l'on appelle la conduite, et ce qui ne sert qu'à renouveler de pénibles adieux ; mais il a bien promis à Georgina de passer près d'elle la dernière heure qui précéderait son départ.

La jeune fille l'attend ; elle est pâle, et ses yeux rouges et fatigués annoncent assez qu'elle a passé la nuit sans goûter de repos, et cependant elle s'est promis d'avoir du courage pour ne point augmenter le chagrin d'Alexis.

A huit heures, le jeune homme descend avec ce sac de soldat qu'il doit apprendre à porter, il sourit à celle qu'il aime en lui disant :

« — Nous nous sommes promis de ne plus nous aban« donner à une douleur inutile... il faut tenir parole. « Maintenant, ma chère Georgina, j'ai quelque chose à « vous confier... j'ai un dépôt à remettre entre vos « mains. »

En disant cela, Alexis sort de sa poche une petite boîte en carton soigneusement ficelée et cachetée qu'il présente à Georgina. Celle-ci prend la boîte en disant :

« — Qu'est-ce qu'il y a donc là dedans, mon ami ? »

« — Quelque chose... que je vous prie de ne point « chercher à connaître à présent... si je ne... revenais « pas... si je devais mourir là-bas ! alors seulement, « chère Georgina, vous ouvririez cette boîte et vous « prendriez connaissance de ce qu'elle contient.

« — Oh ! jamais ! jamais ! alors.

« — Allons, soyons raisonnable... oui, je reviendrai... « quand on est si bien aimé cela porte bonheur et on « ne doit pas craindre les balles de l'ennemi.

« — Vous m'écrirez dès que vous serez à votre régi« ment... vous m'écrirez ensuite très-souvent... vous me « l'avez promis et mon père l'a permis... au reste les

« lettres seront à son adresse... car nous n'avons pas
« de mystère pour lui, il sait combien nous nous ai-
« mons !...

« — Oh ! oui, votre père est bien bon pour moi... et il
« permet que vous me répondiez, n'est-ce pas Geor-
« gina ?...

« — Certainement, n'êtes-vous pas mon fiancé, n'ai-je
« pas le droit d'écrire à mon mari... Alexis, dans ces
« nouvelles villes que vous allez habiter, vous ne m'ou-
« blierez pas au moins !...

« — Ah ! chère Georgina, n'ayez jamais cette crainte...
« Et d'ailleurs, regardez-vous dans votre miroir... où
« pourrais-je trouver une femme aussi jolie... c'est bien
« plutôt moi qui devrais trembler, car tous les hommes
« doivent être amoureux de vous...

« — Je vous ai dit que cela m'était bien égal, et vous
« me croyez, n'est-ce pas ?

« — Oui, je vous crois. »

L'heure s'écoule rapidement dans ces douces assurances d'amour et de constance; tout d'un coup, rappe-
lant son courage, Alexis embrasse les petits garçons,
les deux sœurs de Georgina, et après avoir pressé celle-
ci contre son cœur, il s'éloigne bien vite pour ne pas
entendre les sanglots de son amie.

XII

PLUIE D'OR.

Nous avons laissé le petit Isidore se jetant dans un coupé et se faisant conduire chez un marchand de chevaux des Champs-Élysées.

Le cocher a reçu l'ordre d'aller comme le vent, en fort peu de temps Isidore est arrivé chez un marchand de chevaux ; il se présente avec cet aplomb que donne un portefeuille richement garni. Il achète un charmant cheval pour lui et un autre pour le cabriolet dont il va aussi se faire présent. Il offre de laisser des arrhes sur son marché ; mais lorsqu'il a donné son adresse, lorsqu'il a dit qu'il était le fils de M. Duhautcours, le marchand s'incline et ne veut rien recevoir, il met toutes ses écuries à la disposition du jeune homme ; le nom de Duhautcours est tellement connu dans le grand monde, dans la haute finance, que les fournisseurs sont enchantés d'avoir pour client le fils de ce millionnaire.

Chez le carrossier cela se passe absolument comme chez le marchand de chevaux ; il en est de même chez le tailleur, le bijoutier, le chemisier, le gantier ; Isidore dit ces mots magiques :

« — Je suis le fils de M. Duhautcours, vous porterez « tout cela à l'hôtel de mon père, où je loge. »

Aussitôt chacun de s'incliner et de mettre son magasin à sa disposition.

Isidore aurait voulu entrer tout de suite en possession de sa voiture; mais il y a plusieurs choses à terminer à celle qu'il a choisie, il ne peut l'avoir que le lendemain.

Ses emplettes achevées, il revient à l'hôtel et demande à un valet où est le logement qu'il doit habiter et le domestique qui doit le servir. Le valet salue jusqu'à terre, conduit Isidore dans un charmant appartement situé à l'entre-sol sur la rue et qui se compose de cinq pièces, en disant :

« — Voilà le logement de monsieur... s'il ne le trou« vait pas assez grand, il pourrait prendre celui du se« cond.

« — Celui-ci est bien, il me convient, je n'aime pas à « monter.

« — Si monsieur veut ensuite accepter mes services, « c'est moi que M. Duhautcours a désigné pour être son « valet de chambre.

« — Vous... soit!... votre nom?

« — Jolicœur.

« — Très-bien ! le nom sied à l'emploi. Jolicœur, j'at« tends beaucoup de choses que j'ai achetées : deux « chevaux, un cabriolet-américaine, des habits, du « linge... des bijoux ! vous recevrez tout cela... je sors.

« — Monsieur dînera-t-il ici?

« — Ma foi je n'en sais rien !... j'ai encore tant de cho« ses à faire aujourd'hui... tant de monde à voir !... à « quelle heure dîne mon père, M. Duhautcours?

« — A six heures et demie, monsieur.

« — A-t-il du monde à dîner.

« — Monsieur a presque toujours du monde, il est « fort rare qu'il dîne seul.

« — Tant mieux, il a raison, j'aime la société, moi ; « et puis en tête à tête nous pourrions bien nous em« bêter. »

Isidore s'aperçoit que le valet fait un mouvement de surprise, il reprend bien vite :

« — Je veux dire... nous pourrions tous deux... nous
« laisser aller à des souvenirs... mélancoliques... et
« alors... »

Le petit jeune homme s'arrête en se disant :

« — Je suis bien bon enfant de donner des raisons à
« ce laquais!... zut!... poussons-nous de l'air!... allons
« voir Tambourinette et son amie, ces pauvres filles que
« j'ai laissées en plan chez le traiteur il y a quinze jours...
« si elles y étaient encore... ce n'est pas probable... J'i-
« rai d'abord à leur logement... où il est défendu de
« fumer... Je vais commencer par acheter des panatellas,
« c'est-à-dire par faire acheter... N'oublions pas ma haute
« position. Jolicœur, allez me chercher des panatellas
« des régalias, enfin ce que vous trouverez de plus beau,
« de plus gros en cigare. Je veux asphyxier le portier
« de mes donzelles!... ensuite je me mettrai à la re-
« cherche d'Auguste; et ce pauvre Langlumot!... s'il
« était encore à Paris, c'est à lui que je ménagerais des
« surprises. Tiens, ça me fait penser que je l'ai laissé
« aux prises avec mon cocher au coin de la rue Charlot...
« Ah! mais à propos de cocher, il me faut un groom
« pour monter derrière mon cabriolet... M. Jolicœur,
« mon valet de chambre, est trop grand pour tenir cet
« emploi... d'ailleurs ce n'est pas trop d'avoir un valet
« de chambre et un groom... Je m'occuperai de cela dans
« mes courses.

« — Monsieur, voilà ce qu'il y a de mieux en cigares...
« — C'est bien. »

Isidore serre dans un secrétaire une partie de ses billets de banque. Il en fait changer deux, emplit ses poches d'or, met à sa bouche un cigare gros comme une carotte et sort de l'hôtel en se déhanchant comme s'il allait danser la jota aragonaise. Mais l'or qu'il avait sur lui, au lieu d'alourdir sa marche, le rendait plus leste, plus léger, il se sentait si joyeux qu'il avait beaucoup de peine à se retenir, et à ne point danser dans la rue. Il a bientôt rencontré une calèche de louage dans laquelle il se jette en donnant au cocher l'adresse de mademoiselle Tambourinette.

Isidore se carre et s'étale dans la calèche comme s'il voulait se coucher sur les deux banquettes, il fume sa carotte de tabac et crache au hasard sur la foule qui passe près de sa voiture, il se dit que le fils d'un millionnaire peut cracher partout ; il regarde avec dédain les piétons et voudrait dans son ivresse que son cocher brisât quelque devanture de boutique et renversât quelque passant ; mais le cocher qui n'éprouve pas le même enthousiasme que le monsieur qu'il conduit, ne se livre pas à ces petits divertissements.

La calèche s'est arrêtée devant la cour de la maison où l'on ne fume pas. Isidore saute en bas, entre dans la cour, toujours avec sa carotte dans la bouche, et passe sans rien dire devant la loge du portier qui lui crie en vain :

« — Où va monsieur ?... que demande monsieur ?...
« monsieur, éteignez-donc votre cigare avant de mon-
« ter l'escalier. »

Isidore n'écoute pas le portier, il connaît le chemin, il est déjà au cinquième que le cerbère, encore boiteux par suite du coup de pied que lui a donné Auguste, est à peine au milieu de la cour d'où il s'égosille à crier :

« — On ne fume pas ici !
« — Voilà la fausse porte de l'armoire dans laquelle
« logent ces demoiselles, » dit Isidore en tirant avec tant de force un cordon de sonnette nouvellement posé que, pied de biche et cordon, tout lui tombe dans la main. Presque aussitôt la porte s'ouvre et un monsieur vêtu d'un méchant paletot d'été qui lui sert à la fois de

veste, de pet-en-l'air et de robe de chambre, paraît en criant d'un ton furibond :

« — Qui est-ce qui se permet de sonner chez moi au
« point de tout casser... de briser mon cordon... de
« faire... de... Tiens ! c'est Isidore !....

« — Eh ! c'est Berlinet ! »

Le beau courtier en vin était de la connaissance du jeune Carambolage, c'était un de ces amis de plaisirs, de folies, qu'on rencontre toujours lorsqu'on a de l'argent à dépenser, qu'on ne revoit jamais quand on est sans le sou.

« — Comment, Berlinet, vous êtes chez Tambouri-
« nette ?...

« — Je suis chez moi, je vous prie de le croire...

« — Ah ! vous logez maintenant dans cette armoire !

« — Armoire... mais c'est une très-jolie petite pièce,
« un peu étroite, mais bien décorée...

« — Oh ! je la connais...

« — Sapristi, quel beau cigare vous fumez...

« — N'est-ce pas... je ne fume plus que ce qu'il y a
« de plus cher maintenant.

« — Diable... il paraît que les affaires vont bien pour
« l'instant...

« — J'ai retrouvé ma famille, mon cher... et j'ai un
« père millionnaire, rien que ça !...

« — Il serait possible... entrez donc, cher ami, ne res-
« tez pas sur le carré...

« — Ce n'est pas la peine... c'est chez Tambourinette
« que je venais, elle ne loge donc plus ici ?

« — Je ne saurais vous dire qu'une chose, c'est que
« j'habite cette chambre depuis huit jours, et je n'y ai
« trouvé personne.

« — On les a fait déguerpir, ça ne m'étonne pas, mais
« je veux les retrouver...

« — On ne fume pas dans la maison... Eh! monsieur,
« là-haut !...

« — Entendez-vous notre concierge qui crie de la
« cour...

« — Oui... oh! je le connais votre concierge... j'ai dé-
« jà eu affaire à lui... Berlinet, êtes-vous libre, je vous
« emmène avec moi à la recherche de ma chemisière...
« J'ai une calèche en bas, en attendant que j'aie le ca-
« briolet et les chevaux que j'ai achetés aujourd'hui ; et
« un groom... avec une livrée un peu chouette...

« — Si je suis libre... toujours... ce cher Isidore... une
« calèche en bas... c'est délicieux... et un cabriolet, per-
« mettez seulement que je passe un vêtement plus con-
« venable... entrez donc...

« — On ne fume pas ici !... eh ! là-haut !...

« — Va te faire... tout ce que tu voudras, portier ! »

Isidore entre chez Berlinet dont la chambre n'est guère
plus meublée que du temps où elle était habitée par les
deux grisettes, si ce n'est un grand nombre de ces petites
bouteilles dans lesquelles on met des échantillons de
vin et qui sont rangées tout autour du papier granit comme
pour tenir lieu de bordure.

Le beau courtier se hâte de faire sa toilette, tout en
disant à Isidore qui examine les petites bouteilles :

« — J'ai pris ce logement... en attendant que je me
« fixe à Paris, ceci n'est qu'un pied à terre.

« — Pour un pied à terre c'est un peu haut... il me
« semble qu'une cave vous aurait suffi pour mettre
« toutes ces petites bouteilles... sont-elles pleines ?

« — Il y en a...

« — Peut-on en boire une au hasard ?

« — Je ne vous le conseille pas, ce n'est point assez
« bon pour un homme qui a calèche, chevaux, groom...
« de selle... ce cher Isidore... ça me fait bien plaisir que
« vous soyez heureux... Depuis longtemps je me disais,

« mais que devient-il, ce cher ami, je vous cherchais aux
« cafés, aux spectacles, aux bals...

« — Je m'étais retiré comme Achille... à Scyros.

« — Vous étiez à Scyros?

« — Non... mais j'étais dans un atelier de dames...

« — Ah! célestar!...

« — Dépêchons-nous un peu, mon petit.

« — Me voilà... encore ce petit nœud de cravate à
« perfectionner...

« — Vous êtes superbe... Êtes-vous toujours aussi
« grand amateur du beau sexe...

« — Plus que jamais... je fais des conquêtes que c'en
« est dégoûtant!...

« — En vérité!... qu'est-ce que je vais donc faire,
« moi, avec mes millions?... je serai obligé d'avoir une
« sentinelle à ma porte... on n'arrivera pas jusqu'à moi
« sans un numéro... comme pour les omnibus.

« — Quoi? vous avez des millions?...

« — Puisque mon père en a et que je suis son fils
« unique, vous voyez bien que c'est comme si je les
« avais.

« — Ce cher Isidore!... ah! vous en êtes bien digne!...
« je ne connais personne qui en soit plus digne que
« vous... me voici à vos ordres. »

Au bas de l'escalier ces messieurs trouvent le portier toujours armé de son balai et qui cette fois pousse un cri d'effroi parce qu'il reconnaît dans Isidore le compagnon du jeune homme qui lui a donné un si vigoureux coup de pied. Mais Isidore met sur-le-champ un terme à ses terreurs en sortant de sa poche deux napoléons avec lesquels il lui bouche les yeux en lui disant :

« — Ne crions plus, ne soyons plus méchant, prenons
« ces jaunets et répondons à papa... que sont devenues
« les deux chemisières qui demeuraient dans l'armoire
« où je viens de trouver monsieur ? »

Le portier salue jusqu'à terre, prend les pièces d'or et répond :

« — Monsieur, aussi vrai que vous êtes un honnête « homme, ces demoiselles, auxquelles on avait donné « congé pour le terme et qui pouvaient encore rester « six semaines, ont disparu un matin sans dire gare, « autrement dit sans payer. Elles ont enlevé le mobi-« lier... A la vérité il n'y avait pour tout meuble qu'un « lit et des chaises... Mon épouse et moi nous en « sommes encore à deviner comment elles ont pu em-« porter cela à notre barbe, sans que nous ayons rien « vu... mais c'est la pure vérité... comme vous avez une « calèche...

« — Alors vous ne savez pas où elles demeurent « maintenant.

« — Monsieur doit bien penser qu'elles ne nous l'ont « pas dit.

« — Très-bien, en voiture en ce cas. »

M. Berlinet s'élance dans la calèche et cherche de quelle manière il s'y asseoira pour être le plus en vue. Isidore se place près de lui et crie au cocher :

« — Rue d'Amsterdam... je vous arrêterai devant l'hô-« tel où je vais.

« — Vous pensez que vos grisettes sont allées rue « d'Amsterdam ? » dit Berlinet.

« — Non pas ! mais, là, j'espère trouver encore Au-« guste... vous savez, le gros Auguste...

« — Ah ! votre ami intime, le docteur...

« — Drôle de docteur, allez ! qui ne fait prendre à ses « malades que de ce dont il veut lui-même manger...

« — Est-ce qu'il lui est tombé des millions à cet ex-« cellent Auguste ?

« — Non, mais il lui est tombé un oncle qui avait fait « un héritage que nous l'aidions à manger... j'ai eu des « différends avec cet oncle... bonne ganache du reste...

« il doit être maintenant retourné dans sa Normandie...
« je ne suis pas certain qu'Auguste loge encore à l'hôtel
« où était l'oncle, mais enfin nous y aurons, j'espère,
« des renseignements... et par Auguste, je compte arri-
« ver à Tambourinette.

« — Il me paraît que vous tenez beaucoup à cette
« chemisière...

« — Je tiens surtout à ce qu'elle me voie avec ma
« voiture, mes chevaux et mon groom.

« — Je comprends cela; il n'y a donc pas longtemps
« que vous êtes millionnaire ?

« — Depuis ce matin.

« — Ah bigre !... vous n'avez pas encore beaucoup
« joui de votre fortune.

« — Aussi je compte réparer le temps perdu... cocher,
« cette porte cochère là-bas... très-bien, nous y som-
« mes... »

Au moment où la calèche s'arrête devant la porte de l'hôtel un jeune homme en sortait, il lève les yeux, reconnaît Isidore et s'écrie :

« — Isidore !...

« — Tiens, c'est Auguste !... en voilà de la chance...
« c'est toi que je venais demander ici... mais je ne comp-
« tais pas trop t'y trouver...

« — Et l'ami Berlinet avec toi !

« — Bonjour, cher docteur, enchanté de vous revoir...

« — Alors la calèche est à Berlinet ?

« — Pas du tout ! elle est à moi !... ah ! mon pauvre
« Auguste !... tu ne sais pas encore que mes espérances
« se sont réalisées !... j'ai retrouvé une famille !... c'est-
« à-dire il n'y a qu'un père, mais c'est assez... il est
« millionnaire... je suis fils unique...

« — Il serait possible !... ce n'est pas encore une
« blague ?

« — Une blague... tiens, vois si je te mens... »

En disant cela Isidore fourre ses deux mains dans ses poches, et les retire pleines de pièces d'or; à cette vue Auguste ne doute plus et il saute dans la calèche en s'écriant :

« — Je vais avec toi... je ne te quitte plus... j'ai assez
« de mon oncle qui veut absolument me marier à une
« de ces demoiselles de la Grenouillère.

« — Comment... est-ce que ton oncle est encore à
« Paris?...

« — Eh oui... au moment qu'il allait partir, sa femme
« est arrivée avec le petit garçon et le voisin Ranflard...

« — Ah mon Dieu! quelle débacle!...

« — Tout ce monde loge ici dans l'hôtel...

« — Tu nous conteras tout cela, mais d'abord sais-tu
« où demeure maintenant Tambourinette.

« — Certainement... dans une maison neuve rue de
« Rivoli... un joli appartement de douze cents francs au
« cinquième qu'elle ne payera pas... mais on appelle
« cela : essuyer les murs, et le propriétaire qui ne trouve
« pas à louer ses logements, parce qu'ils sont fort chers,
« n'est pas fâché d'y loger gratis quelques jolies femmes,
« dans l'espérance que cela fera louer ses autres apparte-
« ments...

« — Ceci peut être une bonne combinaison. Cocher, rue
« de Rivoli, quel numéro?...

« — Près de la caserne...j'indiquerai la maison.

« — Et maintenant prends ton récit à dater du mo-
« ment où l'on t'arrêtait pour le coup de pied que tu
« avais donné au portier de ces demoiselles.

« — Et où tu m'as planté là... dans l'embarras, c'était
« aimable!

« — Mon cher ami, on nous aurait arrêtés tous les
« deux, c'était bien assez d'un, d'ailleurs nos donzelles
« étaient là, il leur fallait un cavalier, je les ai menées
« chez le traiteur que je t'avais désigné, nous avons dé-

« jeuné en t'attendant, car je croyais toujours que tu
« allais arriver.

« — On ne voulait pas me lâcher au corps de garde
« sans que quelqu'un vînt répondre de moi, je me suis
« décidé à envoyer un commissionnaire à mon oncle, qui
« l'a fort mal reçu. Ce n'est qu'à dix heures du soir
« qu'il est venu me réclamer... mais il était très-cour-
« roucé contre toi... il paraît que tu avais écrit en son
« nom aux demoiselles de la Grenouillère pour leur em-
« prunter deux cents francs...

« — C'était pour retirer nos deux chemisières, que j'a-
« vais laissées en gage chez le traiteur...

« — Mon oncle furieux avait forcé ton commissionnaire
« à lui dire la vérité et à le conduire où tu l'attendais.

« — Je m'en suis bien douté, j'étais en fiacre, je l'ai
« vu venir de loin... je me suis sauvé.

« — Mon oncle est entré dans le fiacre avec maître
« Chipotier qui l'accompagnait ; ne t'y trouvant pas,
« ils en redescendaient, quand le cocher est accouru ; il
« s'en est pris à eux de ta disparition ; a prétendu qu'ils
« s'entendaient avec toi pour te faire partir sans payer
« ce que tu lui devais, maître Chipotier voulait intenter
« un procès au cocher qui lui a donné un coup de poing,
« mon oncle a trouvé plus court de payer. Enfin il ne
« m'a réclamé qu'à condition que je ne te reverrais
« jamais... du reste il comptait partir le lendemain
« et m'emmener avec lui, mais le lendemain ma tante
« arrive avec Alphonse et son voisin. Ma tante qui sait
« que son époux s'est amusé à Paris, prétend s'y amuser
« aussi et mon oncle qui craint que je ne conte ses fre-
« daines à sa femme, est redevenu avec moi doux comme
« un agneau. Voilà la position. Tous les jours mon oncle
« demande à retourner à Lisieux, mais ma tante s'écrie :
« j'ai bien des choses à voir à Paris, Phonphonse s'y
« amuse beaucoup, je veux y rester encore. D'après cela,

9.

« comme on fait toujours les volontés de monsieur
« Phonphonse, tant qu'il s'amusera à Paris, on y res-
« tera.

« — Dans tout cela je vois toujours Tambourinette
« et son amie en gage chez le traiteur?

« — Je suis allé les délivrer à onze heures du soir...
« vous aviez mangé et bu pour cinquante-huit francs!...

« — C'est une misère !... tiens, voilà un billet de cinq
« cents... nous devons être quittes ?

« — J'accepte... et avec joie, car les deux cousines ont
« l'indécence de ne plus vouloir être malades... mais
« je n'en reviens pas... tu nages donc dans les billets
« de banque ?...

« — Je te répète que mon père est millionnaire...c'est
« monsieur Duhautcours, un capitaliste si bien famé
« dans Paris que dès que j'entre dans un magasin et
« que je me fais connaître on met toutes les marchan-
« dises à ma disposition !...

« — il t'a donc reconnu, ton père ?

« — Qu'il est bête ! puisqu'il me faisait chercher par-
« tout... ce n'est pas pour me renier... et puis il a perdu
« les enfants légitimes qu'il avait...

« — Oh! alors ton sort est assuré.

« — Il a commencé par me mettre vingt-cinq mille
« francs dans la main en me disant ; quand il n'y en
« aura plus, il y en aura encore.

« — Vingt-cinq mille francs ! ce cher ami... embras-
« sons-nous !

« — Veux-tu me laisser tranquille... dans une calèche,
« nous aurions l'air de jouer la parade...

« — Voici la demeure de ces demoiselles.

« — Restez dans la voiture, je vais les chercher.

« — Elles ont changé de nom... Demande madame de
« Platinoff.

« — Très-bien. »

Isidore a bientôt trouvé l'appartement de madame de Platinoff; il sonne comme chez Berlinet cependant la sonnette résiste cette fois et mademoiselle Calinette vient ouvrir, vêtue d'un jupon très-court et d'une basquine très-serrée. Elle pousse un cri en reconnaissant Isidore.

« -- Ah! mon Dieu!... c'est lui! ce vilain polisson qui
« nous avait laissées en plan... Tambourinette, c'est le
« petit Carambolage!... »

Isidore pénètre dans l'appartement qui est fraîchement décoré; il n'y manque que des meubles pour qu'il ait l'air habité. Cependant dans la quatrième pièce on trouve enfin un lit, des chaises et un somno. C'est là que Tambourinette est occupée à des ablutions que l'arrivée du jeune homme n'interrompt point; elle se contente de faire chorus avec son amie.

« — Comment! cet affreux Isidore!... ce mauvais
« sujet qui nous abandonne dans un restaurant!...
« aussi! vous ne nous y reprendrez pas à aller dîner
« avec vous.

« — C'est-à-dire, que je vous y reprendrai aujourd'hui
« même, car c'est pour cela que je viens vous chercher,
« charmantes bayadères!

« — Le plus souvent que nous irons!... sans Auguste
« nous serions encore en nantissement là-bas.

« — Auguste, est en bas dans ma calèche, avec notre
« autre ami, Berlinet, un gaillard qui fait de l'œil comme
« un Américain... *Allons, mes belles, suivez-nous...* Tenez,
« petites, voici en attendant pour vous amuser à jouer
« au bouchon. »

En disant cela, Isidore sort de sa poche une poignée de napoléons qu'il jette au milieu de la chambre. Les pièces d'or roulent de tous côtés, les deux grisettes se jettent à quatre pattes en poussant des cris de joie. Isidore, qui s'amuse à les voir courir après les napoléons comme des chats après un bouchon, recommence à leur jeter de l'or, jusqu'à ce qu'enfin ces demoiselles s'asseyent par terre épuisées de fatigue et dans un désordre très-indiscret.

« — Mon Dieu! qu'est-ce que cela veut dire!... une
« pluie d'or à présent!...

« — Oui, mesdames, je suis Jupiter et vous êtes mes
« Danaés...

« — Qu'est-ce que c'est qu'une Danaé? une nouvelle
« maîtresse que vous avez...

« — Laissons-là la mythologie... il s'agit main-
« tenant de vous habiller, de vous faire superbes...

« — Tiens, Calinette, il y en a encore un sous le lit..
« là-bas...

« — Laissez donc cela... ce n'est pas avec un napo-
« léon de plus ou de moins que vous aurez des cache-
« mires et je veux que vous en ayez chacune un au-
« jourd'hui...

« — Chacune un cachemire... mais vous avez donc
« volé le Trésor?...

« — Je n'ai rien volé, j'ai un père millionnaire, cela
« me suffit...

« — Un père millionnaire... c'est donc comme un
« oncle d'Amérique dans les vaudevilles?

« — C'est bien plus beau... dépêchons... dépêchons...
« ah! quels vilains mantelets... quels chapeaux fanés!

« — Dame, on met ce qu'on a.

« — Nous changerons tout cela en chemin... êtes-vous
« prêtes?...

« — Oui...

« — Partons.

« — Tambourinette, ferme bien la porte... à présent
« que nous avons de l'or chez nous.

« — Oh! sois tranquille... je ferme à double tour...

« — Où as-tu caché nos napoléons?

« — Ma foi, faute d'autre endroit je les ai mis dans
« le pot de chambre...mais ça vaut mieux qu'un secré-
« taire, ce n'est jamais là dedans que les voleurs vont
« fouiller. »

Les deux grisettes montent dans la calèche, où ces messieurs se serrent pour leur faire de la place. M. Berlinet propose de prendre une de ces dames sur ses genoux, mais elles préfèrent la banquette du fond. Isidore dit à son cocher de les conduire chez M. Biétry. Les jeunes gens ouvrent de grands yeux en se demandant ce qu'on va faire là, les demoiselles sautent de joie, on est obligé de les retenir par leur robe pour qu'elles ne sautent pas hors de la calèche. On arrive chez le marchand de cachemires, Tambourinette et son amie trouvent tout si beau qu'il leur est impossible de choisir, alors c'est Isidore qui prend deux cachemires de quinze cents francs chaque et les pose sur les épaules de ces demoiselles... puis il jette trois billets de mille francs sur un comptoir et on remonte en voiture; les jeunes filles sont presque momifiées par la joie, elles ne peuvent plus faire aller leurs jambes.

Au moment où la calèche va partir, un commis du magasin accourt apportant les matelets que ces dames avaient oublié de reprendre.

« — Ah! fi! non, nous ne voulons plus de ça à pré-
« sent! » s'écrie Tambourinette en repoussant le petit paquet roulé qu'on lui présente. « Est-ce que nous repor-
« terons jamais ces horreurs-là!... »

Mais M. Berlinet saisit le paquet et le fourre dans sa poche en disant :

« — J'en ferai cadeau aux nièces de ma portière. »

Isidore fait bientôt redescendre les deux amies devant un beau magasin de modes et leur achète à chacune ce qu'il y a de plus élégant en chapeau. Vêtues ainsi, les deux grisettes deviennnent des lorettes premier numéro et lorsqu'elles remontent en calèche les jeunes gens poussent des cris d'admiration. Une apprentie modiste arrive comme le jeune commis, au moment où l'on va repartir, seulement elle n'apporte pas les chapeaux mais elle demande à quelle adresse on doit les renvoyer.

« — Nous ne voulons plus les revoir jamais ! » s'écrie Tambourinette. Alors. Berlinet donne sa carte à la modiste en lui disant :

« — En ce cas, faites-les porter à cette adresse car
« tout ce qui vient de ces dames est précieux pour moi.

« — Je crois plutôt, » s'écrie Isidore en riant, « que
« notre ami a l'intention d'ouvrir une boutique au
« Temple. »

XIII

LE FRÈRE DE TAMBOURINETTE.

Après avoir fait arrêter la calèche pour acheter au deux chemisières des gants parfumés, Isidore dit à Tambourinette :

« — Maintenant, je crois, mon Andalouse, vous avoir
« entendue parler d'un frère... que vous attendiez de
« votre pays... la Savoie... il me semble?

« — Certainement... je suis Savoyarde.

« — Vous en êtes bien capable... Ce frère, quel âge a-
« t-il?

« — Bientôt douze ans; mais il est très-petit pour
« son âge.

« — Tant mieux!... plus il sera petit, plus il me con-
« viendra... Est-il arrivé à Paris?

« — Oui, depuis six semaines.

« — Où est-il?

« — Dame... il est...

« — Voyons! achève donc... Parbleu! je devine bien
« qu'il n'est pas à l'École polytechnique

« — Oh! non... il est en apprentissage.

« — Chez un épicier?

« — Non, chez un décrotteur en boutique.

« — Très-bien! Comme je pense qu'il n'a pas une
« vocation insurmontable pour l'état de décrotteur,
« nous allons l'enlever de chez son professeur.

« — Que voulez-vous donc faire de mon frère?

« Mon groom... un groom à livrée superbe, galonnée
« d'or sur toutes les coutures... avec un lampion sur
« la tête, autrement dit un petit tricorne plat... cela
« vous va-t-il, mon amour ?

« — Je crois bien... Jacquot en sera enchanté!

« — Il s'appelle Jacquot... Je lui donnerai un autre
« nom, et pour qu'il reste petit, je lui ferai boire de l'eau-
« de-vie matin et soir, on prétend que cela empêche de
« grandir...

« — Sera-t-il heureux, ce polisson-là!

« — Dans quel quartier étudie M. Jacquot?

« — Passage des Panoramas.

« — Cocher, conduisez nous passage des Panoramas...
« Tu iras jusqu'à la boutique, et tu feras signe à ton
« frère de te suivre.

« — Sans qu'il se débarbouille?

« — Il aura le droit de se débarbouiller... »

La calèche arrête devant une des entrées du passage
des Panoramas.

Tambourinette descend en se donnant des airs dignes
de sa nouvelle toilette.

« — Ce petit garçon va arriver, sale comme un décrotteur, » dit Auguste; « est-ce que tu comptes le placer
« ainsi derrière la calèche? Ça fera un singulier effet!

« — Soyez donc tranquille, gros docteur, vous oubliez
« toujours que je suis farci d'or, et qu'à Paris avec de
« l'or, on opère des changements à vue... n'est-ce pas,
« Berlinet? »

Mais Berlinet faisait de l'œil à Calinette, ce qui ne
l'empêche pas de s'incliner à chaque chose que dit Isidore, en murmurant :

« — Je suis entièrement de votre avis ! »

Tambourinette revient avec un petit garçon qui a les
mains et la figure noires comme un charbonnier; sa

veste et son pantalon n'ont plus de couleur, et sa casquette n'a plus de forme.

Il n'est guère plus grand qu'un enfant de huit ans.

Il court d'un air effaré devant sa sœur, qui, lorsqu'il s'arrête, le fait avancer avec la pointe de sa bottine.

« — Voilà... l'objet ! » dit Tambourinette en remontant en voiture. « Où voulez-vous le mettre ?

« — Monte, petit, et couche-toi par terre, sous nos « pieds ; il nous servira de coussin, et on ne le verra pas.

« — Allons, monte Jacquot ? »

Le petit garçon ouvre de grands yeux, en répondant avec un accent très-prononcé :

« — De quoi que tu disa, ma sœur ?

« — Monte donc, imbécile !

« — Où que je vas me plaça ?

« — Assieds-toi là, à nos pieds... en travers.

« — Dans tes jamba, ma sœur ?

« — Monsieur Jacquot, » dit Isidore, « il faut vous « dispenser de dire à chaque instant : Ma sœur, en par« lant à mademoiselle, vous lui direz simplement : Madame.

« — Entends-tu, Jacquot ?

« — Oui, madame ma sœur.

« — Madame tout court, imbécile !

« — Oui, madame Tout-Court.

« — Sapristi ! nous aurons du tirage avec ce petit-« là !... Enfin, pourvu qu'il porte bien ma livrée et qu'il « ne grandisse pas, voilà tout ce qu'on lui demande !... « Cocher, menez-nous devant un beau magasin de con« fection pour hommes, que je fasse habiller ce moutard « des pieds à la tête. »

La calèche se remet en marche.

Le frère de Tambourinette s'était couché en travers dans les pieds de la compagnie.

Au bout d'un certain temps, les messieurs et les dames

font la grimace, tirent leur mouchoir et se bouchent le nez.

Enfin, Isidore s'écrie :

« — Ah ! mais... cela sent bien mauvais... qu'en dites-
« vous ?

« — Oui, nous avons passé près d'une fuite de gaz.

« — Alors il y a donc des fuites tout le long de notre
« chemin, car l'odeur ne cesse pas.

« — C'est vrai... je crois plutôt qu'elle augmente.

« — Voyons, Berlinet, vous ne dites rien... est-ce que
« vous ne trouvez pas que cela empoisonne ?

« — Je suis entièrement de votre avis.

« — Dis donc, Tambourinette, j'ai dans l'idée que
« c'est ton frère qui pue comme cela...

« — Ma foi ! j'en ai peur.

« — Est-ce que c'est dans ses habitudes ? Si je savais
« cela, je t'avoue que je renoncerais à en faire mon
« groom !

« — Mais non, ce ne peut-être qu'accidentel...

« — Dis donc, petit, est-ce que tu es indisposé... est-ce
« que tu es mal là-dessous ?

« — Oh ! non, moussia... au contraire ! Quand je vais
« en voiture, je suis si content, que ça me fait tressau-
« ter... comme si je dansa !

« — Très-bien... tâche de moins danser. Heureuse-
« ment, voilà où l'on va te transformer. »

La calèche arrête devant un immense magasin de con-
« fection.

La compagnie voit avec plaisir M. Jacquot sortir de la voiture.

« — Il faut m'habiller ce petit bonhomme-là des
« pieds à la tête, en faire un groom de grande maison.
« Je ne regarde pas au prix... » dit Isidore en entrant
dans le magasin. — « Je vois un chapelier en face... un
« cordonnier à côté... ayez la complaisance d'y faire

« prendre tout ce qu'il faut pour compléter la toilette
« de ce gamin... »

Quand un acheteur déclare qu'il ne regarde pas au prix, il est toujours certain d'obtenir tout ce qu'il demande.

On met au petit garçon une culotte et une veste rouge à galons d'or, puis une redingote noisette à boutons de nacre, qui descend jusqu'à terre. On lui trouve des bas, des souliers, un chapeau rond très-haut de forme, que l'on entoure aussi d'un large galon, enfin on lui met une cravate blanche et jusqu'à des gants.

C'est dans cette tenue que l'on ramène M. Jacquot à la calèche et qu'on le fait monter sur le siége à côté du cocher. On est obligé de l'y porter, parce qu'avec sa culotte galonnée il a beaucoup de peine à faire aller ses jambes.

Un commis de magasin vient aussi avec un petit paquet, qu'il semble ne porter qu'avec répugnance et qu'il présente à Isidore en disant :

« — Voici les vêtements que portait le petit garçon.

« — Berlinet! ceci vous regarde... Prenez-vous cette
« défroque?

« — Non! oh! non... éloignez... éloignez cela, mon-
« sieur!... » s'écrie le courtier en repoussant le paquet.

« — Alors... » dit le commis, « je vais le déposer au
« coin de la borne, car nous ne voulons pas que cela
« rentre chez nous.

« — Et, maintenant, où dois-je vous conduire?... » demande le cocher.

« — A la Maison-d'Or, où nous allons dîner, souper
« et passer une partie de la nuit.

« — Est-ce que monsieur me gardera pour la nuit?

« — Je le crois bien... est-ce que je puis être un mo-
« ment sans voiture?... Tenez, cocher, voici de l'or,
« vous êtes à moi jusqu'à demain, et alors j'aurai une

« autre voiture, mais que je n'aurai pas besoin de
« payer. »

La société arrive à la Maison-d'Or. Un repas magnifique est commandé.

Pendant qu'on dresse le couvert et que les dames se chauffent les pieds, Isidore, qui éprouve le besoin de se montrer et de dire à tout le monde qu'il est millionnaire, descend sur le boulevard et se promène devant les passages de l'Opéra en fumant un cigare. Ainsi qu'il l'espérait, il ne tarde pas à rencontrer de ses connaissances de café; joyeux compagnons, toujours prêts à s'amuser, surtout lorsque cela ne leur coûte rien. Isidore en invite cinq à dîner en leur promettant un festin complet; ces messieurs acceptent sur-le-champ la proposition, et le nouvel enrichi revient au restaurant avec cinq convives de plus, qu'il présente à la compagnie, en disant :

« — Plus on est de fous! plus on rit... voilà cinq amis
« que je vous amène... j'aurais voulu en rencontrer
« douze je les aurais amenés également... ce sera pour
« une autre fois. »

Ces demoiselles ne semblent pas intimidées en voyant tant de cavaliers. Berlinet fait la grimace parce que, parmi les nouveaux venus, il y en a deux assez jolis garçons et que cela peut lui faire concurrence près des dames. Auguste connaît la plupart de ces messieurs; après avoir pris quelques verres de madère, tout le monde se connaît.

Le repas est magnifique : les mets les plus recherchés, les plus délicats, les vins les plus fins et les plus chers sont servis avec profusion, et comme personne ne se ménage, les convives deviennent très-gais, très-bavards, très-bruyants.

Cependant Tambourinette et Calinette conservent assez de raison pour s'écrier à chaque instant :

« — Ah! mon cachemire!... où est mon cachmire?... »

Puis ces demoiselles quittent la table pour s'assurer que les cachemires sont bien à la place où elles les ont mis ; alors elles reviennent en folâtrant vers la table, vont donner de petites tapes sur les joues d'Isidore en l'appelant *amour d'homme!* et demandent du champagne frappé.

Après le dîner qui s'est prolongé tard, Isidore fait apporter une table de jeu et propose un lansquenet ou un baccara. La proposition est acceptée avec joie. L'amphytrion semble tellement disposé à jeter son or par les fenêtres, que tous ses amis désirent faire sa partie. Les deux grisettes préféreraient la danse au jeu, mais les hommes ne sont pas de cet avis ; il n'y a que Berlinet qui se dévoue et fait alternativement polker chacune de ces demoiselles.

Isidore n'est point en veine, mais peu lui importe ; il veut toujours doubler, tripler l'enjeu. Sur les minuit, Calinette, qui a bu beaucoup de punch et se sent envie de dormir, dit à son amie :

« — Écoute donc... je ne pensais plus que nous avions
« de l'or dans notre vase nocturne ; si on allait nous vo-
« ler.

« — Tu as raison. Allons-nous-en... Ces messieurs
« sont acharnés à leur jeu... ils ne s'occupent plus de
« nous, ce n'est pas bien amusant... Isidore doit venir
« demain ; il m'a promis de m'acheter des meubles, ma
« chère, d'en mettre dans les cinq pièces de notre appar-
« tement... C'est ça qui sera chic !...

« — Oui, pourvu que ses bons amis ne lui gagnent pas
« cette nuit tout ce qu'il possède !

« — Que tu es bête !... puisqu'il est millionnaire... Garçon, la calèche est-elle en bas ?...

« — Oui, madame...

« — Nous allons nous faire ramener. »

Et Tambourinette court embrasser Isidore en lui disant :

« — Cher amour, nous nous 'en allons, Calinette et
« moi, parce que nous avons mal au cœur.

« — Très-bien, allez...

« — Tu viendras me voir demain, tu me l'as promis?...

« — Oui, oui...

« — Nous prenons la calèche pour nous ramener
« et nous la renverrons ici.

« — Je l'espère bien... allez... adieu, bonsoir.

« — M. Berlinet demande à s'en aller avec nous... cela
« te contrarie-t-il?

« — Ça m'est bien égal... mais, pour Dieu, laissez-moi
« jouer! »

Isidore est tout à son jeu, parce qu'il commence à perdre près de mille francs. Ses bons amis de café mettent à profit son laisser-aller. Pendant qu'il joue comme un fou, les autres jouent serré, et s'arrangent de manière à ne pas reperdre ce qu'ils gagnent. Le premier, qui a empoché six cents francs, s'éclipse en disant qu'il a très-mal à la tête. Un second en fait autant après avoir gagné mille francs. Efin, lorsque Isidore a perdu trois mille francs, il se trouve n'avoir plus devant lui que son ami Auguste, qui, à moitié gris et endormi, peut à peine tenir les cartes et balbutie :

« — Est-ce que tu veux encore jouer?... Moi, j'aime-
« rais mieux aller me coucher?...

« — Comment! je perds trois mille francs, au moins...
« et on s'en va... ils sont partis sans me donner le temps
« de me rattraper... Ils sont gentils, ces messieurs!...

« — Écoute, tu es en mauvaise veine... tu aurais
« perdu ta culotte cette nuit, il ont bien fait de s'en
« aller... Moi je te gagne deux cents francs... veux-tu
« que je te les joue?...

« — Non... c'est inutile!... Après tout, je m'en moque...
« j'ai d'autres billets de banque, et puis je suis à la
« source... Allons nous coucher... Il est temps que je

« rentre à l'hôtel de mon cher père... Ah! bigre! j'y
« pense maintenant... il m'a peut-être attendu pour
« dîner... Le fait est que pour le premier jour que je
« retrouve un père, j'aurais bien dû lui tenir compa-
« gnie... Le bonheur m'a étourdi. Bah! après tout, je
« trouverai une excuse... et puis, M. Duhautcours m'a
« dit : Je dîne à six heures, venez quand vous voudrez...
« mais il ne m'a pas dit : Je vous attendrai... Garçon! la
« carte à payer...

« — Voilà, monsieur...

« — Voyons un peu... quatre cent vingt francs... pour
« dix personnes... Eh bien, ce n'est pas trop cher!

« — Je trouve que c'est salé.

« — Est-ce que tu n'as pas bien dîné ?

« — Si fait! trop bien, même... il y a du trop plein.

« — Tenez, garçon... voilà un billet de cinq... qu'on
« se paye... Tiens... tiens... je me fouille... il ne m'en
« reste plus... ça n'a pas été trop mal aujourd'hui !

« — Combien avais-tu sur toi?

« — Six mille francs en billets de banque, et deux
« mille en or... J'ai dépensé mes billets... mais j'ai en-
« core une poignée d'or dans ma poche.

« — Ainsi, tu as dépensé aujourd'hui près de huit
« mille francs... huit mille francs par jour... Je ne crois
« pas que le père le plus millionnaire permette à son fils
« ce régime-là...

« — Mon pauvre Auguste... tu deviens ladre... c'est
« la société de ton oncle Langlumot qui te gâte... Gar-
« çon, où est mon groom?... car, au fait, j'ai un groom,
« et je l'avais totalement oublié!...

« — Monsieur, votre groom a dîné avec votre cocher...
« on les a servis avec d'autres domestiques. Après avoir
« dîné, il s'est couché dans votre calèche... Je pense
« qu'il y est encore. »

On trouve en effet M. Jacquot endormi sur le tapis de

la calèche, dans laquelle les deux jeunes gens montent sans se donner la peine de l'éveiller. Mais au bout d'un moment, ces messieurs s'écrient :

« — Sapristi ! la même odeur que ce matin !...

« — Décidément, ce petit garçon n'est pas agréable « en voiture.

« — Sois tranquille ; à l'avenir, il ne montera que « derrière. »

De la *Maison-d'Or*, il n'y avait qu'un chemin très-court pour être à l'hôtel de Duhautcours.

« — Nous y voici, » dit Isidore en sautant à terre... « C'est dans cette belle maison que je loge, mon cher, « et cette maison est à mon père...

« — C'est magnifique... réveille donc ton groom...

« — Allons, Jacquot, debout...

« — Quoiqui gnia, moussia ! » dit le petit garçon en se frottant les yeux.

« — Il a un accent bien peu anglais ton groom.

« — Je dirai qu'il est Italien. Auguste, veux-tu que « la calèche, te reconduise chez toi... le cocher est « payé.

« — Je le veux bien. Quand te verrai-je ?

« — Demain, chez Tambourinette, à deux heures.

« — C'est convenu !... »

Auguste est parti avec la voiture. Isidore entre dans la cour de l'hôtel en disant au petit groom :

« — Toi, tu ne t'appelles plus Jacquot, mais Masca-« rille... souviens-toi de répondre à ce nom-là... entends « tu ? Mascarille.

« — Oh oui, moussia... Bellabille !...

« — Je ne te dis pas Bellabille, serin ! mais Mascarille. « Au reste ne parle à personne, c'est ce que tu pourras « faire de mieux. »

Isidore monte à son appartement où il trouve son valet de chambre qui l'attendait :

« — Jolicœur, M. Duhautcours m'a-t-il demandé au
« moment du dîner.

« — Oui, monsieur, j'ai répondu que monsieur était
« rentré et ressorti.

« — Très-bien, il ne m'a pas redemandé depuis?

« — Non, monsieur.

« — A quelle heure M. Duhautcours est-il visible le
« matin?

« — Monsieur est toujours descendu dans son cabinet
« à neuf heures et demie.

« — Sitôt que cela... j'aurais cru qu'il ne se levait qu'à
« midi. A-t-on amené mes chevaux, mon cabriolet?

« — Oui, monsieur, les chevaux sont à l'écurie et la
« voiture sous la remise.

« — Demain nous essayerons tout cela. Tenez, Jolicœur,
« voilà un petit garçon qui me servira de groom. Cou-
« chez-le où vous voudrez... il arrive d'Italie et parle
« assez mal le français, mais il se formera... Allons,
« Mascarille, suis Jolicœur, tu viendras demain matin
« prendre mes ordres. »

Le petit Jacquot ne bouge pas, parce qu'il a déjà
oublié qu'il se nomme Mascarille, il faut que son maître
lui donne un coup de pied pour le faire marcher; il se
décide enfin à suivre Jolicœur qui le pousse aussi devant
lui en se disant :

« — Où diable mon nouveau maître a-t-il ramassé ce
« jockey-là!... »

XIV

LE VIN LE JEU ET LES FEMMES.

Isidore a dormi comme une marmotte ; lorsqu'il s'éveille il est onze heures sonnées. Il se frotte les yeux, repasse dans sa mémoire les événements de la veille, puis bien certain qu'il n'a pas rêvé tout cela, en voyant sous ses yeux une montre charmante qu'il a achetée la veille, il se hâte de s'habiller en se disant :

« — Il est bien temps que j'aille présenter mes respects à
« M. Duhautcours, et que je tâche d'excuser mon ab-
« sence au dîner d'hier... Un père qui vous bourre de
« billets de banque mérite des égards... et celui-là plus
« que tout autre, car il n'est pas possible qu'il ressente
« une grande tendresse pour moi... et s'il savait... Im-
« bécile !... à quoi vais-je penser ! il y a de ces choses,
« dont il ne faut même pas se parler à soi-même ! Il
« faut être comme ces menteurs qui finissent quelque-
« fois par croire les mensonges qu'ils débitent aux
« autres. »

Duhautcours était seul dans son cabinet, feuilletant des états de compte devant son bureau, lorsque Isidore se présente devant lui : le petit jeune homme a composé sa figure et soigné sa tenue ; il tâche enfin d'avoir l'air raisonnable en saluant respectueusement le banquier qui l'examine assez sévèrement.

« — Monsieur, » dit Isidore, « je viens vous offrir mes
« respects, m'informer de votre santé, et m'excuser de
« ne point m'être trouvé ici hier pour avoir l'honneur
« de dîner avec vous. »

Ce ton respectueux adoucit un peu le regard du Duhautcours qui répond en continuant d'examiner des comptes :

« — Vous n'êtes point obligé de dîner ici... je vous
« ai laissé liberté entière...

« — Monsieur, soyez persuadé que je n'en abuserai
« pas... mais hier... mon changement de position m'a-
« vait tellement étourdi... et puis j'ai couru pour faire
« des achats... le temps a passé si vite...

« — Oui... oui... je conçois... dites-moi, connaissez-
« vous la famille Gerbier ?

« — La famille Gerbier... non, monsieur, voilà la
« première fois que j'entends prononcer ce nom... est-
« ce que ce sont des personnes que je dois aller voir,
« monsieur ?

« — Nullement... je voulais seulement savoir... Vous
« avez acheté un cabriolet ?

« — Oui, monsieur ?

« — Et des chevaux ?

« — Oui, monsieur, un cheval de selle et un autre
« pour le cabriolet.

« — Savez-vous monter à cheval ?

« — Comme *Baucher*.

« — Faire des armes ?

« — Comme *Grisier !*

« — Et de la gymnastique ?

« — Comme *Roux !*

« — Mais votre éducation est complète alors ! com-
« ment diable avez-vous appris tout cela ?

« — Quand on a des dispositions naturelles, mon-
« sieur, on s'apprend tout soi-même.

« — Est-ce que vous savez aussi parler l'anglais,
« l'allemand, l'italien... »

Isidore fait cette fois un signe de tête négatif.

« — Eh bien, il faudra apprendre ces trois langues...
« cela pourra vous servir lorsque vous voyagerez...et
« quand on est riche on voyage souvent.

« — Je les apprendrai, monsieur.

« — C'est bien....au revoir... j'ai à travailler...

« — Je vous présente mes respects. »

Isidore enchanté d'être congédié, s'éloigne en se disant :

« — Le plus souvent que j'apprendrai ces langues
« étrangères... est-ce qu'on ne parle pas le français par-
« tout... est-ce qu'on ne comprend pas toujours quel-
« qu'un qui a les mains pleines d'or.

« — Le tailleur que monsieur a demandé vient d'arri-
« ver, » dit Jolicœur, « il attend chez monsieur avec
« des marchandises.

« — Bravo... voyons le tailleur. »

L'industriel avait étalé sur des meubles une grande quantité d'habillements d'homme ; il avait choisi ce qu'il avait de plus élégant et de plus à la mode.

Isidore enchanté dit au tailleur :

« — Laissez tout cela... je prends tout... gilets, pan-
« talons... habits...

« — Les six paletots aussi ?...

« — Je vous dis que je prends tout !

« — Très-bien, monsieur, très-bien, trop heureux
« d'avoir la pratique de monsieur. »

Et le tailleur s'en va à reculons en saluant toujours.
Isidore fait une toilette entièrement nouvelle, puis s'écrie:

« — Vite en voiture... et allons chez Tambourinette...
« je lui ai promis des meubles.... elle les aura... elle
« était charmante hier avec ce joli chapeau... Holà,
« Jolicœur !... a-t-on attelé ?...

« — Oui, monsieur...

« — Ah! voilà mon américaine... charmant équipage ! léger, coquet... où est mon groom ?...

« — Il se promenait tout à l'heure dans la cour, monsieur.

« — Mascarille... holà! Mascarille!... »

Le petit Jacquot ne pouvait pas s'habituer à répondre au nom de Mascarille, il faut que le valet de chambre le cherche et l'amène devant son maître; enfin le groom arrive, marchant toujours avec difficulté parce que sa belle culotte rouge le gêne entre les jambes. Il fait une mine effrayée lorsque son maître lui dit de monter derrière sa voiture, parce qu'il croit qu'il doit se tenir debout sur le siége, mais il se rassure en sachant qu'il peut s'y asseoir.

Isidore fouette son cheval qui est fringant, vif et s'emporte facilement ; le jeune homme qui n'a jamais conduit que des chevaux de louage, croit devoir se servir du fouet, son cheval hennit, se cabre, se dresse sur les pieds de derrière. M. Jacquot a peur et jette de grands cris. Isidore se tient ferme à sa place, mais le petit groom roule hors de son siége et va en tombant briser les glace de la devanture d'un beau magasin de nouveautés.

On parvient à calmer le cheval; Isidore paye les glaces cassées par son groom, M. Jacquot remonte en rechignant à sa place, avec deux bosses à la tête, et on se remet en route; mais cette fois Isidore mène son cheval avec plus de prudence; cependant comme il n'a pas encore l'habitude de conduire, avant d'arriver chez Tambourinette il a croché une petite voiture à bras, renversé une boutique à treize sous, fait tomber une échelle avec un peintre d'enseignes qui était dessus et manqué d'écraser trois personnes. Ces divers incidents ne se terminent qu'avec de l'argent ; il en a déjà pour trois cents francs lorsqu'il arrive chez madame de Platinoff.

Avec les pièces d'or qu'elle sont retrouvées chez elles les deux grisettes ont complété leur toilette et achevé de se transformer en élégantes du quartier Bréda. Il y a des personnes qui prétendent que la toilette n'ajoute rien à la beauté; si cela est était vrai, pourquoi donc les femmes seraient-elles si coquettes, même celles qui sont jolies! Il ne faut pas nier tout ce que l'art, le bon goût, l'élégance ajoutent aux charmes d'une femme; il en est plus d'une que vous n'auriez pas remarquée si elle était passée devant vous mise bien simplement, et que vous aurez envie de suivre, si sa robe fait valoir ses formes, si son chapeau avantage sa figure, s une bottine fine et gracieuse emprisonne un pied dont la petitesse disparaîtrait dans de gros souliers.

Les deux chemisières portent fort bien leur nouvelle toilette, mais c'est surtout Tambourinette dont le minois piquant et la taille séduisante deviennent irrésistibles. Aussi le petit Isidore se sent-il très-disposé à ne lui rien refuser. Il l'emmène dans son équipage. On court chez les tapissiers, chez les fabricants les plus en vogue. Mais cette fois, comme c'est chez madame de Platinoff qu'il faut envoyer la fourniture, les marchands veulent être payés. Heureusement Isidore a mis dans sa poche le restant de ses billets de banque et moyennant onze mille francs qu'il débourse, mademoiselle Tambourinette a un mobilier ravissant.

Toutes les fois que Tambourinette descend de l'américaine, M. Jacquot lui dit :

« — Faut-il que je te suiva, ma sœur? »

Alors celle-ci lui fait des yeux furibonds en lui répondant :

« — Tais-toi, petite bête. »

Et Isidore ajoute :

« — Monsieur Mascarille je vous ai défendu de par-
« ler... d'autant plus que vous avez un affreux cha-

« rabia; je vous garde à condition que vous serez muet.

« — Oui, moussia...

« — Quand on vous questionnera...

« — Je répondrai... Je suis mouetta.

En voyant arriver les meubles que son ami vient d'acheter pour sa maîtresse, le gros Auguste pousse de telles exclamations que ces dames le menacent de le mettre à la porte.

Sur les six heures du soir, Isidore est obligé de quitter madame de Platinoff, mais on se promet de souper ensemble toutes les fois qu'on n'y dînera pas.

Isidore se compose un maintien en entrant dans le salon de Duhautcours, il trouve là plusieurs hommes de Bourse, tout occupés de causer de la cote du jour et qui ne s'inquiètent nullement de ce que peut être ce jeune homme qu'ils n'ont pas encore vu ; du moment qu'il dîne chez le millionnaire, on ne doute pas que ce ne soit un personnage très-distingué. Cependant Isidore s'attendait à être présenté à la compagnie comme le fils de la maison, mais M. Duhautcours n'en souffle pas un mot.

Le dîner est peu animé. Le banquier n'est pas gai, il semble rêveur, préoccupé et mange fort peu. Un des convives en fait la remarque en lui disant :

« — Il me semble qu'autrefois vous étiez un viveur.

« — Oui... autrefois, » répond Duhautcours en secouant la tête. « Mais depuis quelque temps... je ne
« ne sais ce que j'ai, mon estomac me fait souffrir... je
« ne digère plus si bien !

« — Il faut aller prendre les eaux.

« — Ah ! oui... prendre les eaux... c'est le grand re-
« mède, pour ceux à qui l'on ne sait plus qu'ordon-
« ner...

« — A propos... n'aviez-vous pas acheté des terrains
« du côté où l'on construit le boulevard de Sébastopol...

« — Oui... j'en avais... la ville me les a achetés.
« — Vous avez dû gagner beaucoup dessus !...
« — Trois cent mille francs à peu près...
« — Ce diable de Duhautcours ! il ne fait que de bonnes
« opérations !...

« — Oui... oui... » murmure Duhautcours; puis il ajoute à demi-voix : « mais cela ne me fait pas digé-
« rer ! »

Après le dîner ces messieurs vont au spectacle et Isidore s'échappe en disant :

« — Ce n'est pas amusant un dîner d'hommes qui ne
« parlent que : actions industrielles... cours de la rente,
« report, prime ! décidément c'est bien plus agréable de
« dépenser l'argent que de le gagner. »

Puis, il court rejoindre Tambourinette, la mène au théâtre et au bal; un souper qui se prolonge fort avant dans la nuit termine cette seconde journée de richesse.

Plusieurs jours s'écoulent de même. Isidore dîne chez Duhautcours qui est avec lui toujours aussi froid, aussi indifférent. Puis il va retrouver Tambourinette, chez laquelle il donne souvent rendez-vous à beaucoup de ses amis, alors c'est chez madame de Platinoff que l'on soupe et que l'on joue, plus d'une fois le petit jeune homme ne rentre qu'au matin dans le bel hôtel de la rue du Helder, et gris au point que le valet de chambre est obligé de soutenir son maître pour qu'il puisse gagner son appartement.

Quant à monsieur Mascarille, il ne se grise pas, mais il a presque toujours des indigestions.

Au bout de quinze jours de cette vie de plaisirs et de désordre, au moment de sortir, Isidore, qui ne trouve plus d'or dans ses poches, veut faire changer un billet de banque, mais les billets de banque ont pris le même chemin que l'or, il n'a plus rien des vingt-cinq mille francs que le banquier lui a remis.

« — Puisque je n'en ai plus ! » se dit Isidore, « il me
« semble que je n'ai pas autre chose à faire que d'aller
« en demander !... Je suis ici à la source... et après tout
« ce cher monsieur Duhautcours ne m'a pas dit de les
« ménager. »

En voyant entrer Isidore dans son cabinet à une heure de la journée où il n'a pas l'habitude de le voir, Duhautcours semble plus contrarié que satisfait, cependant il fait signe au jeune homme de s'asseoir en lui disant :

« — Vous avez à me parler...

« — Oui, monsieur... j'ai mal pris mon temps peut-
« être... vous êtes occupé...

« — Je m'occupe toujours, moi !... je ne suis pas de
« ceux qui ne font rien que se promener et s'amuser !... »

Ces mots dits d'un ton assez ironique, semblent de mauvais présage à Isidore qui hésite à continuer ; le capitaliste s'en aperçoit et reprend :

« — Voyons, monsieur, si vous avez quelque chose à
« me dire, parlez, car en effet... j'étais occupé...

« — Monsieur... voilà ce que c'est... je... je n'ai plus
« d'argent !... »

Duhautcours relève la tête, le regarde quelque temps et lui dit :

« — Ah ! vous n'avez plus rien des vingt-cinq mille
« francs que je vous ai donnés il y a quinze jours ?

« — Non, monsieur... Je ne sais pas comment cela
« s'est fait... mais j'ai acheté tant de choses...

« — Oui... en effet... vous avez acheté deux chevaux
« et une américaine... avez-vous payé vos dettes aussi ?

« — Oh ! intégralement !... »

Duhautcours ouvre sa caisse, y prend des billets de banque et les donne à Isidore.

« — Tenez, monsieur, voici quinze mille francs... je
« pense que cette fois vous en aurez pour quelque

« temps... il faut vivre grandement, sans doute, mais il
« ne faut pas jeter l'argent par les fenêtres.

« — Monsieur, vous pouvez être persuadé que je m'ef-
« forcerai de...

« — C'est bien... c'est bien... allez, et quand il vous
« conviendra de ne point dîner ici, ne vous gênez pas. »

Isidore salue respectueusement et se sauve en se
disant :

« — Drôle de père qui m'est arrivé là... il est tendre
« avec moi... comme un pain de huit jours!... mais il
« m'a donné quinze mille francs!... bénissons-le!... ce
« n'est pas que, quinze mille francs... au train dont j'y
« vais, je n'en aurai pas pour longtemps... mais je me
« modérerai... je ne mettrai pas tous les jours une maî-
« tresse dans ses meubles!... je ne perdrai pas continuel-
« lement au baccara... non, mais puisqu'on me le per-
« met, dès aujourd'hui je ne dîne plus ici, on s'y amuse
« trop. Allons! allons! vive la gaieté! et faisons danser
« les écus du millionnaire. »

Quinze autres jours se sont écoulés. Isidore continue
ses folies et ne dîne presque plus à la table de Duhautcours, lorsqu'un jour, une heure environ après que le
petit jeune homme est sorti dans son américaine le
marchand de chevaux, le carrossier, le bijoutier, le tailleur, enfin tous les fournisseurs qui n'avaient pas revu le
fils de M. Duhautcours et désiraient savoir si ce jeune
payait aussi facilement qu'il achetait, se présentent à
l'hôtel du millionnaire et demandent monsieur Duhautcours fils.

« — Mon maître est sorti, » répond Jolicœur, qui se
trouve justement dans la cour à l'arrivée des créanciers.
« Que lui voulez-vous?

« — Nous venons... pour nos fournitures... nous se-
« rions bien aises d'être payés, voici nos mémoires.

« — Cela ne me regarde pas!

« — Mais cela regarde votre maître... quand le
« trouve-t-on...

« — Il me serait difficile de vous le dire... quelquefois
« il ne rentre qu'au jour... ou bien pas du tout... quand
« il dort il m'a défendu de l'éveiller...

« — Mais ne pouvons-nous nous présenter au caissier
« de monsieur son père... n'acquittera-t-il pas les fourni-
« tures faites à M. Duhautcours le fils?... »

Jolicœur ne sait trop que répondre lorsque le capitaliste qui sortait de chez lui, aperçoit les fournisseurs
qui montraient déjà de l'humeur; il s'approche en
disant :

« — Que demandent ces messieurs?

« — Ils demandent monsieur Isidore...

« — Que lui veulent-ils? »

Le carrossier salue humblement Duhautcours et lui
présente son mémoire :

« — Monsieur, je désirerais être payé... monsieur votre
« fils a acheté chez moi une américaine...

« — Chez moi deux chevaux...

« — Chez-moi, une montre à répétition, une chaîne
« d'or, un lorgnon, une épingle en diamant...

« — Moi, je lui ai fourni tous les effets d'habillement
« dont voici la note détaillée... »

Duhautcours fronce les sourcils, examine les notes en
disant :

« — Comment! il n'a pas payé tout cela comptant?

« — Nous n'avons pas reçu un sou !

« — Mais nous n'étions pas inquiets! le fils de M. Du-
« hautcours... nous lui aurions donné toute notre mar-
« chandise à crédit. »

Duhautcours se mord les lèvres, mais il fait signe aux
fournisseurs de le suivre. Il les conduit à sa caisse et
fait payer tous les mémoires, ce qui formait un total de
de neuf mille huit cents francs.

Les marchands venaient de partir, et Duhautcours tenait encore les diverses notes acquittées dans sa main, lorsque Franville entre dans son cabinet.

« — Pardon!... » dit le vieux militaire, « je viens sa-
« voir des nouvelles de notre jeune homme... j'espère
« qu'il se conduit bien, que vous en êtes content?...
« maintenant vous devez commencer à le connaître, à
« l'apprécier...

« — En effet, » répond froidement Duhautcours,
« maintenant je le connais... je l'apprécie ce qu'il vaut...

« — Vous me dites cela d'un ton singulier... est-ce
« que ce jeune Isidore...

« — Ce jeune Isidore est un parfait vaurien... un fort
« mauvais sujet... tenez, voilà des mémoires que je viens
« de payer pour lui, il y en a pour neuf mille huit cents
« francs... et il y a quinze jours il n'avait déjà plus un
« sou des vingt-cinq mille francs que je lui avais donnés...

« — Il serait possible!...

« — Et il m'avait dit avoir payé tous ses achats... je
« lui ai redonné quinze mille francs, que probablement
« il aura bientôt dissipés aussi... il va bien, ce charmant
« garçon!... décidément c'est une triste trouvaille que
« vous avez faite là... et j'aurais mieux fait de ne jamais
« m'en occuper!...

« — C'est-à-dire que si vous vous en étiez occupé plus
« tôt il ne serait pas devenu un mauvais sujet!

« — Ah! je vous en prie, ne recommençons pas ces
« discussions... je l'ai repris... c'est bien... je lui fourni-
« rai de l'argent puisqu'il lui en faut ; heureusement cela
« ne me gêne pas!... quant à ressentir de l'affection pour
« lui... je vous avoue que cela m'est tout à fait impos-
« sible. »

Franville ne répond rien ; ce qu'il vient d'apprendre l'a vivement affligé. Au bout de quelques instants il murmure :

« — Je le verrai, moi, ce jeune homme, je lui parlerai,
« sacrebleu ! il faudra bien qu'il entende la voix de la
« raison...

« — Je puis vous assurer que vous perdrez vos pa-
« roles... si M. Isidore vous écoute... ce sera probable-
« ment pour se moquer de ce que vous lui aurez dit...
« je l'ai remarqué plusieurs fois à ma table... il ne se
« doutait pas que je l'observais... il voulait en vain avoir
« une tenue convenable... à chaque instant il s'oubliait,
« il tournait en ridicule mes convives... leur faisait des
« grimaces... se balançait sur sa chaise comme s'il eût
« été chez un traiteur... je vous le répète, il a très-mau-
« vais ton... il ne changera pas maintenant, c'est un pli
« pris chez lui... ne revenons plus là-dessus !...

« — Mais on peut toujours, ce me semble, lui dire de
« ne point dépenser vingt-cinq mille francs en quinze
« jours !...

« — Oh ! ceci est une bagatelle...

« — Une bagatelle !... diable !... je connais des gens
« que cette bagatelle-là rendrait heureux pour toute leur
« vie...

« — A propos... comment se porte la famille Gerbier?

« — Très-bien... Dieu merci ! Gerbier a recouvré sa
« bonne santé... ah ! c'est qu'il ne faut pas qu'il soit ma-
« lade celui-là... quand on a quatre enfants à nourrir...

« — Comment... que quatre?

« — Je ne compte plus Georgina, puisqu'elle gagne de
« l'argent et que loin d'être à charge à son père elle aide
« aussi à l'entretien de ses frères et de ses sœurs... ah!
« c'est une brave fille... qui mériterait d'être heureuse...
« malheureusement...

« — Malheureusement?... quoi... achevez donc, Fran-
« ville...

« — Oh ! rien... rien...

« — Mais si, vous vouliez dire quelque chose...

« — Parbleu ! je voulais dire que la petite a du cha-
« grin parce que le jeune Alexis a tiré à la conscription,
« qu'il a eu un mauvais numéro et qu'il est parti pour
« rejoindre son corps. »

Un éclair de joie illumine la figure de Duhautcours, il la dissimule en reprenant d'un air qu'il s'efforce de rendre indifférent :

« — Ah! ce jeune homme... qui donnait le bras à la
« charmante Georgina quand je vous ai rencontré... car
« c'est celui-là qui s'appelle Alexis, n'est-ce pas ?

« — Oui, c'est bien celui-là.

« — Il est parti pour l'armée...

« — Oui... il est soldat !... oh! c'est un brave garçon
« qui ne rechignait pas à servir... et sans l'amour qu'il
« éprouvait pour Georgina, il serait parti tout joyeux...
« mais c'est égal, je suis bien sûr qu'il avancera... à
« moins qu'une balle... ou un boulet ne l'arrête en che-
« min :

« — La jeune personne se consolera... les femmes
« n'ont pas pour habitude de se chagriner sept ans pour
« un amoureux !...

« — Ce que vous dites là est assez vrai.. cependant on pré-
« tend qu'il y a des exceptions... Adieu... je vous quitte...
« mais malgré ce que vous m'avez dit... je verrai ce
« jeune Isidore; je lui parlerai, car je ne veux pas que
« le fils de cette bonne Adèle soit un méchant sujet. »

Franville a quitté l'hôtel de Duhautcours, il n'est occupé que d'Isidore auquel il veut absolument parler, parce qu'il espère que ses conseils feront comprendre au jeune homme le danger qu'il y a pour lui à s'aliéner le cœur de Duhautcours, qui ne l'a pas encore reconnu comme son fils et qui peut d'un moment à l'autre lui fermer la porte de son hôtel.

Mais pour parler à Isidore, il faut le voir, le rencontrer. Son valet de chambre lui a dit qu'il n'avait pas d'heure pour rentrer, qu'il n'était chez lui que pour dormir et qu'alors il défendait expressément qu'on le réveillât.

« — Il faut pourtant que je le rencontre, mille noms « d'une pipe! » se dit Franville ; « il rentre fort tard... « Il doit naturellement revenir par les boulevards, eh « bien, je ferai faction sur les boulevards, de minuit à « quatre heures du matin. A cette heure-là, les voitures « sont plus rares; s'il est dans son cabriolet, je le verrai « bien et je le suivrai jusque chez lui. Ça exercera ma « jambe qui ne veut pas toujours aller bien. »

L'ancien militaire met ce plan à exécution ; et depuis trois jours il s'est inutilement promené sur les boulevards, sans dépasser la rue d'Antin ni la rue de Richelieu, allant se coucher à quatre heures du matin, en se disant :

« — Il me paraît que cette nuit ce monsieur ne ren-« trera pas du tout. »

Le quatrième jour, l'ancien militaire faisait encore sa faction. Il était trois heures du matin, lorsqu'il entend des cris poussés sur le boulevard Montmartre; cette fois il dépasse les limites de sa promenade, en se disant :

« — Si c'est quelqu'un que l'on attaque, je dois aller « à son secours. »

Il s'avance et aperçoit bientôt une américaine arrêtée ; à quelques pas de la voiture, un homme en blouse est en train de tirer la savate avec un beau monsieur très-bien mis et d'autres hommes en blouse sont spectateurs du combat. Au moment où Franville approche, le beau monsieur venait d'être terrassé et de recevoir un vigoureux coup de talon dans la tête. La vue de la vieille moustache met en fuite les particuliers en blouse, et Franville, se penchant vers le jeune homme qui est à terre, reconnaît Isidore qui est complétement gris, et, malgré le coup qu'il a reçu, balbutie encore :

« — Ah! les gredins ! les lâches !... ils se sauvent... Si

« mon ami Auguste avait été avec moi... il les aurait
« tous roulés... Sapristi!... j'ai mal à la tête...

« — Comment, Isidore, c'est vous... que je trouve au
« milieu de la nuit... vous battant à coups de poing,
« sur le boulevard, avec des hommes en blouse?...

« — Tiens, il me connaît, celui-là!... Qui donc êtes-
« vous?... Toi... je ne te reconnais pas...

« — Je suis celui qui vous a fait retrouver votre père...
« mais si j'avais su que vous deviez vous conduire
« ainsi!... ah! mille carabines! je vous aurais bien laissé
« chez toutes les blanchisseuses de Paris...

« — Ah! c'est l'ancien à moustaches... l'ami Fran-
« ville... Où donc est ma voiture ?... et mon groom...
« Mascarille! appelez Mascarille...

« — Attendez... votre voiture n'est pas loin... je vais
« lui dire d'avancer.

« — Prenez garde... Mascarille ne sait pas conduire...
« Ah! la tête me fait mal... »

Franville court à la voiture, dans laquelle M. Jacquot
Mascarille s'était endormi pendant que son maître tirait
la savate. En se sentant poussé brusquement, il ouvre
les yeux et s'écrie :

« — Chai pas ma fauta... vous avez voulu que je con-
« duisa...

« — Comment, drôle, tu dors pendant que ton maître
« se bat!

« — Chai lui qui a voulu se battra... il a voulu que je
« conduisa, parce qu'il voula dormira... J'ai accrocha
« un passant... ma il est tomba sans se faire mal...
« Alors tous ces hommes m'ont appela imbécila... bru-
« ta... bestia...

« — Ils ont eu raison.

« — Mon maître, qui s'est éveilla, les a appelés ca-
« nailla... Ils lui ont dit : Descends un peu voir si tu
« sais tirer la savata... il est descendu.

« — Oui, je sais le reste... Allons, viens m'aider à re-
« lever ton maître. »

Le petit groom descend de la voiture; on retourne près d'Isidore, qui essaye en vain de se relever seul, et jure comme un charretier. Franville le prend sous le bras et parvient à le remettre sur ses pieds; quant à Mascarille, il se borne à ramasser le chapeau et les gants de son maître. Mais lorsqu'il s'agit de faire remonter Isidore dans la voiture, il n'y a pas moyen d'en venir à bout; il est tellement gris qu'il retombe sans cesse sur celui qui le pousse, et M. Mascarille n'est pas en état de donner un coup de main.

« — Décidément vous ne pourrez jamais remonter
« là dedans, » dit Franville; « le plus court est de
« gagner à pied votre demeure, il n'y a pas loin, et je
« vous soutiendrai...

« — Ma foi, oui... Au fait, j'aime autant cela... la
« voiture me faisait mal au cœur...

« — Toi, petit, conduis la voiture au pas... J'espère
« que tu ne renverseras plus personne...

« — Oh! non, moussia!... D'ailleurs il ne passe plus
« de monde!...

On se remet en marche. Franville soutient fortement le jeune homme qui, à chaque instant, trébuche et tomberait, si un bras nerveux ne le retenait.

« — Pauvre Adèle! » murmure l'ancien militaire,
« faut-il que ton fils soit si peu digne de toi!...

« — Qu'est-ce que vous marronnez... mon vieux!... de
« quelle Adèle parlez-vous?... Je gage qu'elle n'est pas
« aussi chiquée que Tambourinette!...

« — Taisez-vous, monsieur, c'est de votre mère que
« je parle... respectez au moins sa mémoire!...

« — Ma mère... connais pas!...

« — Oh! vous ne lui faites pas honneur... Mais, sacre-
« bleu! est-il permis à un jeune homme qui sait main-

« tenant qu'il a une belle position... de se mettre dans
« un état pareil... gris à ne pas se tenir...

« — Cher ami... sais-tu que tu m'embêtes... as-tu
« fini tes ragots... veux-tu que je te donne aussi une
« leçon de savate, à toi ?... Ah ! mais c'est que... ça ne
« serait pas long... ah ! bigre, il fait glissant !... »

Franville ne répond plus rien ; il se dit qu'Isidore
n'est pas en état de l'entendre. On arrive enfin devant
l'hôtel de Duhautcours. Le valet de chambre Jolicœur
accourt dès qu'il entend frapper, car il se doute que
c'est son maître qui revient.

« — Soutenez-le, » lui dit Franville, « vous voyez
« dans quel état il est.

« — Oh ! j'y suis habitué ! » répond Jolicœur, « il
« rentre presque toutes les nuits comme cela.

« — Il rentre toutes les nuits comme cela !... » se dit
Franville en s'éloignant ; « ah ! le malheureux... voilà
« l'usage qu'il fait de cette fortune qui vient de lui
« arriver !... Nom d'une pipe !... j'aurais aussi bien fait
« de le laisser chez sa blanchisseuse. »

XV

NOUVELLES D'ALEXIS.

« — Mon père !... mon père !... une lettre d'Alexis !... »
s'écrie Georgina en revenant un soir de son magasin ;
« la portière vient de me la remettre... Il y a Nîmes
« sur l'adresse ; c'est bien là qu'il nous a dit qu'il allait
« rejoindre son corps... Tenez, mon père, lisez... oh !
« lisez vite, je vous en prie !

« — Et pourquoi ne lirais-tu pas toi-même, chère
« enfant, » dit Gerbier en repoussant la lettre que sa
fille lui présente. « Je suis sûr que cela te fera encore
« plus de plaisir... Les yeux se reposent avec bonheur
« sur l'écriture de la personne que l'on aime... Lis-nous
« cela... car, bien que la lettre soit à mon adresse, ce
« qui est plus convenable, je gage bien qu'il y en a
« là dedans plus pour toi que pour moi ! »

Georgina brise le cachet d'une main tremblante ; elle
est tellement émue, que d'abord elle ne peut pas distinguer les caractères ; elle murmure en tombant sur
une chaise :

« — Mon Dieu ! qu'est-ce que j'ai donc ! je ne peux
« pas lire !...

« — Ce que tu as... eh ! mon Dieu, des larmes plein
« les yeux... Allons, remets-toi... calme-toi...

« — Oui mon père, oui... voilà que ça se passe...
« Ah ! j'y vois mieux... « Mon cher monsieur Gerbier,

« ma chère et bien-aimée Georgina... » bien-aimée...
« Voyez-vous, mon père, il y a bien-aimée...

« — Je le crois, c'est ce qu'il pense...

« — Ah ! oui... car il.... car il m'aime bien...

« — Allons, voilà qu'elle pleure encore... Mais sois
« donc raisonnable... Comment, tu sanglotes à pré-
« sent?...

« — C'est plus fort que moi... Tenez... prenez... je ne
« pourrai jamais lire!...

« — Allons, donne, je vais lire pour toi... »

Gerbier prend la lettre que Georgina lui passe en pleurant, et en continue la lecture :

« Aimée Georgina, je suis arrivé ici sans accident,
« sans fatigue. Me voici avec mes nouveaux camarades,
« et apprenant le métier de soldat ; il paraît que j'ap-
« prends bien l'exercice, car mes chefs sont contents
« de moi ; et un sous-officier m'a dit, en me frappant
« sur l'épaule, que je ferai vite mon chemin... »

« — Quel chemin donc, mon père? que veut-il dire
« par là ?...

« — C'est tout simple : son chemin à l'armée... qu'il
« obtiendrait vite de l'avancement...

« — Mon Dieu, à quoi bon ?... Pour obtenir de l'a-
« vancement, il faut se battre... je ne veux pas qu'il se
« batte, moi.

« — Ma chère amie, tu n'es pas raisonnable. Puisque
« maintenant Alexis est soldat, n'est-il pas naturel
« qu'il fasse ses efforts pour obtenir des grades... Ne
« vaut-il pas mieux que l'on fasse son éloge, que l'on
« dise de lui : C'est un brave ! que si l'on disait : C'est
« un mauvais soldat ! »

Georgina ne répond rien, mais elle pousse un gros soupir. Gerbier reprend sa lecture :

« La vie que je mène n'a rien de désagréable. La ville
« que nous habitons est jolie, le climat très-doux. Je

« m'y plairais, si je pouvais être un moment sans pen-
« ser à vous... à ces douces soirées que je passais au
« sein de votre famille, qui était devenue la mienne !...
« au bonheur que je ressentais, chère Georgina, lors-
« qu'assis à vos côtés, vous me permettiez de tenir votre
« main dans la mienne... de la presser tendrement !...
« et quand une légère pression de cette main m'annon-
« çait qu'elle entendait mon langage... oh ! alors, il n'y
« avait pas au monde un être plus fortuné que moi... »

« — Il y a cela !... il y a cela... Ah ! laissez-moi voir,
« mon père... »

Et Georgina court reprendre la lettre que son père
tenait ; ses yeux la parcourent avec avidité :

« Il n'y avait pas au monde un être plus fortuné que
« moi... » Cher Alexis !... « Mais ces heureux jours re-
« viendront, espérons-le... Oui, je me retrouverai encore
« près de vous, bon monsieur Gerbier ; je vous reverrai,
« gentilles petites sœurs, dignes émules de votre aînée ;
« et vous, Émile, Paul... mes petits amis déjà si espiè-
« gles, mais si bons, si sensibles... Et vous, ma chère
« Georgina, je pourrai encore reposer mes regards sur
« vos traits si doux ; je vous retrouverai constante et
« dévouée... ah ! je n'en doute pas !... car je vous connais.
« Je juge votre cœur par le mien, et le mien, tant qu'il
« lui restera un souffle de vie, ne battra que pour vous
« chérir... que pour vous adorer... »

« — Cher Alexis !... que c'est bien dit, cela !... Ah !
« mon père... pardon... vous me le permettez, n'est-ce
« pas ? »

Et, sans attendre la réponse de son père, Georgina a
porté la lettre à ses lèvres, et elle baise à plusieurs
reprises les caractères tracés par son amant.

« — Oui, oui, je te le permets ! » dit Gerbier en souriant. « Eh bien ! voilà une lettre qui doit te faire plai-
« sir... te rendre moins triste ? Tu vois qu'il n'est rien

« arrivé de fâcheux à Alexis, qu'il se porte bien et qu'il
« ne pense qu'à toi...

« — Oui, certainement... mais s'il me disait tout cela
« lui-même, je serais bien plus heureuse !...

« — Ma fille, un sage a dit : « Il faut savoir supporter
« ce qu'on ne peut empêcher... »

« — Les sages ne sont pas amoureux, mon père !... »

Franville arrive quelques instants après la lecture de cette lettre, et Georgina s'empresse de lui en faire la lecture.

« — Oh! Alexis est un brave garçon ! » dit la vieille moustache en poussant un gros soupir ; « à coup sûr
« il fera son chemin... Credié ! pourquoi celui que j'ai
« retrouvé ne lui ressemble-t-il pas ?

« — Qu'est-ce qu'il y a donc, Franville, tu as l'air
« tout soucieux ?

« — Oui... En effet, je suis peiné... je suis vexé... Ce
« fils de Duhautcours, auquel je suis parvenu à rendre
« une famille... ce garçon que son père avait si longtemps
« abandonné... mais qu'il a enfin consenti à reconnaître...

« — Eh bien ?

« — Eh bien, c'est un mauvais garnement, pas autre
« chose... Croiriez-vous que ce monsieur a fait pour
« neuf mille francs de dettes et en a mangé vingt-cinq
« mille en quinze jours !...

« — C'est pas mal pour un début... il va bien ton
« M. Isidore... c'est, je crois, Isidore qu'il se nomme ?

« — Oui... Isidore Carambolage... C'est ce dernier
« nom seul qu'il devrait porter... car il flétrit celui que
« sa mère lui a donné. Pauvre Adèle !... qui était si
« bonne, si honnête, si économe... Je ne lui connaissais
« pas de défaut, à cette femme-là... excepté son amour
« pour Duhautcours... mais cela prouvait encore la
« constance de ses affections, et dire que son fils n'a pas
« une seule de ses qualités !... Si vous saviez dans quel

« état je l'ai trouvé cette nuit !... Gris comme un chif-
« fonnier, faisant le coup de poing sur le boulevard,
« avec des je ne sais qui... Je l'ai ramené à l'hôtel de son
« père, car il n'était pas en état de remonter dans son
« cabriolet. J'ai essayé en chemin de lui parler raison...
« il m'a proposé de tirer la savate !... Duhautcours lui
« a encore redonné quinze mille francs ; j'ai tout lieu
« de penser qu'il les a aussi dépensés, car tout le long
« du chemin il ne cessait de répéter: « plus le sou !...
« à sec ! Je crois qu'on m'a filouté... » et puis il ajoutait
« encore : « Tant pis ! si le millionnaire ne m'en donne
« pas, j'ai du crédit, j'en profiterai. »

« — Comment ! c'est donc quarante mille francs qu'il
« a déjà mangés, ce monsieur ?

« — Sans compter les dettes... qu'on a payées... et
« probablement celles qu'il a faites depuis.

« — Mon Dieu ! que d'argent mal employé, » s'écrie
Georgina, « et avec quatre mille francs j'aurais été si
« heureuse, moi... Alexis ne serait pas parti ! »

La jeune fille laisse retomber sa tête sur sa poitrine
et semble absorbée dans ses pensées.

« — Et M. Duhautcours? » reprend Gerbier, « que dit-
« il de la conduite de ce jeune homme?

« — Il assure que c'est un garçon qui ne se corrigera
« jamais... Du reste, cela semble peu l'affecter. Il paye
« sans murmurer, en disant que cela ne le gêne pas. Il
« y a autre chose qui préoccupe beaucoup Duhautcours
« car il m'en parle toujours... Tu ne devines pas ce que
« c'est?

« — Ma foi, non. »

Franville fait un signe de tête en désignant Georgina
qui, tout entière au souvenir d'Alexis, n'écoute plus la
conversation des deux amis.

« — Bah! il serait possible... tu crois qu'il y pense
« encore » murmure Gerbier.

« — Oh ! j'en suis très-certain.

« — Il sait cependant bien que cela ne l'avancera à
« rien.

« — Un homme qui a ses coffres pleins d'or ne déses-
« père jamais.

« — Est-ce que tu ne lui as pas dit qu'elle aimait quel-
« qu'un... qu'elle devait épouser cette personne-là.

« — Si fait, mais il sait maintenant qu'Alexis est parti
« pour l'armée et... »

Georgina relève vivement la tête en s'écriant :

« — Alexis... vous parlez d'Alexis... que lui est-il
« arrivé ?

« — Eh ! mon Dieu, mon enfant que veux-tu qui lui
« soit arrivé, puisque nous recevons à l'instant cette let-
« tre de lui.

« — Mais vous en parliez pourtant.

« — Oui, Franville me disait que M. Duhautcours sait
« que tu devais épouser ce jeune homme, mais qu'il est
« parti pour être soldat.

« — Ah ! M. Duhautcours sait cela.

« — Sans doute... ce n'est pas un mystère d'ailleurs.

« — Et il a dit que c'était bien malheureux qu'Alexis
« soit tombé au sort, n'est-ce pas ?

« — Mais non, il n'a pas dit cela du tout.

« — Monsieur Franville, se bat-on toujours en Crimée ?

« — Certainement ! oh ! cela chauffe ferme !... Sans ma
« maudite jambe... nom d'une bombe ! j'aurais été bien
« content d'aller faire un tour par là.

« — Croyez-vous qu'on fera bientôt la paix.

« — Ah ! ma chère enfant, vous m'en demandez plus
« que je n'en sais... ah çà, vous vous occupez donc de
« politique à présent ?

« — Oh ! non, monsieur, mais je m'occupe d'Alexis,
« et quoiqu'il soit enrégimenté maintenant, il pourrait
« toujours se faire remplacer, n'est-ce pas ?

« — Oui... toujours.

« — Même s'il était où l'on se bat?

« — Ma chère amie, un brave garçon comme lui ne
« s'en va pas au moment où ses camarades vont à l'en-
« nemi ; et je suis bien persuadé que ce n'est pas ce
« moment-là qu'Alexis choisirait pour se faire rempla-
« cer. »

Georgina ne répond rien, mais elle sort de la chambre pour aller pleurer loin des yeux de son père ; emportant la lettre d'Alexis qu'elle a serrée contre son cœur, mais qu'elle relira encore bien des fois sans témoins.

Le soir avant de se coucher, la jeune fille dit à Gerbier :

« — Mon père, il faut répondre à Alexis, cela lui fera
« bien plaisir d'avoir de nos nouvelles.

« — Mais sans doute il faut lui répondre et le plus tôt
« sera le mieux.

« — Mon père... est-ce que vous voudrez bien per-
« mettre que ce soit moi qui écrive.

« — Certainement! la lettre écrite par toi sera bien
« plus précieuse pour lui, c'est tout naturel.

« — Oh! merci! merci, mon bon père.

« — Tu lui répondras demain.

« — Pourquoi demain? Je vais lui écrire tout de
« suite.

« — C'est qu'il est l'heure de goûter du repos; pour-
« quoi prendre sur ton sommeil? Il serait assez temps
« demain, tu ne peux pas mettre ta lettre à la poste
« cette nuit.

« — Je ne prendrai pas sur mon sommeil, car je ne
« pourrais pas dormir tant que je ne lui aurai pas écrit
« que je ne suis pas un instant sans penser à notre
« amour.

« — Fais comme tu voudras alors, mais ne passe point
« la nuit à écrire au moins.

« — Oh ! soyez tranquille... j'aurai bien vite fait.. Je ne
« chercherai pas mes mots, allez ! »

Mais si l'on ne cherche pas ses mots pour écrire à la personne que l'on aime, en revanche, on a toujours quelque chose à ajouter à ce qu'on vient de lui dire; on n'en a jamais mis assez, on veut qu'elle ne puisse douter de ce qu'elle lira, on ne trouve pas d'expression assez forte pour bien peindre ce que l'on ressent, et l'on répète souvent les mêmes assurances d'amour en disant la même chose d'une façon différente.

Une grande partie de la nuit s'est écoulée dans cette douce occupation, car chaque fois qu'elle veut terminer sa lettre, Georgina reprend sa plume en se disant :

« — Oh ! je puis bien encore lui mettre quelques mots ;
« je ne lui ai pas assez dit combien je l'aime, et combien
« son absence me fait souffrir. »

Le lendemain, avant que Gerbier ne parte pour son imprimerie, la jolie fille vient en rougissant lui présenter ce qu'elle a écrit; il y a trois pages bien remplies.

Gerbier sourit en disant :

« — Diable... que cela... j'étais bien sûr que tu passe-
« rais une partie de la nuit à écrire.

« — Mais non, je vous assure que j'ai eu bientôt fait...
« Une lettre bien longue de ceux que nous aimons, cela
« fait bien plus de plaisir qu'un petit billet.

« — C'est juste, alors Alexis sera content.

« — Veuillez lire, mon père.

« — C'est inutile, chère enfant, je devine ce qu'il peut
« y avoir dans cette lettre... et je sais que tu es incapa-
« ble d'écrire rien que ton père ne puisse approuver :
« d'ailleurs Alexis est ton fiancé, et on ne peut marquer
« que de jolies choses à celui que l'on doit épouser.
« Ferme ta lettre, mets-y l'adresse, et sur ton chemin tu
« la jetteras à la poste.

« — Oui ! oui ! » se dit Georgina quand son père est

parti. « Mais avant ajoutons encore quelques mots. »

Et la jeune fille ajoute au bas de la page: « Je vous « aime, je vous aime, je vous aime ! »

S'il restait de la place sur le papier, elle le répéterait encore.

Et pourquoi une femme en écrivant à son amant ne remplirait-elle pas sa lettre de ces mots : « Je vous aime ? » Voltaire, dans sa réponse à *maitre André* qui lui avait envoyé sa tragédie, s'est bien borné à mettre: « Faites « des perruques... faites des perruques... faites des per- « ruques ! »

XVI

UNE RENCONTRE DÉSAGRÉABLE.

« — Enfin, Hortense, quand retournerons-nous à Li-
« sieux, » dit un matin M. Langlumot à sa femme, tout
en mettant sa cravate. « L'argent va ici d'une manière
« effrayante... cela roule comme sur un chemin de fer...
« vous ne savez peut-être pas qu'il ne me reste plus que
« moitié sur mon héritage.

« — Monsieur, je ne sais pas ce qui vous reste... mais je
« sais que lorsque vous étiez ici sans moi, vous ne regar-
« diez guère à dépenser de l'argent... vous meniez une
« existence de grand seigneur turc... vous ne vous refu-
« siez rien... vous conduisiez au spectacle et ailleurs ces
« deux demoiselles de la Grenouillère, avec lesquelles
« vous m'avez forcée de faire connaissance sous prétexte
« qu'elles sont nos voisines de Normandie.

« — Ce n'est point un prétexte, c'est la vérité, elles
« possèdent une très-belle propriété dans nos environs...
« Ce sera une société très-agréable... surtout à l'époque
« de la chasse.

« — Et depuis quand chassez-vous, monsieur... vous
« ne pouviez pas même tirer sur les pierrots qui man-
« geaient nos cerises.

« — Madame, je tire beaucoup mieux maintenant.

« — Votre assiduité près de ces deux cousines me sem-
« ble bien louche. Ces dames ont fait des yeux tout effa-

« rés la première fois que vous m'avez présentée à elles...
« elles semblaient ignorer que vous fussiez marié.

« — Par exemple !... quelle idée ! elles le savaient sur
« le bout de leur doigt.

« — Enfin cette liaison est bien singulière.

« — Hortense, vous savez bien... je vous ai expliqué
« comment j'avais fait leur connaissance... Auguste est
« leur médecin.

« — Cela ne vous obligeait pas à y aller tous les jours.

« — Auguste fait la cour à l'une de ces demoiselles... ce
« serait pour lui un excellent parti... cela le fixerait dans
« nos environs...il pourrait devenir médecin d'une grande
« partie de la Normandie...

« — Et à laquelle de ces dames votre neveu fait-il la
« cour ?...

« — A laquelle... ma foi... je ne sais pas au juste...
« mais pourvu qu'il en épouse une des deux, peu im-
« porte laquelle.

« — Je ne lui en fais pas mon compliment, elles sont
« affreuses toutes les deux.

« — Madame, on n'épouse pas une femme positive-
« ment pour son visage ; on doit avoir autre chose en
« perspective. Enfin les demoiselles de la Grenouillère,
« qui sont obligées de payer leur corsetière, malgré la
« plaidoirie de leur avocat, M. Chipotier, doivent re-
« partir très-incessamment... nous aurions pu partir
« avec elles.

« — Phonphonse ne veut pas encore quitter Paris...
« il adore le spectacle de Séraphin... il veut y aller ce
« soir.

« — Nous y avons été hier et avant-hier.

« — Cela ne fait rien ; il veut encore y aller ce soir,
« nous irons.

« — Toujours les Ombres-Chinoises... toujours le
« *Pont-Cassé*... cela devient monotone.

« — Ah ! monsieur, comme Paris vous a changé...
« vous n'aimez plus votre fils !

« — Mais si... mais si... ce sont les ombres chinoises
« que je n'aime plus. »

En ce moment le jeune Alphonse accourt près de ses parents, suivi du voisin Ranflard, qui a pris aussi une chambre dans l'hôtel. M. Ranflard est un grand et gros homme de cinquante ans, qui tient le milieu entre le paysan et l'épicier, mais qui se donne un air goguenard, veut toujours faire de l'esprit, et n'aborde jamais quelqu'un sans lui offrir une prise.

« — Papa ! papa ! » crie le petit garçon en sautant dans la chambre et tapant sur chaque meuble avec un bâton...
« Tu es un vilain gourmand !... je le sais... Ranflard
« me l'a dit... Ah ! le vilain gourmand que papa.

« — Permettez, jeune Alphonse, » dit M. Ranflard, en présentant sa tabatière ouverte à Langlumot, « je ne
« me suis pas servi de ces expressions... vous changez
« totalement mon intention.

« — Tu m'as dit : Ton papa a acheté hier au soir une
« livre de marrons glacés... eh bien !... puisqu'il ne m'en
« a pas donné, c'est qu'il a mangé tout, et c'est un vi-
« lain gourmand. »

Langlumot se pince les lèvres, repousse sans y rien prendre la tabatière qu'on lui présente et répond :

« — Mon fils, vous êtes dans l'erreur... j'ai en effet
« acheté hier au soir des marrons glacés... et c'était dans
« l'intention de les offrir à votre maman. Cela m'est
« ensuite sorti de la tête, mais je ne les ai pas mangés
« et la preuve, c'est que... voici le sac intact ; daignez
« l'accepter, chère amie.

« — Ah ! c'est à moi que vous le destiniez, » dit madame Langlumot, tout en prenant le sac. « C'est bien
« drôle alors que vous l'ayez oublié ; d'autant plus que
« ce gros sac devait vous gêner dans votre poche où

« est déjà votre mouchoir. Tiens, Phonphonse, prends
« des marrons... sans le voisin Ranflard, je crois qu'ils
« auraient bien pu nous passer devant le nez.

« — Oh! avec l'ami Ranflard, il n'y a pas moyen que
« je fasse la moindre chose sans que vous le sachiez, »
murmure Langlumot d'un ton moitié plaisant, moitié
vexé. « Je crois que son but en venant à Paris a été de
« se faire mon ombre.

« — Ça y est, ça y est! » s'écrie M. Ranflard en riant
bêtement. « Oui, oui, je me suis dit : Langlumot est
« un gaillard qui plaît aux dames, faut que je me fasse
« son singe pour avoir de l'agrément comme lui. Eh!
« eh! ça y est, ça y est!

« — Ah! vous êtes mon singe!

« — Il me semble, monsieur, que c'est très-flatteur
« pour vous! » dit madame Langlumot en lançant un
regard profond au voisin Ranflard, tandis que le petit
garçon recommence à courir dans la chambre, en
criant à tue-tête:

« — Papa est un singe, Ranflard est un singe, ça fait
« deux singes... ah! nous irons promener nos singes
« sur le boulevard. »

Cette petite scène de famille est interrompue par
l'arrivée d'Auguste, qui tient sous son bras un superbe
polichinelle et une boîte de bonbons. Il présente la boîte
à sa tante, et donne le polichinelle à Alphonse en leur
disant :

« — Veuillez accepter ces légers cadeaux...

« — Comment, Auguste, c'est pour moi cette belle
« boîte ?... Voyons l'intérieur... Ah! des dragées, des
« pralines... c'est charmant!...

« — Elles sont à la vanille, » dit le voisin Ranflard
en croquant une praline.

« — Et ce beau polichinelle... Ah! est-il joufflu... il te
« ressemble, mon oncle!

« — Auguste, tu deviens d'une galanterie... C'est très-
« bien cela.

« — Mon Dieu, ma tante, ce n'est pas moi qu'il faut
« remercier, je ne suis ici que le commissionnaire de
« mon ami Isidore ; c'est lui qui vous prie de vouloir
« bien accepter ces bagatelles.

« — Mais quel est donc cet Isidore dont je t'entends
« parler sans cesse ?

« — Madame, » dit Langlumot, « c'était un fort mau-
« vais sujet... qui ne cherchait qu'à me faire jouer au
« billard, où il me gagnait toujours, et qui une fois s'est
« permis d'emprunter deux cents francs en mon nom
« aux demoiselles de la Grenouillère... qui heureuse-
« ment ne les ont pas prêtés.

« — Mon cher oncle, Isidore a fait beaucoup de folies,
« c'est vrai... mais il est si jeune... il aimait tant le plaisir,
« et il n'avait pas le sou. Aujourd'hui, c'est bien diffé-
« rent, il a retrouvé son père... Il est le fils naturel de
« M. Duhautcours, qui est millionnaire et n'a plus d'au-
« tre enfant que lui. Maintenant Isidore ne sait que
« faire de sa fortune, et son plus grand désir ce serait,
« comme je vous l'ai déjà dit plusieurs fois, de faire sa
« paix avec vous.

« — Si ce jeune homme est millionnaire, » dit Ran-
« flard, « il me semble que cela excuse tout ! »

« — Ah ! mon ami, ses bonbons sont délicieux... et
« ce superbe polichinelle qu'il envoie à notre fils... cela
« doit faire pardonner bien des étourderies !...

« — Mais d'abord est-il bien sûr qu'il soit million-
« naire ?... Cet Isidore était si blagueur !...

— Quant à cela, mon oncle, je puis vous parler en
« connaissance de cause. Isidore demeure dans l'hôtel
« de son père, il a valet de chambre, groom, chevaux,
« voiture... il nous donne tous les jours, à moi et à ses
« amis, des dîners et des soupers dignes de Lucullus...

« tout ce qu'il y a de mieux en mets et en vins!...

« — Diable ! » s'écrie Ranflard, « c'est une connais-
« sance fort agréable que celle de ce jeune homme !...

« — Je veux dîner avec lui ! » dit M. Phonphonse ;
« je ne mangerai que de l'omelette soufflée !...

« — Mon ami, il me semble que vous auriez tort de
« tenir rigueur à ce jeune homme, qui a de si bonnes
« façons...

« — Mais enfin... que désire-t-il, ton M. Isidore ?

« — Vous offrir à dîner, ainsi qu'à ma tante, à Phon-
« phonse... au voisin Ranflard... à d'autres de vos amis
« si vous en avez d'autres. Je n'ai pas besoin de vous
« dire que le repas sera magnifique... Isidore veut que
« vous n'ayez jamais été à pareille fête...

« — Pour mon compte, j'accepte, » s'écrie Ranflard.

« — Un moment, » reprend Langlumot, « j'espère que
« M. Isidore ne compte pas faire dîner mon épouse avec
« des femmes qui... de ces femmes que... avec de ses
« maîtresses, enfin ?

« — Oh ! soyez sans inquiétude à cet égard. Isidore,
« qui désire aussi se raccommoder avec les demoiselles
« de la Grenouillère, leur a envoyé plusieurs boîtes de
« confitures sèches avec son invitation... Ces dames,
« préparées par moi et connaissant la nouvelle position
« d'Isidore, m'ont déclaré qu'elles iraient à ce dîner si
« vous y allez avec ma tante... il n'y aura pas d'autres
« dames.

« — S'il en est ainsi, j'accepte... N'est-ce pas, Hor-
« tense ?

« — Oui, mon ami.

« — Ça y est, ça y est ! nous acceptons ! » s'écrie Ranflard.

« — Très-bien... Isidore sera au comble de ses vœux.

« — Et pour quel jour ce fameux dîner ?

« — Demain, si cela vous va ?

« — Soit... va pour demain... Où aura-t-il lieu ?

« — A la *Maison-d'Or*. Veuillez vous y trouver à six
« heures précises. Vous demanderez le salon retenu par
« M. Isidore Duhautcours.

« — C'est entendu, nous serons exacts !

« — Et moi je vais prévenir les demoiselles de la Gre-
« nouillère, pour qu'elles se trouvent aussi à six heures
« au rendez-vous, accompagnées de maître Chipotier,
« qui est invité également. »

Le gros Auguste se rend chez les deux cousines, dont il continue de soigner la santé, tâchant toujours qu'il y en ait une de malade, afin de conserver sa clientèle. Les fruits confits qu'il leur a portés de la part d'Isidore, et, bien plus encore, la trouvaille d'un père qui a des millions, ont facilement fait oublier à ces dames l'étourderie un peu risquée de sa lettre sous le nom de Langlumot. On se dit que l'or efface tout, et que le fils du capitaliste ne doit pas être responsable des fautes de l'enfant abandonné.

L'invitation pour le dîner du lendemain est donc acceptée par les deux cousines, qui se chargent de faire prévenir maître Chipotier qui doit leur servir de cavalier pour les conduire à la *Maison-d'Or* ; et Auguste ayant terminé les commissions dont il s'était chargé, se rend sur le boulevard des Italiens : c'est là que Isidore lui a donné rendez-vous.

Le lendemain de cette nuit où il s'était battu sur le boulevard et avait été ramené à sa demeure par Franville, le petit jeune homme n'avait plus un sou des quinze mille francs que le banquier lui avait encore donnés ; alors, n'étant plus gris, il s'était dit qu'en continuant à mener le même train de vie, il courait risque de se mettre fort mal dans les papiers de M. Duhautcours, et s'était promis de s'amender ; mais il fallait d'abord se faire de nouveau donner de l'argent.

Isidore, qui n'est point à court d'histoires, se rend dans le cabinet du banquier, et là, tâchant de prendre un ton pathétique, fait l'aveu d'une dette dont jusqu'alors il n'avait pas, dit-il, osé parler, parce qu'elle est assez forte. Enfin il déclare qu'il devait dix mille francs à un usurier, lequel le menaçait de la prison ; il a payé cet usurier, et c'est pourquoi il se trouve encore sans argent.

Duhautcours ne semble nullement persuadé de la sincérité de ce récit, mais il ne fait aucune réflexion, ouvre sa caisse et donne dix billets de banque à Isidore, en lui disant seulement :

« — Tenez, monsieur, tâchez de ne plus avoir affaire à
« des usuriers. »

Lorsqu'il sent son portefeuille garni de billets de banque, Isidore ne songe plus à ses projets de sagesse ; mais depuis longtemps il lui est venu à l'esprit l'idée de traiter la famille Langlumot et les demoiselles de la Grenouillère ; il veut les éblouir par sa magnificence, et il se promet surtout un grand plaisir à griser tout ce monde-là.

C'était dans ce but qu'il avait envoyé Auguste comme son ambassadeur ; et il se promenait sur le boulevard des Italiens, attendant, en fumant son cigare, le résultat de ses invitations et de ses cadeaux.

M. Berlinet, devenu le commensal le plus assidu d'Isidore, depuis que celui-ci régalait tous ses amis, se rendait aussi sur ce boulevard où il savait rencontrer le nouvel enrichi, lorsqu'en passant devant la rue du Helder, il s'entend appeler, et en se retournant, se trouve devant le jeune Torse.

« — Tiens, c'est ce cher artiste !... Eh ! bonjour donc !...
« il y a un siècle que je ne vous ai aperçu !

« — C'est vrai, pas depuis notre rencontre au bois de
« Boulogne, où je vous ai laissé, suivant une jeune per-
« sonne très-jolie, ma foi !

« — Ah ! oui... oui... je crois me rappeler... confusé-

« ment. J'ai eu tant d'autres bonnes fortunes depuis...
« — Et celle-là, l'avez-vous menée à bonne fin ?...
« — Avec cette jeune fille ?... Parbleu ! est-ce que cela
« se demande !...
« — Ah ! je vais vous dire pourquoi je vous le demande :
« c'est que le lendemain j'ai reçu une visite... Un ancien
« militaire se présente chez moi, demande M. Torse. C'est
« moi, lui dis-je. Alors, il ouvre de grands yeux en s'é-
« criant : « Mais ce n'est pourtant pas vous qui avez hier
« insulté au bois de Boulogne une jeune personne à la-
« quelle je donnais le bras, et qui pour cela avez reçu
« un soufflet ?... » Oh ! non, dis-je, ce n'est pas moi... je
« n'ai reçu aucun soufflet... « Et pourtant, cette carte...
« est-ce la vôtre ? »

« En disant cela, il me présente une carte qui était bien
« la mienne ; alors je me suis souvenu que je vous avais
« donné ma carte au bois de Boulogne, parce que vous
« vouliez faire votre portrait, et... »

M. Berlinet, qui, pendant le récit du petit dessinateur, est devenu tour à tour rouge, écarlate, ponceau et violet, s'écrie :

« — Comment ! qu'est-ce à dire ?... qu'entendez-vous
« par là ?... Est-ce que vous auriez supposé que c'est
« moi qui ai reçu le soufflet ?...

« — Dame, écoutez donc, tous les jours on a une dis-
« pute pour une femme, et ensuite...

« — Ensuite on se bat ; sapristi !... on se bat à ou-
« trance... Si j'avais reçu un soufflet, ah ! comme je lui
« aurais crevé la paillasse, à celui-là... Mais, je vous le
« répète, mon petit Torse, je ne suis pour rien dans
« cette aventure ; ce n'est pas moi qui ai donné votre
« carte...

« — Vous auriez pu vous tromper et croire donner la
« vôtre...

« — Non, mon bon, dans les affaires de ce genre je ne

« me trompe jamais !... Ce n'est pas de moi que venait
« votre carte...

« — Du moment que vous me l'affirmez...

« — Ah ! fichtre !... vous pouvez me croire !...

« — C'est que le monsieur qui est venu chez moi res-
« semblait beaucoup à celui qui donnait le bras à cette
« jeune fille si jolie que vous vouliez suivre...

« — Il ressemblait !... Au bras d'une femme, tous les
« hommes se ressemblent ; c'est comme les chats la nuit. »

Ces messieurs en étaient là de leur conversation, lorsque Isidore les aborde :

« — Bonjour, Berlinet.

« — Bonjour, mon cher ami... Je me disais : Je vais le
« rencontrer par ici...

« — Voulez-vous un cigare ?

« — Volontiers, d'autant plus que vous en avez tou-
« jours de délicieux...

« — Monsieur veut-il en accepter un ? »

Cette offre s'adressait à Torse, qui s'incline en répondant :

« — Vous êtes trop bon, monsieur...

« — Par exemple... le cigare est le lien des hommes...
« et le feu rapproche tous les rangs... Je flâne par ici en
« attendant Auguste que j'ai envoyé en ambassade...
« Ah ! justement le voici... Eh bien, gros docteur, quelles
« réponses à mes propositions de paix ?

« — Les plus favorables... Les bonbons et le polichi-
« nelle avaient très-bien disposé ma tante... Phonphonse
« a dit : « Je veux dîner avec ce monsieur ! » Par con-
« séquent la paix est conclue et le dîner accepté pour
« demain...

« — Bravo ! Et les demoiselles de la Grenouillère ?

« — Celles-là ont suivi le torrent... Tout le monde
« accepte, et on sera demain, à six heures précises, au
« salon que tu retiendras à la *Maison-d'Or.*

« — C'est très-bien... Berlinet, vous êtes de ce dîner ?

« — Avec le plus extrême bonheur.

« — Si monsieur voulait aussi nous faire le plaisir d'être des nôtres ?... »

Le petit Torse s'incline de nouveau en répondant :

« — En vérité, monsieur... vous me comblez... Je ne « sais si je dois... Vous ne me connaissez pas...

« — Mon cher Isidore de Duhautcours, » s'écrie Berlinet, « monsieur est un jeune artiste peintre dessinateur, « rempli de talent... Il se nomme Torse...

« — Oh ! je connais monsieur, alors ; j'ai souvent ad« miré de ses dessins dans des ouvrages illustrés... il est « lui-même dans ce genre une de nos illustrations... Par« dieu ! ce sera une bonne fortune pour nous de posséder « monsieur... Je puis lui promettre d'ailleurs des têtes « dont il fera son profit... quand ce ne serait que les « deux cousines et maître Chipotier. Vous viendrez, c'est « convenu ?...

« — Ma foi, monsieur, il n'y a pas moyen de vous « refuser.

« — En ce cas, messieurs, à demain, je vous quitte ; « car Tambourinette veut faire aujourd'hui une prome« nade dans la campagne, pour voir s'il y a de la neige « sur les arbres... Il fait un peu froid pour se promener « en cabriolet, et je vais aller prendre un coupé... »

Isidore quitte ses amis. En passant devant la *Maison-d'Or*, il entre retenir un salon pour le lendemain, et commande un dîner magnifique pour onze personnes ; il enjoint au restaurateur de se surpasser dans le service et le choix des vins. Cette affaire terminée, il se dirige vers la rue de Provence, où il compte prendre ce qu'il y a de plus élégant en coupé. Mais, au détour d'une rue, il est tout à coup arrêté par une femme qui lui barre le passage en lui disant d'un ton qui n'a rien d'aimable :

« — N'allez donc pas si vite, mon petit monsieur, j'ai

« à vous parler, moi, il y a assez longtemps que je vous
« cherche...

Isidore est demeuré tout saisi en reconnaissant Philiberte, dont la mise est celle d'une blanchisseuse de fin, et qui tient à sa main le grand panier dans lequel ces dames portent le linge à leurs pratiques.

« — Comment c'est vous... c'est toi, Philiberte!...
« ah !... pardieu, ça me fait plaisir de te rencontrer...
« mais je suis très-pressé en ce moment... nous cause-
« rons une autre fois... j'irai te voir... »

En disant cela Isidore regarde à droite et à gauche, il serait très-vexé qu'on le vît causer avec Philiberte, car un jeune homme mis avec la dernière élégance ne doit pas faire la conversation dans la rue avec une blanchisseuse. Il passait peu de monde, parce qu'il faisait froid, mais il en passait encore assez pour être vu : aussi notre dandy essaye-t-il de s'éloigner. Mais Philiberte le retient d'une main ferme par son raglan, en lui disant d'un ton impératif.

« — Non, non, vous ne vous en irez pas comme ça...
« j'ai à vous parler, je veux que vous m'écoutiez...

« — Venez chez moi... rue du Helder... à l'hôtel de
« mon père, vous m'y parlerez...

« — J'y suis allée plusieurs fois chez vous, vous n'y
« êtes jamais, ou bien vous dormez ; enfin on ne peut
« pas arriver jusqu'à vous ; je vous ai rencontré souvent
« sur les boulevards, mais vous étiez dans votre équi-
« page... et vous alliez d'un train... je ne voulais pas me
« faire écraser pour vous arrêter...

« — C'est bon... c'est bien... mais je ne cause pas dans
« la rue... j'ai affaire... je vous prie de me lâcher...

« — Ah ! vous le prenez sur ce ton-là, mon petit
« ami... eh bien, je ne vous lâcherai pas, monsieur
« Eustache Craquet... qui vous faites appeler d'un nom
« qui n'est pas le vôtre... j'irai dire à M. Duhautcours,

« le millionnaire, que vous n'avez jamais été le fils qu'il
« cherchait... et qu'il donne ses billets de banque à un
« méchant enfant de je ne sais qu'est-ce !... qui ne lui est
« de rien du tout. »

Au nom d'Eustache Craquet, le petit jeune homme a
pâli, tremblé, il change de ton, il devient humble, doux,
suppliant, tout en balbutiant :

« — Chut !... chut !... ma petite Philiberte, ne parle
« donc pas si haut... tu cries... tout le monde se retour-
« ne...

« — Qu'est-ce que ça me fait à moi, je n'ai pas peur
« qu'on entende...

« — Oui... mais moi... je ne le veux pas... voyons,
« Philiberte, ne sois pas méchante, pourquoi voudrais-
« tu me faire du tort... qu'est-ce que je t'ai fait ?

« — Ce que vous m'avez fait !... mais vous êtes un
« ingrat !... un sans-cœur !... lorsqu'à l'âge de seize ans,
« vous sortiez de chez vos menuisiers et que vous ne
« saviez où coucher, que vous étiez sans le sou, n'est-ce
« pas moi qui vous ai recueilli, nourri, logé, habillé ?...
« vous aviez lâché votre ami, le véritable Isidore ; qui
« travaillait celui-là !... qui n'était pas un mauvais
« sujet comme vous... vous commencez par quitter votre
« nom de Craquet pour prendre le sien...

« — Je ne lui faisais pas de tort puisque Isidore était
« décidé à changer de nom... bien différent des autres
« enfants dans sa position, il ne voulait pas que ses
« parents pussent jamais le retrouver, il disait : puis-
« qu'ils ont eu la lâcheté de m'abandonner, je ne veux
« point les connaître.

« — Oui, et vous qui connaissiez parfaitement tout ce
« qui le concernait, vous avez pris son nom... car toutes
« les précautions qu'on avait prises pour le reconnaître
« un jour, vous avaient fait deviner qu'il retrouverait une
« famille... tandis que vous, Eustache Craquet tout sim-

« plement... rien avec... à peine vêtu... pas le plus petit
« signe sur le corps... on ne recherche jamais ces enfants-
« là.

« — Eh bien! les événements viennent de prouver,
« que j'avais raison.

« — Tout ça est bel et bon, mais vous m'aviez répété
« cent fois : Philiberte! s'il m'arrive une famille riche,
« sois bien sûre que je n'oublierai pas ce que tu as fait
« pour moi... que je te prouverai ma reconnaissance...
« que tu auras ta part de mon bonheur... et au fait je
« le méritais bien, car combien de fois vous ai-je recueilli
« encore, lorsque vous étiez traqué, poursuivi par des
« créanciers...

« — Oui... oui... j'en conviens et sois sûre...

« — Eh bien, il tombe à monsieur, non pas seule-
« ment une famille riche, mais un père qui a des mil-
« lions... ce brave homme bourre monsieur de billets
« de banque... il lui donne voiture, chevaux, laquais,
« tout ce qu'il veut... il y a près de trois mois de cela...
« et vous croyez peut-être que mon jeune enrichi a tenu
« ses promesses, qu'il s'est souvenu de moi, qu'il m'a
« comblée de présents!... rien!... rien... depuis qu'il a
« quitté ma mansarde pour habiter un hôtel... on ne l'a
« pas revu une seule fois... il n'a pas envoyé le plus
« petit souvenir à celle qui pendant près de cinq ans a été
« sa providence; chez laquelle il était sûr de trouver
« toujours un asile et du fricot...

« — J'ai eu tort... c'est vrai... c'est un oubli... mais,
« ma chère Philiberte, je te promets... que dès demain...

« — Écoutez, mon petit monsieur, je ne suis plus du
« tout votre chère Philiberte, mais je suis une femme
« qui a été trop bonne pour vous, et qui ne veut pas
« qu'on se fiche d'elle maintenant. C'est donc comme
« une créancière que je vous parle : je veux que vous me
« donniez le cachemire que vous m'avez promis... je veux

12.

« que vous donniez à Lisiska, à Fanfinette, enfin à toutes
« les personnes qui sont chez moi ce que vous leur avez
« promis... il me semble que ce n'est pas trop de vous
« prier seulement de tenir vos promesses...

« — Vous aurez tout cela... vous aurez bien plus en-
« core...

« — On ne vous en demande pas plus... mais on veut
« avoir cela...

« — Dès demain je vous porte tout...

« — Je veux bien vous accorder encore trois jours, afin
« que vous ayez le temps de choisir et que ce soit du beau
« et pas de la camelote... c'est que je m'y connais, voyez-
« vous, et faut pas espérer me mettre dedans !

« — Encore une fois, Philiberte, puisque je vous jure
« que vous serez satisfaite.

« — Du reste c'est votre intérêt, car songez-y bien ! si
« dans trois jours vous n'êtes pas venu chez moi avec
« tout le bataclan, le quatrième, moi, je vais trouver
« M. Duhautcours, le père aux millions, et je lui fais
« connaître à quel particulier il fournit des billets de
« banque... et cela, foi de Philiberte, je le ferai, comme
« c'est le jour qui nous éclaire, adieu. »

Après ces mots la blanchisseuse s'est éloignée, et Isidore se hâte de prendre d'un autre côté, en se disant.

« — Quelle fichue rencontre !... mais il faudra que je
« m'exécute, sans quoi je la connais... elle peut me per-
« dre et elle le ferait comme elle le dit !... »

Et lorsque notre jeune élégant continue son chemin, il ne s'aperçoit pas qu'il est suivi de loin par un individu qui, arrêté dans l'angle d'une porte cochère, a entendu toute sa conversation avec mademoiselle Philiberte, et a paru y prendre beaucoup d'intérêt.

XVII

UN MASQUE TOMBÉ.

Le lendemain de cette rencontre, sur les six heures du soir, les invités d'Isidore arrivaient en grande tenue à la *Maison-d'Or*, et un garçon les introduisait dans un joli salon, qui était à côté de celui dans lequel on avait dressé le couvert.

C'était d'abord la famille Langlumot, escortée par le voisin Ranflard. M. Langlumot avait une toilette tout à fait à la mode, il se faisait habiller par les premiers tailleurs de Paris; celle de madame sentait un peu la province, excepté le chapeau qui avait été acheté rue Vivienne, mais sur lequel cette dame avait fait mettre une trop grande quantité de fleurs de différentes espèces, ce qui donnait à sa tête l'aspect d'une jardinière.

Monsieur Phonphonse avait une jaquette et un pantalon neufs. Le pantalon beaucoup trop large du derrière, faisait dire aux passants :

« — Il paraît qu'on met aussi de la crinoline aux pe-
« tits garçons. »

Mais celui-ci très-fier d'avoir un gros derrière, voulait à chaque instant monter sur une chaise pour le voir dans une glace.

L'ami Ranflard étant venu à Paris avec une seule redingote, n'avait pu mettre un habit, mais à défaut de ce vêtement et pour se donner un air de cérémonie, il avait un col de chemise bien empesé qui lui cachait tout le bas des joues et son menton disparaissait dans une épaisse cravate de mousseline blanche dont les deux bouts, après avoir formé une rosette énorme, retombaient avec abandon jusque sur son estomac.

Afin de se donner tout de suite de l'aisance et un air aimable, ce monsieur est entré dans le salon avec sa tabatière ouverte à la main, et n'y trouvant encore personne, il a offert une prise au garçon.

« — Nous arrivons trop tôt, » dit M. Langlumot, « ce « n'est pas bon genre.

« — On a dit six heures et il est six heures cinq, » dit M. Ranflard en consultant sa montre.

« — D'ailleurs Phonphonse a voulu partir, il a faim...

« — Oui, oui, j'ai faim, moi !... est-ce qu'on ne va pas « dîner ?

« — Mon fils, il faut bien attendre que notre amphi-« tryon et toute la société soient arrivés.

« — Ah! bien !... tant pis, s'ils ne viennent pas on se « passera d'eux !...

« — Chut... taisez-vous, Alphonse... voilà du monde. »

Ce sont les demoiselles de la Grenouillère qui font leur entrée dans le salon, accompagnées de maître Chipotier ; les deux cousines font fine taille, ce qui semble annoncer qu'elles se sont raccommodées avec leur corsetière, elles ont des robes à volants dont les jupes sont tellement bouffantes que pour entrer dans le petit salon, il leur a fallu quitter le bras de leur cavalier et passer l'une après l'autre, la grosse Armande a même été obligée de faire son entrée en profil. Les toilettes de ces demoiselles sont du reste d'une extrême élégance, on voit qu'elles sont venues à Paris pour y prendre les modes.

Madame Langlumot dont la robe sent encore la Normandie, fait une moue très-prononcée en voyant combien elle est éclipsée par les deux cousines, ce qui ne l'empêche pas de tâcher de sourire et de paraître enchantée de se trouver avec ses nouvelles connaissances ; il y a sur-le-champ entre ces dames échange de compliments et de politesses exagérés.

L'avocat est tout en noir des pieds à la tête, il a mis jusques à des gants noirs pour avoir une tenue plus sévère, ce qui lui donne l'air d'un employé aux pompes funèbres. Mais la joie qu'il éprouve d'être d'un dîner superbe à la *Maison-d'Or*, a tellement dilaté ses prunelles qu'il a tout à fait le regard d'un chat.

Maître Chipotier va sur-le-champ serrer la main de Langlumot en regardant de tous côtés et en s'écriant :

« — Joli salon... c'est élégant et confortable... je dirai
« même plus... c'est confortable et... élégant. »

M. Ranflard s'empresse de présenter sa tabatière à l'avocat qui y prend une prise, tandis que Langlumot lui dit :

« — Je vous présente monsieur Ranflard, propriétaire
« comme moi à Lisieux, et qui a bien voulu servir de
« mentor à mon épouse quand elle est venue me retrou-
« ver à Paris.

« — Monsieur, enchanté de la circonstance qui me pro-
« cure le plaisir de faire votre connaissance...

« — Monsieur, c'est moi qui... certainement... vous
« êtes bien bon.

« — Le jeune Duhautcours n'est pas encore arrivé ?

« — Non, pas encore...

« — Est-ce que nous serons beaucoup de monde ?

« — Je suis allé compter les couverts, » dit Ranflard,
« nous sommes onze.

« — C'est très-bien... joli nombre ! ni trop, ni trop
« peu.

« — Si l'on avait été treize, » dit mademoiselle Argentine, « je ne me serais pas mise à table !...

« — Ni moi, » dit madame Langlumot.

« — Il est certain, » dit Ranflard « et je l'ai remarqué
« plus d'une fois ! quand on est treize à table, il y a
« toujours une des personnes de la société qui meurt la
« première !...

« — Maman, j'ai faim !... est-ce qu'on ne dîne pas
« ici !...

« — Taisez-vous, Phonphonse, tout le monde n'est
« pas encore arrivé...

« — Ah ben !... c'est amusant d'attendre les autres ;
« sont-ils bêtes de ne pas venir !...

« — Chut !... mon fils... on ne dit pas de ces choses-
« là !...

« — Il est plein d'esprit ce gaillard-là !... » s'écrie le
voisin Ranflard en présentant sa tabatière.

« — Il est certain qu'il annonce du caractère ! » répond
maître Chipotier en humant une nouvelle prise de tabac.

Deux nouveaux convives se présentent : c'est monsieur
Berlinet et le jeune artiste Torse. Ce dernier se trouve
en pays de connaissance en apercevant les demoiselles
de la Grenouillère, qui de leur côté s'écrient :

« — Eh ! mais, nous avons eu déjà le plaisir de voir
« monsieur... vous rappelez-vous Argentine... en che-
« min de fer...

« — Ah ! oui, c'est monsieur qui avait une glace au
« fond de son chapeau et qui eut l'extrême complai-
« sance de nous le prêter pour revoir notre coiffure
« déflorée par l'intempérie du vent.

« — Oui, mesdames, c'est moi qui étais très-heureux
« de pouvoir vous être agréable, et qui le suis encore
« en me retrouvant avec vous.

« — Ah ! voilà de ces hasards tout à fait romanesques !

« — .Mais non, à Paris, pour peu qu'on aille dans le
« monde et aux spectacles, on se rencontre beaucoup. »

M. Berlinet a mis son binocle sur son œil, mais après
avoir examiné les trois dames réunies dans le salon, il

juge convenable de l'ôter et de le mettre dans sa poche.

« — Il y a quatre verres devant chaque couvert, » dit le voisin Ranflard, qui vient d'aller encore rôder dans la salle à manger.

« — Diable ! il paraît qu'on veut nous en faire voir « de grises !... » dit Langlumot.

« — Je suis préparé à tout, » murmure l'avocat.

« — Où est donc ce cher Isidore Duhautcours ? s'écrie « le beau courtier en pirouettant dans le salon.

« — Sans doute retenu par quelque affaire, » dit Torse.

« — Oh! oui, des affaires de cotillon, » répond Berlinet à demi voix.

« — Il ne manque plus que lui et mon neveu, » dit Langlumot ; « mais ils arriveront probablement ensemble !

« — Il n'est pas encore tard...

« — Il est vingt-cinq minutes ! » dit Ranflard en sortant de nouveau sa montre.

« — J'ai faim... je veux me mettre à table, moi !

« — Mais si cet enfant a si faim, » dit l'avocat, « ne « pourrait-on lui donner quelque chose à grignoter en « attendant que l'on dîne ?...

« — Si ces dames et ces messieurs désirent prendre du « madère ? » dit un garçon.

« — Ah ! oui... du madère... volontiers !

« — Oh ! cela ne peut pas mal faire. »

Toute la société se livre au madère ; le jeune Phonphonse veut aussi avoir son verre, mais comme cela ne lui suffit pas, il va prendre sur la table une poignée d'olives, une sardine et un petit pain, et se met à manger cela, tout en dansant dans le salon où se tient la société.

« — Phonphonse, ne mange donc pas tant... tu ne « pourras plus dîner ensuite, et tu en seras fâché.

« — Tant mieux !... Je veux manger... J'ai faim... Je « veux encore du madère !...

« — Non, mon fils, cela vous ferait du mal !

« — Si, si, si ! J'en veux moi ! Si on me contrarie, je
« vais pleurer !

« — Il est très-intelligent, ce petit garçon, » dit Chipotier ; « il promet !

« — Il fait plus que de promettre, » dit Berlinet, « il
« tient... S'il continue, il sera gris avant qu'on ne soit
« au potage.

« — C'est ce qui peut nous arriver de plus heureux, »
dit Torse, « parce qu'alors on le couchera.

« — Ah ! voilà mon neveu, le docteur Auguste, »
s'écrie Langlumot ; « bien probablement le jeune
« Duhautcours n'est pas loin... car ce sont deux intimes.... c'est saint Antoine et...

« — Et son chien, » s'empresse de dire Torse, qui
s'aperçoit que le campagnard s'est enferré dans une
citation dont il n'ose plus sortir.

Le gros Auguste arrive seul, et lui-même s'étonne de
ne point trouver Isidore chez le traiteur, où il devait
faire les honneurs et recevoir son monde.

« — Mais il est tellement étourdi ! » dit le jeune docteur. « Il est capable d'être en train de faire une partie
« de billard... sans songer à l'heure qu'il est... ensuite,
« je ne crois pas qu'il soit encore sept heures... non, il
« s'en faut de trois minutes.

« — Mais vous nous avez invités pour six heures, —
dit Langlumot.

« — Oui... mais vous savez... à Paris, quand on dit
« six heures, cela veut dire sept... quelquefois même
« j'ai vu ne se mettre à table qu'à sept heures et de-
« mie...

« — Voilà une coutume bien ridicule, » dit la tante
d'Auguste ; « si j'avais su cela, j'aurais pris quelque
« chose... j'ai très-mal à l'estomac.

« — Et moi aussi, » dit mademoiselle Argentine. « J'ai

« envie de faire comme cet enfant, de manger quelque
« chose... un peu de thon mariné...

« — Excellente idée ! » s'écrie Ranflard en allant prendre la coquille où est le thon, qu'il apporte aux dames avec des assiettes.

Pendant ce temps, M. Phonphonse, qui a avalé coup sur coup quatre sardines, ne cesse de courir autour de la société en criant :

« — J'ai soif, j'ai soif, j'ai soif... Je veux du madère.

« — Ah ! par exemple ! mon fils, je défends que l'on
« vous en donne encore.

« — Mais j'ai soif... j'étrangle... je veux à boire.

« — Je vais vous donner de l'eau rougie...

« — J'aime mieux le madère. »

Pendant que madame Langlumot prépare un verre d'eau rougie pour son fils, maître Chipotier se place au milieu du salon, et après s'être mouché, prend la parole :

« — Puisqu'il nous faut attendre notre amphitryon
« pour nous mettre à table, je vais tâcher de faire pren-
« dre patience à la société, en lui racontant une cause
« fort piquante que j'ai plaidée il y a quelque temps...
« le procès fourmille de détails piquants ; c'est un procès
« en séparation de corps : madame Rigaut, ma cliente,
« avait vu son mari monter au grenier avec sa bonne,
« grosse fille de vingt ans à peu près... à la mine rou-
« geaude, délurée, nous pourrions peut-être dire un mot
« plus fort... nous verrons plus tard, le but apparent de
« cette visite au grenier était...

« —Ah ! il nous embête celui-là avec son histoire !... »
s'écrie tout à coup le jeune Phonphonse en sautant en bas de sa chaise. Maître Chipotier est resté tout saisi par cette interruption. Les jeunes gens se regardent entre eux en souriant, et sont tentés d'applaudir à la sortie que vient de faire le petit garçon. Mais au moment où l'avocat se dispose à reprendre la parole, un garçon arrive dire :

« — On a servi... si ces dames veulent se mettre à ta-
« ble... si le dîner attendait maintenant, beaucoup de
« plats en souffriraient.

« — Ma foi, mon avis est que l'on se mette à table ! »
dit Ranflard.

« — Cela ne fâchera pas ton ami le jeune Duhautcours? »
dit Langlumot.

« — Nullement, mon oncle, au contraire, il trouvera
« que l'on a bien fait. D'ailleurs, ces dames ont mal à
« l'estomac, ceci répond à tout.

« — J'y ai mal aussi ! » dit M. Chipotier.

« — Et puis, » murmure l'artiste à Berlinet, « cela nous
« dispensera peut-être d'entendre l'histoire de ce mon-
« sieur.

« — A table ! à table !...quand on mange le potage,
« cela fait toujours venir celui qui est en retard.

« — D'ailleurs, » dit Berlinet en se rendant dans la salle
à manger : « vous savez le mot du prince de Talleyrand :
« manger n'empêche pas d'attendre, mais attendre em-
« pêche de manger...

« — Nous savions le mot... mais il est joli, et, bien
« placé, produit toujours son effet.

« — Moi, je ne le savais pas, » dit Ranflard, « et je
« le dirai à Lisieux toutes les fois que je dînerai en
« ville.

« — Mais si l'on n'attendait personne ?

« — Ça ne fait rien, je le dirai toujours. »

Madame Langlumot fait asseoir son fils près d'elle ; le voisin Ranflard occupe l'autre côté. M. Langlumot se place entre les deux demoiselles de la Grenouillère, l'avocat vient ensuite, puis les trois jeunes gens. M. Berlinet, se trouvant le dernier, a le petit garçon à sa gauche. Au milieu de la table, entre M. Ranflard et mademoiselle Armande, une place destinée à l'amphitryon reste inoccupée.

Le potage et le relevé de potage ont disparu sans qu'on ait songé à Isidore, on ne pense encore qu'à calmer les besoins de son estomac. Mais après avoir mangé de presque tout le premier service, Auguste s'écrie :

« — C'est pourtant bien singulier que cet Isidore n'arrive pas...

« — Serait-il indisposé ?...

« — Excellent bordeaux...

« — Quand l'avez-vous vu, Auguste ?

« — Hier au soir ; je l'ai conduit à son hôtel vers minuit et demi... il se portait fort bien... Oh ! je gagerais qu'il est à jouer...

« — Délicieux chambertin...

« — Ah ! j'ai mal au cœur, moi, je ne peux plus manger... Hi ! hi ! hi !...

« — Là, voyez-vous, Phonphonse... voilà ce que c'est que de boire du madère...

« — Madame, il faudrait lui faire quitter la table, » dit Berlinet en éloignant sa chaise. « Bien certainement ce petit garçon est indisposé...

« — Vous croyez, monsieur ?

« — Il me semble, madame, que cela devient trop évident. »

Madame Langlumot quitte la table et emmène son fils qui s'éloigne en se tortillant. Auguste, qui a en grande partie satisfait son appétit, se lève alors en disant :

« — Il faut pourtant que je sache s'il est arrivé quelque chose à Isidore... car ce retard n'est pas naturel... sa demeure est tout près d'ici... dans le bas de la rue du Helder... j'y vole... je serai bientôt de retour.

« — Il est certain, » dit maître Chipotier en se faisant servir pour la seconde fois d'un salmis aux truffes, « que d'ordinaire la personne qui donne un dîner, n'y manque point ; cela n'est pas comme un invité, celui-ci a le droit de ne pas venir, et encore... lorsqu'il a promis

« il devrait tenir sa promesse, sous peine de dommages
« et intérêts !

« — Je n'ai jamais manqué à ces promesses-là, » dit
Ranflard. « Ce champagne frappé est parfait!... quel
« magnifique dîner...

« — Je ne sais pas comment dînait *Lucullus*, mais je
« doute que ses festins pussent rivaliser avec celui-ci.

« — Je suis inquiète du jeune monsieur Duhautcours !
s'écrie mademoiselle Armande, « il faut qu'il soit ma-
« lade !...

« — C'est d'autant plus probable que le docteur Au-
« guste ne revient pas non plus.

« — Diable !... tout ceci n'est pas naturel, » se dit Berlinet, « est-ce que ce farceur d'Isidore aurait voulu
« nous jouer un pied de... il en est capable... Ce dîner
« est splendide, mais si... fichtre !... prenons garde !...
« Ah! bon, voilà le petit garçon revenu... et on le remet
« à côté de moi !... merci !... j'ai assez de son voisi-
« nage. »

M. Berlinet se lève en s'écriant :

« — Décidément, il y a quelque chose, quelque évène-
« ment arrivé à notre amphitryon. Mais je sais où il
« demeure, je vais courir savoir des nouvelles, et je re-
« viens vous dire ce que j'aurai appris. »

Le beau courtier est parti ; cela n'empêche pas ces messieurs de boire et de manger. A force de changer
de vins et de les courtiser tous, ils commencent à avoir
une pointe qui menace de devenir infiniment prolon-
gée. M. Langlumot s'est remis à faire des yeux tendres
à la cousine Armande, sans songer que sa femme peut
surprendre ses œillades au passage; mais madame Langlumot ne voit pas cela, elle a trop d'occupation avec
son fils qui a voulu se remettre à manger et qui à chaque instant est obligé de quitter la table. Maître Chipotier devient en buvant encore plus loquace que d'habi-

tude, et il parle toujours sans remarquer que personne ne l'écoute; l'ami Ranflard, au contraire, ne fait plus que balbutier, il commence des phrases qu'il ne finit pas, mais il fait emplir son verre et le finit toujours.

Le jeune artiste est le seul qui se soit modéré, il a conservé toute sa raison, parce qu'il s'amuse beaucoup en observant ce qui se passe autour de lui. Cependant l'absence de l'amphitryon, le départ successif d'Auguste et de Berlinet, lui donnent à réfléchir; il soupçonne quelque événement imprévu ou quelque charge que l'on a l'intention de faire à la société; dans l'un ou l'autre cas, ne se souciant pas d'en être la victime, il profite d'un moment où l'on ne s'occupe pas de lui pour se lever de table et disparaître, en disant :

« — Je ne mangerai pas de dessert, c'est vrai, mais « j'ai dans l'idée que le dénoûment de ce dîner sera « moins agréable que le début. »

Pourquoi donc Isidore ne s'était-il pas trouvé au rendez-vous qu'il avait donné à ses convives?

Le matin de ce même jour, sur les dix heures, et alors que le petit jeune homme commençait seulement à faire sa toilette, un agent de police, des sergents de ville et quelques soldats, étaient entrés dans l'hôtel du capitaliste. L'agent avait placé ses soldats à la porte, avec ordre de ne laisser sortir personne. Puis, ayant demandé à un valet à être conduit devant M. Duhautcours sans aucun retard, avait été introduit près du banquier. Celui-ci, tout surpris de cette visite, le fut bien davantage en entendant l'agent de police lui dire :

« — Monsieur, je viens vous apprendre que vous êtes « depuis quelque temps la dupe d'un faussaire qui vous « a dit se nommer Isidore Dubois et être par conséquent « l'enfant que vous cherchiez.

« — Comment, monsieur... que voulez-vous dire?...

« — Celui qui s'est présenté à vous comme étant Isi-

« dore Dubois, n'est, en réalité, qu'un nommé Eustache
« Craquet, qui a été aussi, il est vrai, élevé aux Enfants
« trouvés. Mais ce Craquet est conscrit réfractaire, il ne
« s'est pas présenté à l'époque où il était appelé pour
« tirer au sort. Nous le cherchons depuis ce moment,
« et peut-être aurions-nous eu beaucoup de peine à le
« reconnaître ici, dans cet hôtel, sous le titre honorable
« qu'il avait pris, si un hasard n'avait permis à l'un des
« nôtres d'entendre hier une conversation tenue par ce
« Craquet et une femme qui le connaît bien. Veuillez
« donc nous permettre, monsieur, d'accomplir notre
« mandat et de nous emparer de la personne de cet
« Eustache Craquet.

« — Si je vous le permets, monsieur ! » s'écrie le capitaliste dont la physionomie exprime la plus vive satisfaction, « mais avec le plus grand plaisir ; ce que vous
« venez de m'apprendre m'enchante !... car ce fripon qui
« s'était introduit chez moi... comme le résultat d'une
« faute de ma jeunesse, m'a déjà coûté plus de cinquante
« mille francs depuis trois mois que je l'ai recueilli...

« — Il allait bien, il voulait profiter de sa position.

« — Venez, monsieur l'agent, je vais vous conduire
« moi-même, car je veux être témoin de la mine que va
« faire ce drôle en se voyant démasqué. »

Isidore achevait de s'habiller, lorsque Duhautcours entre dans son appartement. C'était la première fois que le millionnaire venait chez lui et le jeune homme tout surpris de cette visite, s'écrie :

« — Comment, monsieur, vous avez pris la peine de
« venir chez moi... quel motif peut donc me procurer cet
« honneur ?

« — Monsieur, » répond Duhautcours en jetant sur Isidore un regard de dédain, « je vous amène quelqu'un
« qui vous connaît beaucoup mieux que moi et qui vous
« cherchait depuis longtemps... »

En ce moment entre l'agent de police accompagné de deux sergents de ville, il dit à Isidore :

« — Eustache Craquet... conscrit réfractaire, au nom « de la loi, je vous somme de me suivre. »

En s'entendant appeler par son véritable nom, le petit jeune homme pâlit et se trouble ; cependant il veut essayer de faire bonne contenance et s'écrie :

« — Pourquoi m'appelez-vous Eustache Craquet... je « me nomme Isidore Dubois ; je suis le fils naturel de « monsieur... demandez-lui plutôt si je ne lui ai pas « donné tous les renseignements les plus positifs.

« — Vous en imposez, vous êtes Eustache Craquet, « sorti des Enfants trouvés avec le véritable Isidore ; « vous saviez par lui tout ce qui le concernait, c'est pour- « quoi vous avez pu répondre juste aux questions de « monsieur...

« — Oui, » dit Duhautcours, « mais il n'a pas pu me « présenter une lettre écrite par sa mère, et une petite « croix qu'elle avait attachée au cou de son enfant... « l'absence de ces deux objets aurait dû me faire deviner « sa fourberie...

« — Je vous ai dit, monsieur, que je les avais perdus.

« — Vous n'avez pas nié être Eustache Craquet dans « votre conversation d'hier avec la blanchisseuse Phili- « berte !...

« — Ah ! scélérate de Philiberte ? » s'écrie le petit Carambolage en se jetant dans un fauteuil. « C'est elle qui « est la cause de ce qui m'arrive !... ah ! bien tant pis !... « après tout, je m'en moque... c'est dommage pourtant « de finir sitôt... je faisais joliment danser vos écus, papa « Duhautcours !...

« — Eustache Craquet, suivez-nous...

« — Pardon, monsieur, » dit le banquier, « permettez- « moi d'adresser encore quelques questions à cet... intri- « gant !...

« — Ah ! pas de gros mots, mon cher millionnaire...
« je vous préviens que je ne les aime pas... et je n'ai
« plus besoin de faire semblant de vous respecter ! voyons,
« parlez... allez-y gaiement...

« — Cet Isidore, dont vous aviez pris le nom... savez-
« vous ce qu'il est devenu ?

« — Nullement !... mais je puis vous répondre d'une
« chose, c'est que jamais vous ne le retrouverez, lui ; car
« si j'avais pris son nom, c'est parce qu'il allait le quitter,
« au lieu de désirer retrouver ses parents ; il ne voulait
« pas être retrouvé par eux... car il ne leur pardonnait
« pas de l'avoir abandonné. D'après cela vous voyez que
« je ne lui faisais pas beaucoup de tort en prenant sa
« place, et, en dépensant pour lui les écus de monsieur...
« on a découvert le pot aux roses !... c'est fini !... la
« farce est jouée... salut, millionnaire, vous ne retrou-
« verez jamais une si belle occasion de placer votre ar-
« gent. »

En achevant ces mots, le petit marquis du Carambolage salue Duhautcours et suit en riant les gens qui
viennent l'arrêter. Cet événement a fait grand bruit
dans l'hôtel, on y sait bientôt qu'un fripon avait pris
le nom du fils naturel du banquier et qu'il vient d'être
démasqué et arrêté.

Alors, lorsque le gros Auguste arrive sur les huit
heures du soir, demander si le jeune Isidore Duhautcours est à l'hôtel, le valet de chambre Jolicœur, répond
d'un air goguenard :

« — Il n'y a plus ici de jeune Duhautcours, il n'y en
« a jamais eu. Celui qui avait pris ce nom est un misé-
« rable qui se nommait Eustache Craquet, et qu'on a
« arrêté ce matin comme conscrit réfractaire.

« — Fichtre !... » se dit Auguste en s'éloignant,
« comment, mon ami... n'était pas le fils du mil-
« lionnaire... le fait est que cela m'avait toujours éton-

« né... mais alors, si ce magnifique dîner commandé
« par lui n'a pas été payé d'avance... et c'est assez pré-
« sumable, il ne payait jamais d'avance, je prévois du
« désagrément au moment où l'on apportera la carte,
« mon oncle sera furieux ; naturellement on voudra
« faire payer le dîner à ceux qui l'ont mangé ; ma foi,
« pour ne pas me trouver compromis, ce que j'ai de
« mieux à faire est de ne point retourner chez le trai-
« teur.

Une demi-heure après, le beau Berlinet avait appris à
l'hôtel de Duhautcours, que le soi-disant fils naturel
n'était qu'un filou que l'on avait arrêté le matin. Alors
le courtier en vins avait fait le même raisonnement que
le neveu de M. Langlumot et s'était abstenu de retourner à la Maison-d'Or.

Nous avons vu qu'un peu plus tard, le jeune artiste
Torse s'était éclipsé, n'augurant rien de bon pour le dénoûment d'un dîner où l'amphitryon n'était pas venu.

Maintenant retournons à la Maison-d'Or : on a servi
un dessert digne en tout des services qui ont précédé.
Ces dames se bourrent de fruits, de confitures, de gelées,
de glaces, de crèmes ! ces messieurs mangent du fromage
afin de faire encore honneur au vins qu'on leur sert.

Madame Langlumot n'est occupée qu'à emmener et
ramener son fils qui a tour à tour mal au cœur ou mal
au ventre.

Les demoiselles de la Grenouillère, tout en ne faisant
que goûter à peine à leurs verres, ont les yeux tellement
rapetissés qu'on ne leur en voit plus. Maître Chipotier
parle continuellement et recommence à raconter l'affaire
de madame Rigaut. M. Langlumot se permet de chercher sous la table le genou de mademoiselle Armande
qui fait semblant de ne point s'en apercevoir ; enfin
le voisin Ranflard est à moitié endormi sur son assiette
et ne revient à lui que pour demander à boire...

13.

Cependant on a servi le café et les liqueurs ; pendant que M. Ranflard abuse du marasquin, les deux cousines qui s'aperçoivent de l'absense indéfinie des trois jeunes gens, ne cessent de s'écrier :

« — Ces messieurs se sont donc trouvés indisposés !...

« — Et ce jeune Duhautcours qui nous donne ce dîner
« et qui n'y est pas venu... est-ce que c'est la mode à
« Paris de traiter du monde sans y être ?...

« — Cela me semble au moins peu galant !

« — Monsieur Chipotier, que pensez-vous de cela?

Mais l'avocat roule des yeux effarés en s'écriant :

« — Pour un jambon ! mesdames !... la servante était
« montée au grenier sous le prétexte d'un jambon !... »

Enfin les dames qui éprouvent le besoin de prendre l'air, se lèvent et prennent leurs châles, les hommes tâchent de se lever aussi et tout en vacillant, cherchent leurs chapeaux, la société va partir en répétant en chœur :

« — Ce dîner était magnifique !... mais qu'est-il donc
« arrivé à celui qui nous a invités ? »

En ce moment un garçon paraît et s'adresse aux trois hommes qui sont restés en leur disant :

« — Messieurs, quel est celui de vous qui paye la
« carte ? »

Ces mots font sur ces messieurs l'effet d'un pétard : ils s'arrêtent, se regardent et balbutient :

« — Comment la carte... qu'est-ce que cela nous fait, la carte ?

« — On nous a invités... nous sommes venus dî-
« ner...

« — Ce n'est pas nous qui avons commandé le dîner.

« — C'est vrai, messieurs, mais vous l'avez mangé, un
« autre monsieur avait commandé un dîner à cinquante
« francs par tête... mais il n'avait rien payé d'avance...
« ce monsieur-là n'est pas venu... vous le savez bien...

« nous ne pouvons réclamer la carte qu'à ceux qui sont
« venus et qui ont dîné. »

Les trois hommes sont médusés. Langlumot entre en fureur et s'écrie :

« — C'est une infamie... une indignité ! comment on
« nous invite à dîner... et on veut nous le faire payer...
« C'est le jeune Isidore Duhautcours, fils d'un million-
« naire qui nous a engagés... c'est lui qui doit payer.

« — Messieurs, vous vous entendrez plus tard avec ce
« monsieur, mais vous savez bien que c'est vous qui avez
« mangé le dîner...

« — Puisqu'on nous avait... invitation... invités... » balbutie Ranflard, « c'était pou pou pour que nous man-
« gions...

« — Et mon neveu qui n'est pas là...

« — Tous les jeunes gens sont partis !

« — C'est donc un traquenard qu'on nous a tendu...
« nous ne payerons pas...

« — Messieurs, vous comprenez qu'il serait fort désa-
« gréable d'être obligé d'employer l'autorité...

« — Ah ! monsieur Langlumot ! de grâce, payez, ne
« faites point d'esclandre ! » s'écrie mademoiselle Argentine... « nous ne voulons pas de scènes... Ah Dieu !...
« le bruit me fait déjà mal aux nerfs...

« — Oui, mon ami, » dit Hortense, paye... tu te feras
« plus tard rembourser par ce jeune millionnaire. »

Langlumot fait une moue épouvantable en murmurant :

« — Il est gentil le petit millionnaire... gredin ! j'aurais
« dû m'en méfier... et à combien se monte cette carte ?...

« — Cinq cents francs, monsieur... à cinquante francs
« par tête... vous n'étiez que dix...

« — Quelle horreur !... cinq cents francs !...

« — Encore on avait commandé pour onze... mais
« comme vous n'avez été que dix...

« — Et vous faites payer place entière à mon fils, un
« enfant de sept ans !...

« — Monsieur, il y a eu dix couverts...

« — Mais il y a trois messieurs de partis et qui ont
« dîné aussi...

« — Vous vous ferez rembourser par ces messieurs...
« nous ne pouvons pas courir après eux.

« — C'est un piége infâme qu'on nous a tendu...

« — Allons, mon ami, payez avec ces messieurs,
« Phonphonse a envie de dormir, il est temps de partir,
« cet enfant serait malade... finissons-en.

« — Messieurs, vous l'entendez... c'est nous qui pa-
« yons... polisson d'Isidore...

« — Soyez tranquille, nous lui ferons un procès, » dit
maître Chipolier, « il faudra qu'il rembourse avec les
« intérêts...

« — En attendant, cinq cents à trois... c'est chacun...
« ça fait...

« — Pardon, » reprend l'avocat, « mais je crois devoir
« vous prévenir que je n'ai sur moi qu'une pièce de dix
« sous, autrement dit cinquante centimes... je ne pouvais
« prévoir ce cas !

« — Voilà qui est joli ! et vous, Ranflard ?

« — Moi... oh moi... j'ai... je suis en fonds... atten-
« dez... j'ai cent douze sous... »

Langlumot se décide à tirer son portefeuille, il y prend
un billet de banque de cinq cents francs qu'il donne au
garçon, en murmurant :

« — Tenez... vous êtes payé. Messieurs, nous compte-
« rons plus tard ! »

Puis, prenant son fils par la main, il sort le premier
de chez le traiteur en disant :

« — En voilà bien assez de Paris, demain nous retour-
« nerons à Lisieux.

« — Non !... non ! nous irons chez Séraphin !... »

XVIII

DEMANDE EN MARIAGE.

Alexis continuait à écrire à Gerbier de longues lettres qui étaient presque toutes remplies par les assurances de son amour pour Georgina, celle-ci dévorait ces lettres et y répondait aussitôt. Puis elle apportait ce qu'elle avait écrit à son père, mais celui-ci se contentait d'ajouter quelques mots de sa main au bas de l'épître de sa fille, pour donner de nouvelles assurances de son amitié.

Alexis ne parlait pas toujours de lui en écrivant à son amie, il préférait lui parler d'elle. Cependant dans sa dernière missive il a annoncé qu'on vient de le faire caporal, et Gerbier s'est écrié : « Bravo ! preuve qu'on est « toujours content de lui. »

Mais Georgina n'a point paru si satisfaite, car elle se dit : « plus on sera content de lui, et plus il est à crain-« dre qu'on ne l'envoie à l'armée. »

La famille Gerbier était rassemblée autour du poêle qui chauffait la petite salle à manger ; l'imprimeur apprenait à lire à ses fils, les deux plus jeunes filles raccommodaient le linge de la maison, et Georgina faisait des fleurs ; mais cette occupation ne pouvait la distraire de ses amours, et le souvenir d'Alexis lui faisait de temps à autre pousser de gros soupirs.

L'arrivée du vieil ami de la maison a interrompu les

travaux, et cette fois Franville semble tellement agité, on lit sur sa physionomie une expression si singulière que chacun attend avec impatience ce qu'il va dire.

En effet, l'ancien militaire se jette sur un siége, en s'écriant :

« — Ah! mille noms d'une pipe, mes enfants, je vais
« vous apprendre de drôles de choses!... il y en a du
« nouveau !

« — Pour Alexis? » demande Georgina.

« — Eh non! ma petite, cela ne regarde pas Alexis...
« notre jeune militaire est là-bas bien tranquille au dé-
« pôt de son corps, il est déjà caporal! il me semble
« qu'il ne peut pas être encore général!... on ne va pas
« si vite!... Mais il s'agit de Duhautcours, de mon an-
« cien ami le millionnaire ; je vous ai conté il y a quel-
« que temps que grâce à moi il avait retrouvé un fils...
« que jadis il avait abandonné... qu'il avait pris ce
« fils chez lui... Je t'ai même dit à toi, Gerbier, le cha-
« grin que je ressentais de la conduite de ce jeune
« homme. C'était un franc mauvais sujet, et je me disais
« souvent, comment cette bonne Adèle a-t-elle pu don-
« ner le jour à un pareil garnement!

« — Eh bien, il a donc fait de nouvelles sottises !

« — Bien mieux que cela!... le drôle se parait d'un
« nom qui n'était pas le sien... il se faisait passer pour
« Isidore Dubois... et il n'était en réalité que Eustache
« Craquet, un mauvais gredin, qui avait été le compa-
« gnon d'Isidore...

« — Il serait possible!...

« — C'est l'exacte vérité, ce matin je me rendais chez
« le banquier pour savoir si le jeune homme avait mis
« un peu d'eau dans son vin; là, j'ai appris que il y a
« trois jours on était venu arrêter notre faux Isidore,
« reconnu pour Eustache Craquet, conscrit réfractaire.

« — Et que dit de cela ton millionnaire?

« — Il est enchanté d'être délivré d'un si mauvais
« sujet et de savoir qu'il n'est pas son père ; dans le
« fait il n'y avait pas de quoi en être fier.

« — Et le véritable fils de Duhautcours?

« — Oh ! tu penses bien que j'ai voulu tâcher d'en
« avoir des nouvelles, pour cela je me suis rendu ce
« matin chez mademoiselle Philiberte la blanchisseuse
« de fin, qui recélait notre méchant drôle; car cette
« femme connaissait toute son histoire... mais im-
« possible de savoir ce que peut être devenu le véritable
« enfant d'Adèle, et tu vas comprendre pourquoi :
« Celui-ci guidé par un sentiment de fierté ou de colère
« que je ne saurais définir, ne voulait pas que ceux qui
« l'avaient abandonné pussent jamais le retrouver. Pour
« cela, en sortant de l'hospice; il avait déjà formé le
« projet de changer de nom. Ayant fait part de son des-
« sein à son camarade Craquet, celui-ci qui ne manquait
« pas de perspicacité, devina qu'en prenant le nom
« d'Isidore il avait plus de chances de trouver un jour
« une famille, il ne s'était pas trompé !... Tu sais le
« reste. Quant à moi, si je regrette maintenant de ne
« point avoir retrouvé le fils d'Adèle, ah ! j'avoue que
« j'éprouve une vive satisfaction à savoir que cet
« ivrogne, ce joueur, ce débauché n'était pas son
« enfant.

« — Ainsi, voilà le banquier encore une fois seul...

« — Oui, et ne sachant que faire de sa fortune, il
« paraît qu'elle l'accable plus que jamais de ses fa-
« veurs !... mais elle ne lui donne pas la santé, car il
« est bien changé depuis quelque temps !

« — Qu'a-t-il donc ?

« — Une gastrite... gastralgie... je ne sais quel diable
« de noms les médecins donnent à cela aujourd'hui... je
« crois qu'autrefois on disait seulement que le pylore
« était attaqué et ne fonctionnait plus !

« — Diable ! alors on ne peut plus manger...

« — Ou du moins, il faut suivre un régime sévère jus-
« qu'à ce que l'estomac soit guéri.

« — Ah ! papa ! » s'écrie le petit Émile, « je ne veux
« pas avoir de maladie qui empêche de manger !... »

« — C'est pourtant ce qui vous arriverait, monsieur,
« si vous étiez trop gourmand. Au reste, ton mon-
« sieur Duhautcours a le moyen de se faire soigner...
« Probablement, il consulte les premiers médecins de
« Paris.

« — Mon cher Gerbier... est-ce que tu n'as pas remar-
« qué comme moi que les riches meurent tout aussi vite
« que les pauvres, quand ils se mettent en train d'être
« malades ?

« — Sans doute... eh bien ?

« — Eh bien, il me semble que cela prouve que les
« meilleurs médecins de Paris ne vous guérissent pas
« quand le mal est plus fort que leur science ; et en vérité
« je trouve que c'est bien heureux pour les pauvres, qui
« sans cela auraient trop de raison de se plaindre de
« leur sort. Mais bien loin de là, leur santé à eux tient
« souvent à la vie sobre, frugale qu'ils mènent ; tandis
« que les maladies des riches viennent de l'excellente
« chère qu'ils font journellement, des vins généreux qu'ils
« boivent. Trop bien vivre est fort dangereux, je l'ai sou-
« vent entendu dire à des docteurs ; et les pauvres ne
« courent pas ce danger-là, tu vois que tout est compen-
« sé, je crois même que les avantages sont pour celui
« qui est obligé d'être sobre. »

Quinze jours après cette conversation, Gerbier était en
train de prendre son repas du soir. Mais Georgina n'était
point là, retenue à son magasin par une commande qu'il
fallait livrer le lendemain, elle avait prévenu son père
afin qu'il ne fût pas inquiet, et Franville toujours enchanté
quand il pouvait se rendre utile, devait aller chercher la

jeune fille à onze heures et demie du soir, afin qu'elle ne revînt pas seule aussi tard chez son père.

Gerbier et ses enfants mangeaient avec appétit les haricots à l'huile, le petit salé et les noix sèches qui composaient leur repas, et ils arrosaient tout cela avec de l'eau pure. L'imprimeur pour plaire à M. Émile lui chantait le *Pays de Cocagne*, de *Béranger*, et le petit garçon écoutait d'un air enchanté cette chanson où il est question de confitures et de sucre candi.

Mais on frappe à la porte du carré.

« — Serait-ce déjà Georgina, » dit Gerbier, « il n'est
« que neuf heures et elle devait veiller fort tard. »

Cependant la jeune Marie a été ouvrir. Ce n'est point Georgina, c'est le banquier Duhautcours qui entre chez Gerbier ; celui-ci tout surpris de cette visite se lève en murmurant.

« — Monsieur Duhautcours !... comment c'est monsieur
« Duhautcours qui vient chez moi... par quel hasard ?...

« — Ce n'est point un hasard, mon cher monsieur Ger-
« bier, » répond le capitaliste en saluant de l'air le plus aimable. « C'est une affaire... très-importante qui m'a-
« mène près de vous... mais d'abord je désire que ma
« présence ne vous cause aucun dérangement, je vous
« prie donc de vouloir bien continuer votre repas, je vais
« prendre une chaise et m'asseoir près de vous...

« — Monsieur... en vérité... nous avons le temps de...

« — Non, non... mangez... ce que j'ai à vous dire sera
« long... et rien ne me presse, remettez-vous donc à table.

« — Alors, monsieur, puisque vous le permettez... nous
« allons continuer... d'autant plus que ce n'est pas l'ap-
« pétit qui nous manque à nous...

« — Je vous en fais mon compliment... j'ai aussi de
« l'appétit, moi, mais je ne puis le satisfaire !

« — Je ne vous offre pas d'être des nôtres, monsieur...
« ce que nous mangeons... n'est pas digne de vous !...

« — Ah ! monsieur Gerbier ! » répond Duhautcours en regardant d'un œil d'envie les haricots et le petit-salé qui sont sur la table, « je serais bien content si je pou-
« vais manger de tout cela... plus c'est indigeste et plus
« je sens que l'on est heureux de pouvoir s'en nourrir...
« cela prouve que vous avez un excellent estomac,
« vous !...

« — Ma foi oui, monsieur, je crois que je digèrerais une
« culotte de daim !...

« — Et moi du lait... rien que du lait ! voilà où j'en
« suis !...

« — Triste ordinaire... j'aime mieux les haricots ! mais
« vous guérirez ; c'est un moment à passer.

« — Je l'espère, mais je ne vois pas mademoiselle Geor-
« gina... serait-elle indisposée ?

« — Non vraiment, elle est retenue aujourd'hui à son
« magasin par une commande pressée ; elle ne rentrera
« peut-être pas avant minuit.

« — Et elle reviendra seule... elle s'exposerait ainsi
« dans les rues de Paris...

« — A faire de mauvaises rencontres, n'est-ce pas? »

En disant cela, le sourire de Gerbier était passablement moqueur, mais le banquier n'y fait pas attention.

« — Oh non ! reprend l'imprimeur, ma fille ne revien-
« dra pas seule, je serais aller la chercher ; mais l'ami
« Franville a voulu m'éviter cette course... il est tou-
« jours là quand il peut obliger... ce bon Franville !...
« mais, vous avez quelque chose à me dire, monsieur,
« je suis tout prêt à vous entendre. »

Duhautcours réfléchit un moment, puis répond.

« — Ce que j'ai à vous dire... je désirerais ne le com-
« muniquer que... quand vous serez seul... je suis même
« bien aise que mademoiselle Georgina soit absente...
« sa présence m'aurait troublé...

« — Vous, monsieur... vous si riche... si haut placé

« dans le monde!... vous seriez embarrassé chez de pau-
« vres gens comme nous!... Ah! vous me permettrez de
« ne pas vous croire.

« — Cela est pourtant, et quand vous connaîtrez le
« motif qui m'amène...

« — Mes enfants, vous avez soupé, il est neuf heures
« et demie, il est temps d'aller vous coucher... entendez-
« vous, messieurs mes fils?

« — Déjà, papa!...

« — Oui, messieurs... répétez vos leçons dans votre lit...
« il n'y a rien qui endorme mieux que ça... vous, mes-
« demoiselles, conduisez vos frères?... vous reviendrez
« quand je vous appellerai, allez! »

Les enfants sont éloignés, Gerbier est enfin seul avec
Duhautcours, celui-ci peut s'expliquer; il se recueille un
moment, puis ; ·nce d'une voix fortement accen-
tuée :

« — Monsieur Gerbier, je viens vous demander la
« main de votre fille Georgina! »

Gerbier demeure un moment comme abasourdi par ce
qu'il vient d'entendre, enfin il répond :

« — Monsieur... pardon... j'ai mal entendu sans
« doute... ce n'est pas la main de ma fille aînée que
« vous me demandez?...

« — Si vraiment, mon cher monsieur Gerbier, c'est
« bien votre belle Georgina dont je veux faire ma
« femme...

« — Quoi, monsieur... vous!... si riche!... vous qui
« habitez presque un palais, vous voulez épouser la fille
« d'un ancien graveur... aujourd'hui employé dans
« une imprimerie... qui n'a pour toute fortune que ses
« cinq enfants!...

« — Monsieur Gerbier, c'est justement parce que ma
« fortune est considérable, parce que je suis millionnaire,
« que je puis me permettre aujourd'hui de suivre mon

« penchant et d'épouser une femme qui n'a rien... j'aime
« mademoiselle Georgina... je l'aime passionnément ; cet
« amour m'a, vous le savez, fait faire autrefois des sotti-
« ses... qui sont pardonnées maintenant... mais qui ont
« servi à me prouver tout ce que vaut votre fille ; car ils
« en est beaucoup, vous le savez aussi bien que moi,
« qui auraient succombé devant des cachemires et des
« diamants. Depuis ce temps j'ai cherché, je l'avoue, à
« oublier mademoiselle Georgina, cela m'a été impossi-
« ble. Bien des événements se sont passés, bien des ca-
« tastrophes m'ont frappé!... J'ai perdu une fille que
« j'adorais, un fils sur qui je fondais les plus grandes
« espérances...

« — Je le sais, monsieur, et je vous prie de croire que
« nous avons bien pris part à vos douleurs...

« — Eh bien, monsieur Gerbier, au milieu de mes
« peines, l'image de la charmante Georgina avait seule
« le pouvoir de me distraire. J'ai quarante-neuf ans,
« cela est vrai... mais à cet âge on n'est pas vieux en-
« core... et les unions les plus heureuses sont toujours
« celles où l'âge du mari dépasse de beaucoup celui de
« la femme. Je suis libre... je suis seul... je suis mon
« maître!... je n'ai aucun parent à qui je m'intéresse,
« je ne m'en connais pas d'ailleurs... Pourquoi donc ne
« prendrais-je pas pour compagne celle qui a su toucher
« mon cœur? celle dont la conduite fut toujours sans
« reproche... En l'épousant, je lui reconnaîtrai cinq cent
« mille francs de dot. Je n'ai pas besoin de vous dire que
« vous participerez à la fortune de votre fille... Devenu
« mon beau-père, je ne veux plus que vous ayez besoin
« de travailler... je vous trouverai quelque sinécure
« agréable... ou, si cela vous plaît, vous gérerez une de
« mes terres, vos enfants auront un avenir assuré. Je
« m'engage à établir richement vos autres filles, à placer
« vos fils, à les mettre en position de faire rapidement

« leur chemin... voilà, monsieur Gerbier, ce que j'avais
« à vous dire... C'est la richesse, c'est l'opulence que je
« vous apporte, c'est le bonheur de votre fille que je
« veux faire ; car elle n'aura pas plutôt formé un désir
« qu'il sera satisfait... Eh bien, que pensez-vous de ma
« proposition ?

« — En vérité, monsieur, elle m'étourdit tellement que
« je suis encore à me demander si ce n'est point un
« rêve.

« — Votre Georgina est assez jolie pour qu'on mette
« une fortune à ses pieds.

« — Monsieur, je commence par vous remercier
« beaucoup de l'honneur que vous daignez nous faire...
« vos offres sont magnifiques.

« — Vous les acceptez, j'espère.

« — Oh ! permettez, monsieur Duhautcours, je dois
« avant tout vous apprendre quelque chose qui chan-
« gera peut-être vos projets : le cœur de ma fille n'est
« pas libre ; elle aime un jeune homme qui serait
« aujourd'hui son mari, s'il n'était pas tombé au sort et
« parti comme soldat.

« — Vous ne m'apprenez rien ; je savais que made-
« moiselle Georgina avait... quelque penchant pour un
« nommé Alexis... mais enfin ce jeune homme est parti,
« il s'écoulera sept années avant qu'il soit libre... sept
« années... est-ce qu'une jeune fille doit ainsi per-
« dre sa jeunesse, pour attendre quelqu'un qui peut
« l'oublier ou ne point revenir !... Est-ce qu'il y a des
« constances de sept ans... Allons, ce serait une folie ;
« et votre fille refuserait un sort magnifique, une for-
« tune princière, le bonheur de toute sa famille, pour
« un petit amoureux qu'elle a aimé... parce que toutes
« les jeunes filles veulent avoir un sentiment ; mais
« qu'elle oubliera bientôt, lorsqu'elle sera haut placée
« dans la société.

« — Monsieur, vous raisonnez fort juste pour les fem-
« mes en général, mais Georgina est une exception.
« Pour elle l'amour est le premier des biens... et je
« crains qu'elle ne mette ce bien beaucoup au-dessus
« de la fortune.

« — Non, il n'est pas possible que mademoiselle votre
« fille refuse le sort brillant que je lui offre, et tout le bien
« qui rejaillira sur sa famille. D'ailleurs, si elle était
« assez déraisonnable pour repousser le bonheur qui
« vient à elle, vous êtes son père... vous avez votre au-
« torité, et je pense...

« — Ah! monsieur, je n'ai jamais eu besoin de faire
« de l'autorité avec mes enfants... je les aime... ils me
« le rendent bien; nous nous entendons comme ça,
« cela nous suffit, mais les forcer, les contraindre... Oh!
« non, ça n'est ni dans mon caractère, ni dans mes
« habitudes... si je faisais le méchant avec eux, ils ne
« me reconnaîtraient plus et ils cesseraient de m'aimer

« — Enfin, monsieur Gerbier, j'espère au moins que
« vous ne serez pas hostile à mes propositions.

« — Oh! non, monsieur, au contraire, car je sens
« bien que c'est la fortune... l'opulence... une position
« superbe que vous offrez à mon enfant.

« — Très-bien, cela me suffit. Dès ce soir, je pense,
« vous communiquerez ma demande à mademoiselle
« votre fille, et demain sur les midi, je viendrai savoir
« sa réponse, car vous comprenez qu'il me tarde de la
« connaître.

« — Oui, monsieur, je conçois cela. Venez demain à
« midi, Georgina vous attendra, je veux qu'elle vous dise
« elle-même sa réponse.

« — Voilà qui est entendu, à demain, monsieur Ger-
« bier.

« — A demain, monsieur. »

Le millionnaire est parti; Gerbier reste seul tout

pensif et réfléchit : « ma fille serait riche... immensé-
« ment riche... elle aurait hôtel, voitures, campagne,
« valets... oui... elle peut avoir tout cela, mais elle
« n'en voudra pas ! »

A onze heures et demie Georgina revient accompa-
gnée de Franville qui a voulu dire bonsoir à son ami.

« — Parbleu ! tu as bien fait de monter avec ma fille, »
lui dit Gerbier, « car j'ai ce soir des choses curieuses
« à vous apprendre !... J'ai reçu une visite, moi !...

« — Une visite ! » s'écrie Georgina qui croit déjà qu'il
s'agit d'Alexis et regarde de tous côtés.

« — Calme-toi, ma fille, ce n'est pas lui qui est venu !...
« on ne quitte pas comme cela son régiment. Non,
« c'est M. Duhautcours qui est venu me voir... et tu
« ne devinerais jamais ce qu'il m'a demandé.

« — Quoi ! M. Duhautcours est venu vous demander
« quelque chose, mon père?

« — Oui, mon enfant !

« — Je gage que je le devine, moi, » murmure Franville tout en tortillant sa moustache.

« — Eh bien ! ma fille, M. Duhautcours, le banquier, le
« millionnaire, est venu me demander ta main.

« — Ma main... à moi... oh ! ce n'est pas possible,
« mon père, c'est pour rire que vous nous dites cela !

« — Moi, ça ne me surprend pas du tout, » dit Franville, « vu que depuis longtemps j'ai remarqué que
« notre homme d'argent en tenait diablement pour vous
« petite, et que cet amour, loin de diminuer, semblait
« aller en augmentant.

« — Non, Georgina, ce n'est point une plaisanterie, je
« te répète que M. Duhautcours désire faire de toi sa
« femme. En t'épousant, il te reconnaît cinq cent mille
« francs de dot, et ensuite... mais non, c'est tout.

« — Eh bien ! mon père, lors même que M. Duhaut-
« cours m'en offrirait dix fois autant, lorsqu'il aurait un

« trône à me donner, vous savez bien que je ne l'accep-
« terais pas... puisque j'aime Alexis, puisque je suis
« sa fiancée, sa promise... puisque je lui ai juré qu'il
« me retrouverait fidèle... est-ce que l'on doit manquer
« à ce qu'on a promis!... ce serait affreux cela... et d'ail-
« leurs jamais je ne pourrais être heureuse avec un au-
« tre qu'Alexis... Que m'importe que cet autre ait de
« l'or... des maisons... vous m'avez dit cent fois, mon
« père, que ce n'est pas la fortune qui fait le bonheur...
« est-ce que vous ne pensez plus de même à présent?

« — Si fait... si fait, mon enfant ! » répond Gerbier en déposant un baiser sur le front de sa fille. « Je pense
« toujours de même ; seulement... comme tu es jeune...
« comme tu es femme ... il n'y aurait rien d'étonnant à
« ce que la brillante position que l'on t'offre puisse te
« séduire. Quant à Alexis, il m'a dit lui-même avant de
« partir : monsieur Gerbier, si un parti avantageux se
« présentait pour Georgina, qu'elle ne le refuse pas à
« cause de moi... Je lui pardonnerai de m'oublier, pour-
« vu qu'elle soit heureuse.

« — Pauvre Alexis ! il vous a dit cela... mais c'est une
« raison de plus pour que je ne veuille être qu'à lui...
« Ainsi, mon père, vous avez refusé ce monsieur, n'est-
« ce pas ?... vous lui avez dit que je ne pourrais jamais
« l'aimer, puisque mon cœur est à un autre et qu'à mon
« âge on ne se marie pas pour de l'argent.

« — Ma chère amie, je ne pouvais pas répondre pour
« toi dans une occasion si importante, où il s'agissait de
« ta fortune, de tout ton avenir... j'ai dit à M. Duhaut-
« cours de revenir demain... je lui ai dit qu'il te trou-
« verait et que tu répondrais toi-même à sa demande.

« — Ah ! mon père, il me semble que vous auriez bien
« pu éviter à ce monsieur la peine de revenir ; est-ce que
« vous avez pu croire un moment que j'oublierais Alexis
« pour les millions de ce monsieur !...

« Ma chère Georgina, » dit Franville qui jusqu'alors s'est contenté d'écouter le père et la fille, « il y a sans
« doute autre chose encore que Gerbier ne veut pas vous
« dire... mais que je devine, moi, et dame ! cela vaut
« bien la peine que l'on y réfléchisse un peu !... En lui
« demandant à être son gendre, Duhautcours a dû dire
« à votre père : J'élèverai vos enfants, je me charge de
« leur sort, de l'établissement de vos autres filles... Tout
« cela est quelque chose... pensez-y, ma petite ; l'amour
« ne dure pas toujours... mais le bien-être, la fortune
« pour toute sa vie... cela mérite bien aussi quelque consi-
« dération !... »

Georgina pâlit, elle baisse ses regards vers la terre et balbutie :

« — Ah !... oui... en effet... je n'avais pas pensé... mes
« frères... mes sœurs... et puis mon père qui n'aurait
« plus besoin de travailler... oui... je suis une égoïste,
« je ne songe qu'à moi... mais il ne faut pas à cause de
« moi que tous ceux qui m'entourent restent pauvres
« lorsque je puis les rendre riches... eh bien, mon père,
« je ferai ce que vous voudrez... j'épouserai ce monsieur
« si vous me l'ordonnez... »

En disant cela, la jeune fille détourne sa tête pour cacher ses larmes, mais elle ne peut retenir ses sanglots, et bientôt son visage est inondé de pleurs. Gerbier prend alors sa fille dans ses bras en s'écriant :

« — Non pas !... non pas vraiment !... je ne veux pas
« de tout cela... Tenez, la voilà déjà tout en larmes !
« rassure-toi, mon enfant, je ne veux pas que tu te sacri-
« fies !... au diable ce M. Duhautcours avec sa fortune !...
« Il a déjà fait entrer le chagrin chez nous !... qu'il ne soit
« plus question de sa proposition... demain tu le refuse-
« ras, bien poliment, mais bien nettement, afin qu'il ne
« revienne plus. Est-ce que nous avons besoin de lui pour
« gagner notre vie ?... Jusqu'à présent j'ai pu élever mes

« enfants... Tes sœurs seront bientôt comme toi de
« bonnes ouvrières, et elles nous aideront à leur tour
« jusqu'à ce que mes deux polissons travaillent comme
« leur père... Donc nous n'avons pas besoin d'être
« poussés par ce monsieur, qui nous pousserait peut-
« être de travers... on ne sait pas... pour faire fortune
« on ne va pas toujours tout droit !... »

Georgina essuie ses yeux et saute au cou de son père, puis elle dit à Franville :

« — Est-ce que vous auriez voulu que j'oubliasse
« Alexis... pour votre vilain millionnaire?

« — Non, ma petite, non, bien au contraire; mais j'ai
« dit ce que je devais dire, parce que, dans ces affaires-
« là, il faut envisager les choses carrément ! Duhautcours
« rengaînera son compliment... ça le vexera diable-
« ment !... Quelqu'un qui croit qu'avec de l'or on fait tout
« ce qu'on veut... vous lui prouverez qu'il se trompe...
« et que les millions ne sont pas toujours vainqueurs.
« Ah !... s'il avait plutôt pensé à son fils... à l'enfant de
« cette pauvre Adèle... je gagerais bien que c'était un bon
« sujet celui-là !... et Duhautcours ne serait pas seul aujour-
« d'hui à s'embêter sur ses coffres-forts ; mais maintenant
« il n'y faut plus penser... Bonsoir, je vais me coucher. »

Le lendemain, d'après l'ordre de son père, Georgina reste à leur demeure pour recevoir le banquier; quant à Gerbier, il ne juge pas sa présence nécessaire à cet entretien ; en laissant sa fille répondre seule à la proposition de M. Duhautcours, il veut encore prouver à ce monsieur que Georgina est entièrement libre dans cette circonstance et qu'il ne veut en rien influencer ses résolutions.

A midi sonnant, Duhautcours entre chez Gerbier. En trouvant Georgina seule, il éprouve une vive émotion, que la physionomie froide et presque sévère de la jeune fille ne contribue pas à calmer. Cependant il prend la chaise que Georgina lui présente, et, se plaçant en face d'elle, lui dit d'une voix qu'il s'efforce de rendre douce :

« — Mademoiselle, je pense que monsieur votre père
« vous a fait part de la demande que je suis venu lui
« faire hier au soir ; c'est votre main... c'est au titre de
« votre époux que j'aspire. Il m'a dit que vous étiez
« maîtresse absolue d'agir... suivant que cela vous plai-
« rait ; c'est donc votre réponse que je viens chercher...
« et je ne vous cacherai pas que mon bonheur est entre
« vos mains... il va dépendre de vous...

« — Monsieur, » répond Georgina, « je ne puis que vous
« remercier beaucoup de l'honneur que vous voulez bien
« me faire en oubliant la distance que la fortune a mise
« entre nous ; tout autre sans doute serait fière et heu-
« reuse de devenir votre femme ! mais moi, monsieur, je
« ne saurais l'être, car j'ai donné mon cœur ; un autre
« possède tout mon amour... Vous voyez donc bien que
« ce serait mal à moi d'accepter un titre... dont je ne
« serais pas digne... car une femme doit avant tout
« aimer celui auquel elle se marie. »

Duhautcours pâlit, il pince ses lèvres, cependant il se hâte de répondre :

« — Je n'ai jamais pensé, mademoiselle, que vous
« deviez avoir de l'amour pour moi... mais l'estime,
« l'amitié en tiennent lieu... en ménage, cela vaut sou-
« vent mieux que des passions... qui ne sont jamais
« durables... Il ne faut donc pas que le sentiment que
« vous avez éprouvé pour un autre soit un motif qui
« vous fasse rejeter ma demande ; d'ailleurs ce senti-
« ment n'a plus d'espérance... celui que vous aimez est
« parti...

« — Pour l'armée... hélas ! oui, monsieur, mais il
« reviendra...

« — Dans sept ans... si toutefois il revient !...

« — Ah ! monsieur, ne me faites pas entrevoir le

« contraire... vous me rendriez trop malheureuse !...

« — C'est qu'en vérité, mademoiselle, votre constance
« est ici bien peu raisonnable; songez donc à tous les
« hasards de la guerre ; les hommes, croyez-moi, ne se
« piquent pas de constance comme les femmes... votre
« amoureux peut trouver en pays étranger bien des
« occasions d'être infidèle !...

« — Non, monsieur, Alexis ne m'oubliera pas... et
« lors même qu'il se conduirait ainsi, moi je ne vou-
« drais pas l'imiter ; cessez donc d'insister... je vous l'ai
« dit, monsieur, je ne puis être votre femme... ma
« résolution est bien arrêtée. »

Duhautcours se lève, ses sourcils se froncent, ses
poings se ferment, sa respiration devient oppressée; il
fait quelques pas dans la chambre, puis revient vers
Georgina :

« — Mademoiselle, je voulais faire votre bonheur... je
« voulais satisfaire tous vos désirs, tous vos vœux...
« mes trésors je les mettais à votre disposition... au-
« cune femme en France... en Europe n'aurait pu ri-
« valiser avec vous pour les toilettes... pour les dia-
« mants !... vous auriez eu des équipages... des fem-
« mes de chambre à vos ordres... maison de campagne,
« château... loges à tous les théâtres... votre existence se
« serait écoulée en fêtes... bals, concerts, cavalcades...
« tous les jours de nouveaux plaisirs...

« — Cette existence-là ne me séduit pas, monsieur...
« je préfère le travail auprès de celui que mon cœur a
« choisi.

« — Je ne vous parle pas non plus de tout ce que
« j'aurais fait pour votre famille... votre père riche, heu-
« reux... exempt à jamais de soucis, d'inquiétudes...
« vos sœurs étant en position de faire de riches maria-
« ges... vos frères recevant une éducation brillante et
« plus tard occupant les premiers emplois... je m'étonne

« qu'une jeune personne qui aime tant ses parents, ne
« veuille rien faire pour les rendre heureux. »

Georgina rougit, mais elle se hâte de répondre :

« — Mon père ne serait pas heureux s'il me voyait...
« un profond chagrin, monsieur, et il sait bien quelle
« serait ma peine si l'on me forçait à renoncer à Alexis. »

Duhautcours frappe avec colère sur son chapeau, fait quelques pas pour sortir, s'arrête, revient encore vers Georgina, en s'écriant :

« — Mais c'est votre bonheur que je voulais faire...
« et vous le refusez... réfléchissez et dites-moi que je
« puis espérer que plus tard... »

La jolie fille se contente de faire avec sa tête un signe négatif. Alors Duhautcours exaspéré sort brusquement de chez Gerbier.

14.

XIX

LE MILLIONNAIRE.

Un mois s'est passé et chez Gerbier on n'a plus entendu parler de Duhautcours, ce qui enchante Georgina. De son côté, Franville n'a pas remis les pieds chez le capitaliste, car il ne veut pas s'exposer à sa mauvaise humeur et il ne doute pas que le refus qu'une jeune fleuriste a fait de sa main et de sa fortune n'ait cruellement blessé son amour-propre et son orgueil.

Mais si Georgina est tranquille de ce côté, elle est bien loin de l'être dans ses amours : depuis que celui qu'elle aime est soldat, la jolie fleuriste s'occupe beaucoup de politique ; elle écoute la lecture des journaux que fait quelquefois une demoiselle de son magasin pendant le moment du déjeuner ; puis elle s'informe à celles qui ont des parents ou des amis à l'armée, elle veut savoir si l'on se bat toujours, si la guerre finira bientôt ; ce qu'elle entend dire ne la rassure pas, elle tremble toujours que l'on n'envoie Alexis en Crimée, et plus elle apprend que l'on est content de lui, plus elle redoute qu'il ne fasse partie de l'armée active.

Quelquefois en rangeant dans les tiroirs de sa commode, les yeux de Georgina se portent sur la petite boîte que son ami lui a remise avant de la quitter, en la priant de ne l'ouvrir que s'il ne devait plus revenir ; alors les regards de la jeune fille se détournent de cet objet avec une sorte d'effroi et elle murmure :

« — Oh !... je ne l'ouvrirai jamais cette vilaine boîte...
« je la rendrai à Alexis dès qu'il reviendra... alors s'il
« veut me dire ce qu'il y a là dedans, il me le dira...
« peu m'importe, je ne suis pas curieuse... je suis bien
« sûre que ce ne sont pas des lettres d'une autre femme
« qu'il m'aurait priée de lui garder. »

Une nouvelle missive du jeune soldat arrive un soir chez Gerbier, c'est Franville qui monte la lettre que la portière lui a remise.

« — C'est de notre ami ! » dit Gerbier en regardant l'adresse, « je reconnais son écriture... Tiens, Georgina,
« lis-nous cela, mon enfant, eh bien, qu'as-tu donc... tu
« trembles ?...

« — Oui, mon père, je ne sais pas pourquoi... mais
« aujourd'hui... j'ai comme un pressentiment... il me
« semble que je vais apprendre quelque nouvelle fâ-
« cheuse...

« — Tu vois bien qu'Alexis n'est pas malade puisqu'il
« nous écrit... allons, c'est un enfantillage, lis donc. »

La jeune fille a brisé le cachet, mais à peine ses yeux, qui dévorent l'écriture d'Alexis, ont-ils parcouru quelques lignes, qu'elle pousse un cri et laisse tomber le papier, en murmurant :

« — Ah ! j'en étais bien sûre..... il va partir pour se
« battre !

« — Voyons !... voyons ! dit Gerbier en ramassant la lettre d'Alexis, et, après les assurances d'amour ordinaires il lit : « j'ai été incorporé dans le vingtième de ligne...
« on assure que nous allons être envoyés en Crimée...
« quant à moi je le désire vivement, car le théâtre de la
« guerre est le plus beau séjour pour un militaire...

« — Bravo ! bravo !...» s'écrie Franville en se tapant sur la cuisse, « voilà un brave garçon !... un digne enfant de

« Paris!... oh! il parviendra celui-là!... il fera son che-
« min, j'en réponds!

« — Oui! » répond Georgina en pleurant... « il voudra
« parvenir... et c'est pour cela qu'il s'exposera, qu'il ira
« au plus fort du danger et qu'il se fera tuer en voulant
« acquérir un grade...

« — Allons, petite, n'ayez donc pas de ces idées-là!...
« vous croyez comme ça qu'il y a des balles pour tout
« le monde à la guerre... oh! que non... n'en a pas qui
« veut! quelquefois vous les entendez siffler de tous côtés
« autour de vous, et vous n'attrapez pas seulement une
« petite égratignure!...

« — Mais, monsieur Franville, il paraît que c'est une
« guerre terrible là-bas, et que l'on se bat, tous les jours...
« quand ce n'est point en bataille rangée, ce sont des
« surprises... des carmouches, des attaques imprévues...
« puis des retranchements dans lesquels on est toujours
« exposés...

« — Tiens!... tiens!... Gerbier entends-tu ta fille qui
« parle comme un véritable troupier maintenant... c'est
« gentil ça!

« — J'écoute ce qu'on dit, ce qu'on lit... et depuis
« qu'Alexis est soldat tout cela m'intéresse...

« — Après tout, ma fille, » dit Gerbier, « il sera temps
« de t'inquiéter lorsque ton fiancé sera au combat. Alexis
« écrit : « on assure que nous allons être envoyés en
« Crimée... » on assure ne veut pas dire que cela est
« décidé ; on peut très-bien ne pas les y envoyer.

« — Tant pis pour Alexis, » dit Franville, « car je sais
« bien qu'il désire y aller, lui!... et qu'il s'y plairait mieux
« qu'en garnison...

« — Taisez-vous, monsieur Franville, vous serez cause
« que je vous détesterai!...

« — Je ne crois pas... on ne déteste pas les gens parce
« qu'ils s'intéressent à l'avenir de ceux que nous aimons...

« vous aimez Alexis... comme une jeune fille aime son
« amoureux... moi, comme un vieux militaire aimerait
« son fils... vous voulez le retenir près de vous... moi je
« veux le pousser en avant ! il me semble que l'un vaut
« bien l'autre. »

Malgré tout ce que lui a dit Franville, sur l'avenir glorieux qui attend Alexis, Georgina a passé la nuit entière sans dormir, car elle voit toujours celui qu'elle aime sur le théâtre de la guerre, elle le voit blessé, souffrant, expirant loin d'elle. Ces idées la poursuivaient et la désolaient. Cependant Alexis n'est pas encore parti, si on pouvait le faire remplacer maintenant, il en serait temps encore, il ne partirait pas. Cette pensée en fait naître une autre dans l'esprit de la jeune fille, cette autre lui rend l'espérance, le courage et elle attend avec impatience le jour pour exécuter la résolution à laquelle elle vient de s'arrêter.

Ce jour est venu, sur les onze heures du matin, Duhautcours vient de passer dans son cabinet ; depuis un mois le millionnaire est devenu d'une maigreur effrayante ; ses joues sont creuses, ses yeux caves, sa démarche lente et incertaine dénote la souffrance ; il se traîne jusqu'à un fauteuil dans lequel il se jette, en murmurant :

« — Ah ! mon Dieu !... »

Un domestique apporte sur un magnifique plateau d'argent, une charmante tasse et un pot au lait en porcelaine de la manufacture de Sèvres et sur laquelle des fleurs ont été si habilement peintes que l'on ne peut se lasser de les admirer, et que l'on reconnaît la touche, le fini, le talent distingué de *Fontaine*, cet artiste auquel la porcelaine doit tant d'inimitables bouquets.

Sur le plateau il y a encore un joli couteau en vermeil, puis un petit pain de gruau, le domestique a placé cela sur le bureau du banquier, en disant :

« — Monsieur a ordonné qu'on lui servît son déjeuner
« dans son cabinet... le voilà...

« — Oui... c'est bien... » murmure Dubautcours d'une voix sourde, « pour un pareil déjeuner, il n'est pas né-
« cessaire d'aller s'installer dans une salle à manger!...

« — Si monsieur désirait autre chose... une volaille...
« du pâté...

« — Taisez-vous! taisez-vous, imbécile! que je risque
« une bouchée de viande, pour éprouver ensuite des
« douleurs atroces, n'est-ce pas?... sortez, si j'ai besoin
« je sonnerai. »

Demeuré seul, Dubautcours appuie son bras sur son bureau et regarde d'un œil sombre son déjeuner, en se disant :

« — A quoi donc cela sert-il d'avoir tant de fortune!...
« En vérité je commence à trouver que c'est une raillerie
« du sort!.. je suis millionnaire, mais je n'ai plus d'en-
« fant; j'ai perdu les deux que j'avais... lorsque je
« croyais pouvoir être certain de les conserver; et ce Ger-
« bier... qui n'a pas le sou... a toujours ses cinq enfants
« près de lui... Ah! il avait raison, cet homme... il est
« plus riche que moi!... je suis millionnaire, et la seule
« femme que j'ai jamais véritablement aimée refuse de
« m'épouser... elle ne possède rien... et elle ne veut pas
« de moi... elle me préfère un jeune soldat!... Je suis
« millionnaire... et je meurs de faim... il me faut ne plus
« vivre que de laitage... mon estomac refuse tout autre
« nourriture; je puis avoir sur ma table les mets les
« plus recherchés, les vins les plus rares, les plus géné-
« reux... il ne faut pas que j'y touche... mais Gerbier
« peut sans que cela lui fasse mal, manger des haricots...
« du petit-salé, des noix... qu'il arrose avec de l'eau...
« il peut satisfaire son appétit... moi, c'est à peine si je
« digérerai quelques bouchées de ce pain émiettées dans
« du lait... et je suis millionnaire!... quelle dérision!...

« les millions, c'est l'amour de celle que l'on aime... ce
« sont des enfants qui nous chérissent... c'est la santé...
« c'est un bon estomac... oh oui ! je le sens bien mainte-
« nant, voilà la seule, la vraie richesse. »

Et Duhautcours reste longtemps plongé dans ses réflexions qui sont loin d'être gaies ; enfin il se décide à
casser un petit morceau de pain de gruau, à se verser
du lait dans sa tasse et à commencer ce que *Sainte-
Foy* aurait appelé un f... déjeuner, lorsque le domestique
ouvre la porte du cabinet.

« — Je ne vous ai point sonné ! » s'écrie le banquier
qui a toujours de l'humeur, quand il a des témoins de
son maigre repas. « Que voulez-vous... pourquoi entrez-
« vous?

« — Pardon, monsieur, c'est une personne qui désirait
« beaucoup parler à monsieur...

« Je ne veux recevoir personne... je ne suis pas visi-
« ble... renvoyez... renvoyez !...

« — Cela suffit, monsieur, je vais dire à cette jeune de-
« moiselle que vous ne recevez pas...

« — Comment... c'est une jeune demoiselle qui est là...
« a-t-elle dit son nom?

« — Oui, monsieur, elle se nomme Georgina Ger-
« bier...

« — Georgina ! » s'écrie Duhautcours en faisant un bond
sur son fauteuil, c'est mademoiselle Georgina... et vous
« ne me le disiez pas... allez vite... faites entrer cette de-
« moiselle... ah ! d'abord ôtez ce déjeuner... ôtez tout
« cela... dépêchez-vous donc... maintenant hâtez-vous...
« ne faites pas attendre. »

Et le banquier, dont les traits se sont animés au seul
nom de la jeune fille, se regarde dans la glace et tâche
de remettre un peu plus de soin dans sa toilette, tout en
se disant :

« — Elle ici... chez moi... mon Dieu, quel espoir !... au-

« rait-elle réfléchi... changé de résolution... oh! oui...
« oui... ce ne peut-être que cela...

Mais déjà Georgina entre pâle et craintive dans le cabinet de Duhautcours, celui-ci court au-devant d'elle et la conduit sur une causeuse en lui disant :

« — A quelle heureuse circonstance, dois-je, made-
« moiselle, le bonheur qui m'arrive... je suis si heureux
« de votre visite qu'en vérité je doute encore si c'est bien
« vous qui venez chez moi.

« — En effet, monsieur, » répond Georgina d'une voix tremblante, « je comprends que la démarche que je fais
« aujourd'hui puisse vous étonner... il fallait un motif
« bien puissant pour que je me présentasse chez vous...
« c'est bien hardi de ma part...

« — Bien hardi ! eh, pourquoi donc cela... cette mai-
« son vous fut toujours ouverte... il ne tient qu'à vous
« qu'elle soit la vôtre; ne vous ai-je pas offert d'y com-
« mander, d'y régner en souveraine...

« — Oh ! monsieur... pardon... mais... j'ai à vous de-
« mander...

« — Comme vous voilà tremblante ! émue... de grâce,
« remettez-vous, mademoiselle, et veuillez me parlez
« avec confiance.

« — Oui, monsieur, oui, je vais tâcher : la dernière
« fois que vous êtes venu chez mon père, monsieur, vous
« m'avez répété à plusieurs reprises que vous désiriez
« faire mon bonheur...

« — Cela est vrai, mademoiselle, je vous le répète en-
« core... faire votre bonheur, voilà le plus ardent de
« mes vœux !...

« — Eh bien, monsieur, ce sont ces paroles qui m'ont
« inspiré la pensée de venir vous trouver... car mon
« bonheur... vous pouvez le faire, monsieur, oh oui, il
« ne tient qu'à vous que je sois heureuse... et si vous ne
« repoussez pas ma demande, ma reconnaissance sera

« éternelle ; votre souvenir restera sans cesse gravé dans
« ma mémoire... et je vous bénirai !...

« — Veuillez vous expliquer, mademoiselle, » répond
Duhautcours qui trouve que la conversation ne prend
pas la tournure qu'il espérait et devient plus sérieux.

« — Vous avez donc quelque chose à me deman-
« der?...

« — Oui, monsieur... je vais vous confier ce qui
« m'amène près de vous..: sans que mon père le sache...
« car il ne l'aurait peut-être pas voulu, lui... et moi, je
« me suis dit que cela vous serait si facile... que cela
« vous coûterait si peu...

« — Je ne comprends pas du tout...

« — Monsieur... vous savez que j'aime un jeune
« homme qui est tombé au sort... qui est soldat... ce
« jeune homme... Alexis, c'est mon fiancé... nous allions
« nous marier... S'il avait eu de quoi acheter un rem-
« plaçant, il ne serait pas parti... maintenant il serait
« encore temps... mais il faut se dépêcher, car on parle
« d'envoyer son régiment en Crimée... où l'on se bat tous
« les jours... où Alexis sera tué peut-être... Ah ! mon-
« sieur... rendez-moi celui que j'aime... avec quatre
« mille francs je ferai remplacer Alexis. Prêtez-moi cette
« somme, monsieur, ce n'est rien pour vous... c'est tout
« pour moi... je vous la rendrai à force de travail,
« d'économies, je parviendrai un jour à vous rembour-
« ser; mais en attendant vous aurez fait mon bonheur,
« monsieur, car vous m'aurez réunie à celui qui a tout
« mon amour... et je ne connais pas de plus grand bon-
« heur que celui-là... »

Pendant que la jeune fille s'explique, la physionomie
du banquier a totalement changé ; elle est redevenue
sombre, rogue, désagréable, ses pieds qu'il frappe avec
impatience sur le parquet en regardant à droite et à

gauche, semblent annoncer qu'il ne veut plus écouter ce qu'on lui dit.

Enfin Georgina a cessé de parler, mais ne recevant aucune réponse à sa demande, elle se décide à balbutier :

« — Est-ce que vous ne m'avez pas entendue, mon« sieur?

« — Pardonnez-moi, mademoiselle, oh! je vous ai
« beaucoup trop entendue même, car si j'avais su...
« mais j'étais si loin de me douter... Comment, made-
« moiselle, c'est pour me conter de pareilles choses que
« vous êtes venue me trouver... je n'en reviens pas ! ma
« parole d'honneur, je n'en reviens pas!...

« — Que voulez-vous dire par là, monsieur, ma de-
« mande vous semble-t-elle donc si inconvenante...

« — Votre demande!... mais elle n'a pas le sens com-
« mun, mademoiselle, permettez-moi de vous le dire...
« Comment !... vous savez que je vous aime, que je vous
« adore... il me semble que je vous l'ai prouvé en vous of-
« frant le titre de ma femme, que je vous offre toujours...
« et vous venez me demander de quoi libérer un pe-
« tit monsieur dont vous êtes affolée, afin que ce blanc-
« bec vous revienne et que vous puissiez l'épouser...
« et vous croyez que je vais être assez bon... c'est-à-dire
« assez bête, pour vous aider à épouser mon rival...
« Oh non! oh non!... je m'en garderai bien. »

Georgina se lève et répond d'une voix qui ne tremble plus maintenant :

« — Pardon, monsieur, mais je m'imaginais que l'on
« n'était pas bête parce qu'on était généreux ; j'avais
« eu la sottise de croire à vos protestations quand vous
« parliez de faire mon bonheur, et je venais vous en
« fournir l'occasion...

« — Elle est jolie l'occasion !... votre bonheur... je
» veux le faire... avec le mien... c'est avec moi que je

« veux vous rendre heureuse... je ne tiens pas du tout à
« ce que vous le soyez avec un autre... au contraire!...

« — Assez, monsieur, assez!... je vois que je m'étais
« bien trompée en croyant qu'une bonne action pouvait
« vous être agréable... je vous avais mal jugé : mais du
« moins cette conversation aura encore servi à quelque
« chose, car elle m'aura prouvé que j'ai eu bien raison
« de refuser de m'unir à vous. »

Après avoir dit ces mots, Georgina fait au banquier une légère inclination de tête, puis elle sort de chez lui d'un pas précipité.

Quant à Dubautcours, il a fait malgré lui un mouvement pour retenir la jeune fille, mais son regard fier l'a terrifié ; il retombe dans son fauteuil où il demeure comme anéanti, en se disant : « — Comme elle aime « cet Alexis!... et cependant il n'a pas le sou! »

Le soir même, Georgina qui ne veut pas avoir de secrets pour son père, lui raconte ainsi qu'à Franville la démarche qu'elle a faite le matin près du banquier, et quel en a été le résultat.

« — Ma chère enfant, » dit Gerbier, « si tu m'avais
« consulté, tu te serais épargné une peine inutile ; je
« t'aurais dit : ne va pas chez ce millionnaire, car il
« refusera de te rendre service. Cet homme est un
« égoïste... ce n'est pas ton bonheur qu'il voulait faire
« en t'épousant, c'était le sien... et il l'a bien prouvé
« en te refusant ce que tu lui demandais.

« — C'est égal, » dit Franville, « quand on roule
« sur l'or, sur les billets de banque... refuser quatre
« méchants mille francs à une jolie fille qui vous les
« demande les larmes dans les yeux... Ah! faut être
« bien coriace... et il osait dire qu'il vous aimait!...
« Tenez, ma petite, vous avez eu bien raison de refuser
« d'épouser ce monsieur-là... et maintenant je vous en
« fais mon compliment!... mais c'est égal... s'il arrivait

« malheur à Alexis... Sacrebleu ! c'est à Duhautcours
« que je m'en prendrais. »

Au bout de trois jours on reçoit une nouvelle lettre d'Alexis qui ne contenait que ces mots :

« Chère Georgina, j'ai à peine le temps de tracer
« quelques lignes, nous partons pour la Crimée... j'es-
« père m'y distinguer. Du courage !... Vous me rever-
« rez... votre amour me portera bonheur... il sera mon
« talisman... Je vous écrirai dès que je serai là-bas...
« ou avant si l'on relâche dans un endroit d'où je
« puisse écrire... embrassez tous ceux que j'aime... ne
« pleurez pas, mais priez pour moi. »

En achevant cette lettre Georgina s'est évanouie, tandis que Franville s'écrie : « — Eh, nom d'une pipe !
« est-ce qu'elle a cru qu'on devenait soldat pour peser
« du poivre et du café ! »

XX

LA PETITE BOITE.

Quatre mois se sont écoulés, on a reçu une autre lettre d'Alexis, elle était datée de Balaclava; il était arrivé en Crimée sans autre accident que le mal de mer, et Franville ne cessait de répéter : « Vous voyez bien « que cela va tout seul... il est en bonne santé et il va « se battre. Que diable voulez-vous de mieux? »

Mais depuis que celui qu'elle aime est sur le théâtre de la guerre, jamais un sourire n'est venu ranimer la douce physionomie de Georgina, toujours pâle et languissante, toujours triste et rêveuse; elle cherche devant son père à affecter un courage qu'elle n'a pas, elle se cache pour pleurer ; mais Gerbier devine bien tout ce qui se passe dans son cœur, et il partage le chagrin de sa fille.

Pour captiver l'attention de Georgina, il suffit de parler de la guerre, elle écoute ardemment tout ce que l'on dit à ce sujet, chaque jour il faut maintenant que son père lui lise le journal, c'est-à-dire les passages du journal où l'on parle de la Crimée, elle apprend que l'on s'est battu, que les Français et les Anglais sont vainqueurs, mais elle voit aussi que l'ennemi se défend bien et qu'il fait souvent payer cher la victoire.

Pour satisfaire Georgina, Franville est à l'affût de nouvelles, et chaque soir il vient conter ce qu'il a appris dans la journée, en ayant bien soin pourtant d'écarter de son récit ce qui pourrait ajouter aux inquiétudes de la jeune fille.

« — Pardieu ! » s'écrie un soir la vieille moustache en arrivant chez Gerbier, « ce mauvais sujet d'Isidore... « c'est-à-dire d'Eustache Craquet, est plus heureux « qu'il ne le mérite !... le voilà aussi embarqué pour la « Crimée, il est capable d'attraper là-bas quelque bles-« sure honorable qui effacera les sottises qu'il a faites « ici.

« — Comment sais-tu cela, » dit Gerbier.

« — Par mademoiselle Philiberte... il m'est venu à « l'idée d'aller chez la blanchisseuse pour savoir ce que « l'on avait fait du jeune Craquet... croirais-tu qu'elle « pleurait comme une Madeleine, en me disant qu'il « était soldat... et qu'elle se repentait bien d'avoir été « cause de sa dégringolade !... ô les femmes !... les « hommes qui les délaissent sont toujours ceux qu'elles « regrettent !

« — Et monsieur Duhautcours... l'as-tu revu ?

« — Lui !... oh ! non vraiment !... et je ne remettrai « jamais les pieds chez lui... depuis que je sais qu'il a « refusé à cette chère petite une chose qu'il lui était si « facile d'avancer... je ne veux plus le voir... Au reste, « il paraît que cela ne lui a pas porté bonheur... il ne « peut pas guérir de sa maladie... et quelqu'un m'a dit « qu'il ne pouvait pas aller loin comme ça...

« — Ah ! je ne souhaite pas sa mort ! » murmura Georgina, « elle ne libérerait pas Alexis !...

« — Sans doute, ma petite, il ne faut jamais désirer « la mort de personne, mais quand quelqu'un qui s'est « mal conduit passe l'arme à gauche, je me contente de « dire : serrez les rangs. »

Quelques semaines se passent encore, et l'on n'a plus

reçu de lettres d'Alexis, les craintes de Georgina deviennent chaque jour plus vives.

« — S'il ne nous écrit pas, » dit-elle, « c'est qu'il lui « est arrivé quelque malheur... c'est qu'il est blessé « grièvement... ou mort peut-être. »

En vain, Franville ne cesse de répéter à la jeune fille qu'un soldat n'a pas souvent le temps d'écrire, que lorsqu'il en a le temps, ce sont les moyens qui lui manquent; puis enfin que lorsqu'il a écrit, il lui est souvent très-difficile de faire partir sa lettre, et que celle-ci après être partie peut encore s'égarer en route.

« — Non » dit Georgina, « les communications sont « libres... plusieurs personnes de mon magasin ont des « parents, des amis là-bas... et elles ont encore depuis « peu reçu des lettres d'eux; si Alexis avait pu écrire, « j'en aurais reçu aussi. »

Gerbier fait son possible pour calmer les alarmes de sa fille, mais dans le fond de son âme il partage ses craintes, et n'est pas tranquille sur le sort d'Alexis.

Un soir, Franville arrive plus tard qu'à l'ordinaire; les petits garçons et les deux sœurs de Georgina sont couchés, mais celle-ci a voulu veiller avec son père, espérant toujours voir arriver leur vieil ami, et apprendre par lui quelques nouvelles.

Franville a dans sa physionomie quelque chose de contraint, ses traits sont altérés; et bien qu'il fasse ses efforts pour causer comme à son ordinaire, pour des gens qui veulent lire dans sa pensée, il cache au fond de son âme une triste nouvelle.

« — Que venez-vous nous apprendre ce soir ? » lui dit Georgina.

« Moi... rien ! » répond le vieux militaire en affectant un air indifférent.

« — Comment vous ne savez rien de nouveau de l'ar« mée... de la situation des troupes en Crimée ?

« — Mais non... les troupes occupent toujours les
« même positions... je ne crois pas qu'il y ait eu de
« nouveaux combats depuis quelque temps...

« — Vous ne croyez pas... mais vous n'en êtes pas
« certain...

« — Mon enfant, je n'en sais pas plus que les jour-
« naux...

« — Quelquefois on rencontre des personnes qui re-
« viennent de là-bas... vous qui connaissez beaucoup de
« militaires...

« — Oui... mais ceux que je connais... ne sont pas
« revenus... ils sont toujours en Crimée... »

Il y a dans la voix, dans la manière de répondre de Franville quelque chose qui frappe la jeune fille ; elle croit aussi remarquer quelques regards sombres qu'il lance furtivement sur Gerbier, lorsqu'il pense qu'elle ne le verra pas. Feignant bientôt d'être fatiguée et d'avoir besoin de sommeil, Georgina se lève en disant : « Puis-
« que vous n'avez rien à nous apprendre ce soir... je
« vais aller me reposer... car je me sens accablée...

« — Va, ma fille... va et tâche de ne plus te tourmenter
« autant... car tu te rendras malade... » dit Gerbier en embrassant sa fille.

« — Bonsoir, mon père... bonsoir, monsieur Fran-
« ville. »

Le vieil ami ne lui répond qu'en lui donnant un baiser sur le front ; mais ce baiser est glacé, et celui-ci qui le donne est tremblant.

Georgina a quitté la chambre, elle a refermé la porte sur elle ; lorsque les deux amis sont seuls, Franville laisse tomber sa tête sur sa poitrine, et s'abandonne à la douleur que jusque-là il a essayé de surmonter.

« — Eh bien, qu'as-tu donc ? » lui dit Gerbier. « Quelle
« tristesse sur ton front... mon Dieu ! qu'y a-t-il... tu sais
« donc quelque chose de fâcheux ?...

« — Oui... oui... je sais... et je ne pouvais pas dire
« cela devant ta fille... pauvre petite !... elle aura tant
« de chagrin... et moi-même, vois-tu... Tiens, je suis
« tout bouleversé !... »

En disant cela, le vieux militaire passe sa main sur ses yeux pour essuyer des larmes qui s'en échappent.

Gerbier qui respire à peine, s'approche de son ami et lui prend la main, en murmurant :

« — Allons, parle... parle... dis-moi tout... Je suis un
« homme, moi !...

« — En sortant de dîner, je suis entré au café où je
« vais quelquefois. Là j'aperçois un soldat du 20ᵉ de
« ligne, qui a le bras droit en écharpe ; je m'approche
« de lui, nous causons... Il revient de Crimée... il
« n'est à Paris que depuis deux jours... Il a débarqué
« à Marseille : « Vous faites partie du 20ᵉ ? lui dis-je.
« Avez-vous connu dans votre régiment un jeune
« homme nommé Alexis ?... — Alexis, me dit-il ; par-
« bleu ! nous étions dans la même compagnie ; il était
« mon sergent, car il venait d'être nommé sergent... un
« bien gentil garçon... et qui jouait bien joliment du
« piston !... — C'est cela, c'est bien celui que je connais,
« dis-je ; eh bien, où est-il maintenant ? — Hélas !
« monsieur, il était avec moi à cette affaire où j'ai reçu
« deux balles dans le bras... mais lui, Alexis, a été
« blessé avant moi... Je l'ai vu tomber à mes côtés...
« j'aurais voulu le secourir, mais l'ennemi était là, il
« fallait aller en avant... et un peu plus tard je reçus mon
« affaire... On me ramassa ensuite et je fus transporté à
« Constantinople... — Mais Alexis... Alexis ! repris-
« je. — Oh ! quant à lui, il était mort, car on ne l'a pas
« vu à l'ambulance. »

A peine Franville a-t-il achevé ces mots qu'un cri douloureux se fait entendre, puis le bruit d'une personne qui tombe sur le parquet.

« — Elle était là !... elle écoutait !... » s'écrie Gerbier en courant ouvrir la porte du fond. Et il trouve en effet Georgina étendue sans connaissance. Il la prend dans ses bras, la transporte sur son lit, et, aidé de Franville, lui prodigue tous les secours. Bientôt les deux jeunes filles, que le cri de leur sœur a réveillées, viennent se joindre à leur père et mêler leurs larmes aux siennes; car quelques mots leur ont bien vite appris quel malheur vient de désoler leur famille.

Georgina rouvre les yeux... Elle voit son père et ses sœurs agenouillés devant son lit, et plus loin Franville cachant sa tête dans ses mains. Le tableau de cette douleur si vraie la touche profondément; elle peut pleurer aussi, elle peut exprimer ce qu'elle sent. Gerbier se lève, il prend la main de Georgina et la presse avec force dans les siennes, mais il ne peut parler. Georgina le regarde et murmure :

« — Il est mort... mon Alexis... Ah ! je savais bien,
« moi, que je ne le reverrais plus !... Mais ne vous déso-
« lez pas, mon père... j'aurai du courage... Ne pleurez
« pas, mes sœurs... je vivrai pour vous tous... je n'ai
« plus que vous à aimer. »

Il est des chagrins que le temps seul peut, non pas effacer, mais adoucir. Pour Georgina, la vue de son père, de ses sœurs pouvait mieux que toutes les exhortations ranimer son courage : elle les voyait si désolés de son malheur, qu'elle était souvent obligée d'être la première à leur parler raison, à tâcher de les consoler. Mais bien loin de chercher à lui faire oublier Alexis, ceux qui l'entouraient lui en parlaient sans cesse; ils comprenaient bien que, pour une âme aimante, parler de celui qui avait notre amour, c'est épancher son chagrin. Il y a des gens qui ne comprennent pas cela, et qui veulent qu'on oublie bien vite ceux qu'on a perdus.

Il y avait huit jours que Franville avait apporté la fatale nouvelle. La famille était rassemblée; le vieil ami était là, et comme à l'ordinaire on parlait d'Alexis, lorsque Gerbier dit tout à coup à Georgina :

« — Mais ce brave garçon ne t'avait-il pas avant de
« partir remis une petite boîte cachetée?...

« — Oui, mon père... oui... en effet, avec prière de ne
« l'ouvrir que s'il ne revenait plus... et j'espérais tant ne
« l'ouvrir jamais !...

« — Eh bien... cette boîte... as-tu regardé ce qu'elle
« contient ?

« — Oh! non... je n'y ai pas touché... je ne voulais
« pas y toucher...

« — Cependant, ma bonne petite, » dit Franville, « si
« notre cher Alexis a tracé là dedans ses dernières vo-
« lontés, ne trouvez-vous pas que c'est un devoir de les
« remplir?... et puisqu'il vous a chargée de cela... com-
« ment suivrez-vous ses intentions si vous n'ouvrez ja-
« mais cette boîte?...

« — Notre ami a raison, » dit Gerbier, « c'est un de-
« voir à remplir; qu'il soit pénible ou non, il faut faire
« ce qu'Alexis a dit...

« — Eh bien... je vais chercher cette boîte, mon
« père... Vous l'ouvrirez, vous !... »

Georgina revient bientôt avec la petite boîte cachetée, qu'elle remet à son père en versant des larmes. Celui-ci se hâte d'ouvrir la boîte; il trouve d'abord en dessus un petit papier plié en quatre, sur lequel on reconnaît l'écriture d'Alexis. Gerbier se hâte de lire :

« — Ma chère Georgina, j'ai dit à votre père que j'avais
« perdu mes parents, parce que je n'osais pas lui avouer
« que je n'étais qu'un malheureux enfant trouvé. Telle
« est pourtant la vérité. Mes parents m'ont mis à cet
« hospice... fondé par *Vincent de Paule*... Ils avaient ce-
« pendant pris quelques précautions pour me retrouver
« un jour; mais moi, ne voulant pas connaître jamais

« ceux qui ont pu m'abandonner, j'ai changé de nom, et
« pris celui d'Alexis, tandis que mes noms étaient Isi-
« dore Dubois... »

« — Grand Dieu !... ai-je bien entendu !... » s'écrie Franville, « tu as dit Isidore Dubois !...

« — Oui... oui, » reprend Gerbier, qui est tout aussi ému que son ami, « mais attends... laisse-moi finir...

« — Isidore Dubois... Vous trouverez dans cette boîte
« un billet de ma mère, qui était dans mon berceau, et
« une petite croix qu'on avait attachée à mon cou et
« que j'ai portée jusqu'à l'âge de seize ans... Adieu,
« chère Georgina, vous savez maintenant le seul secret
« que j'avais eu pour vous... »

« — Pauvre Alexis ! » dit Georgina, « qui croit que
« nous lui aurions fait un crime de l'abandon de ses
« parents... Mais, mon Dieu, qu'avez-vous donc, mon-
« sieur Franville ?...

« — Ce que j'ai... ce que j'ai... Gerbier, ouvre donc
« ce papier qui est au fond de la boîte...

« — Une petite croix... une lettre... Tiens, regarde...

« — La lettre d'Adèle... de sa mère... Je reconnais
« son écriture... Et cette petite croix... marquée de son
« chiffre... Oh ! il n'y a plus à s'y tromper, cette fois... pau-
« vre Alexis !... c'était bien ce jeune homme que je
« cherchais partout... Isidore... le fils de Duhautcours !

« — Alexis !... le fils de M. Duhautcours !... » murmure Georgina en cachant sa tête dans ses mains, puis
elle murmure : « Oh ! mon Dieu !... et il a refusé de le
« sauver ?

« — Oui, mon enfant, » dit Franville, « et s'il a encore
« un peu de cœur... ce sera sa plus grande punition.
« Permettez-moi de prendre cette croix et ce billet...
« Oh ! je vous rapporterai tout cela fidèlement, ma petite ;
« cela vient d'Alexis, et je conçois que vous y teniez...
« mais je veux seulement montrer ces preuves à Duhaut-

« cours afin qu'il ne puisse douter que c'était bien
« pour son fils que vous étiez venue le supplier...

« — Hélas ! cela ne nous rendra pas Alexis !

« — Non, mais cela prouvera à ce millionnaire que
« c'est toujours une faute qui porte sa peine, de se
« refuser à faire une bonne action... »

Franville a serré précieusement dans son porte-cigares la croix et la lettre qui appartenaient à Alexis ; puis, laissant la famille Gerbier encore sous l'impression de ce que l'on vient de découvrir, il les quitte pour se rendre sur-le-champ chez le banquier ; car, bien qu'il soit près de dix heures du soir, il ne veut pas remettre au lendemain ce qu'il a à lui apprendre.

« — M. Duhautcours est-il chez lui ? » demande le vieux militaire au concierge de l'hôtel.

« — Certainement que monsieur est chez lui, car,
« depuis huit jours déjà, il ne sort plus, il est trop faible ;
« mais je doute qu'il soit visible... Demandez à un valet
« de chambre.

Le valet de chambre répond :

« — Monsieur vient de se coucher, il ne reçoit plus...

« — Allez lui dire que c'est M. Franville qui désire
« lui parler... Je vous parie qu'il me recevra, moi. »

En effet, le valet revient bientôt chercher Franville, qu'il introduit dans la chambre à coucher du banquier. Celui-ci est tellement changé, la maladie et les souffrances ont causé chez lui de si grands ravages, que pour le reconnaître il faut être prévenu d'avance.

Cependant le nom de son ancienne connaissance a ranimé le malade ; il se soulève à demi et tourne la tête vers Franville en lui disant d'une voix creuse :

« — C'est vous... il y a bien longtemps que je ne vous
« ai vu... vous devez me trouver bien changé ?

« Mais, oui, pas mal comme ça !

« — J'ai les premiers médecins de Paris... ils ne savent
« pas me guérir...

« — Il y a un autre médecin auquel vous ne vous êtes
« jamais adressé... C'est celui qui envoie de bonnes
« pensées, qui conseille de bonnes actions... qui vous dit
« qu'en faisant des heureux, on le devient soi-même...
« Vous n'avez jamais écouté ce médecin-là, vous avez eu
« tort, il vous aurait peut-être guéri !... »

Duhautcours se rejette sur son oreiller en murmurant :

« — Est-ce que vous n'êtes venu que pour me dire
« cela ?...

« — Pardonnez-moi... j'ai encore autre chose à vous
« dire... J'ai retrouvé votre fils... l'enfant d'Adèle, le véri-
« table Isidore...

« — Oh ! encore quelque histoire... un autre mau-
« vais sujet qui a pris ce nom... pour tâcher de me gru-
« ger... de me mettre à contribution comme le pre-
« mier...

« — Non, non, soyez tranquille... celui-là ne vous
« coûtera rien... il ne dépensera pas votre argent... Une
« fois seulement vous auriez pu faire quelque chose
« pour lui... mais vous ne l'avez pas voulu...

« — Je ne vous comprends pas... expliquez-vous
« mieux.

« — Ne vous souvenez-vous plus que la fille de Ger-
« bier... Georgina... est venue une fois vous trouver pour
« vous prier de lui prêter quatre mille francs avec les-
« quels elle aurait fait remplacer celui qu'elle devait
« épouser ?

« — Si, je m'en souviens très-bien.

« — Et vous avez refusé de lui donner cet ar-
« gent... Quatre mille francs !... c'est deux sous pour
« vous !...

« — Parfaitement !... mais puisque je voulais épouser

« cette jeune fille, je ne devais pas lui fournir les moyens
« d'en épouser un autre...

« — Mais puisque cette jeune fille ne voulait pas de
« vous, puisqu'elle vous avait dit bien positivement
« qu'elle ne serait jamais votre femme... En lui rendant
« le service qu'elle implorait de vous, cela ne chan-
« geait rien à vos espérances, vous n'en aviez pas...
« Seulement vous faisiez son bonheur... celui de ce
« pauvre garçon...

« — Je ne voulais pas du tout faire le bonheur de ce
« pauvre garçon...

« — Ah! que l'on ne vienne donc plus me parler de
« la voix du sang... de ces secrètes sympathies qui nous
« révèlent ceux que nous devons aimer... Elles vous au-
« raient parlé en faveur de ce jeune homme... de votre
« fils... oui, votre fils? Oh! ce n'est pas un mensonge
« cette fois... voilà les preuves... la lettre de sa mère..:
« Tenez, vous connaissez l'écriture d'Adèle... et cette
« petite croix qu'elle a longtemps portée avant de la
« donner à son enfant... Ah! celui-là ne voulait pas
« usurper votre nom... bien loin de là! il ne voulait pas
« que jamais vous pussiez le reconnaître; et pour cela
« il avait quitté le nom d'Isidore et pris celui d'A-
« lexis... Pauvre garçon!... il semble qu'il devinait que
« son père n'aurait pour lui que de la haine... et qu'il
« le repousserait jeune homme comme il l'avait re-
« poussé enfant!... »

Duhautcours considère la croix et la lettre que Frau-
ville a déposées sur son lit; l'écriture d'Adèle lui était
trop familière pour qu'il pût douter de la vérité. Il balbutie enfin :

« — Eh bien... puisque cet Alexis est mon fils... oui...
« oui... cela m'est bien prouvé cette fois... alors, Fran-
« ville, il faut le faire revenir... le racheter... Tenez...
« voici la clef de mon bureau... ouvrez la caisse à droite...

« prenez autant de billets de banque que vous voudrez...
« ne les ménagez pas... Eh bien... prenez donc cette
« clef... à quoi pensez-vous?... »

Le vieux militaire repousse la clef que le malade lui présente, en répondant d'une voix altérée :

« — C'est inutile... gardez cette clef... gardez votre or...
« il est trop tard maintenant...

« — Comment... pourquoi trop tard ?...

« — Le pauvre garçon ne peut plus être racheté... Il
« était là-bas, en Crimée... il se battait bien, il venait
« d'être nommé sergent... oh! il voulait arriver... et il
« serait parvenu à quelque beau grade... mais le sort ne
« l'a pas voulu... Une balle ennemie y a mis empêche-
« ment, et votre fils est tombé sur le champ de bataille
« pour ne plus se relever... »

Duhautcours pousse un sourd gémissement en murmurant :

« — Il est mort!...

« — Oui, il est mort, et c'est seulement après avoir
« appris cette triste nouvelle que l'on a découvert ces
« preuves de sa naissance, dans une petite boîte cachetée
« qu'il avait laissée à Georgina, en la priant de ne l'ouvrir
« que s'il ne devait pas revenir... Malheureusement elle
« a tenu parole; car si elle avait ouvert la boîte plus
« tôt... on aurait su... et alors... Mais, que sait-on...
« vous auriez peut-être également refusé de le racheter!

« — Ah! Franville !... vous êtes cruel!...

« — C'est possible... mais c'est que vous l'avez été
« aussi, vous... et j'en reviens toujours à mes premières
« paroles... Si, dès que vous avez été un peu riche, vous
« aviez repris l'enfant, tout cela ne serait pas arrivé...
« car tout se tient, tout s'enchaine dans le monde... et
« ce qui arrive aujourd'hui n'est que le résultat de ce que
« s'est fait autrefois... Enfin... il n'y a plus de remède.
« Je reprends cette croix, cette lettre, c'est tout ce que ce

« brave garçon a laissé... cela appartient à Georgina, elle
« ne s'en séparera plus. Adieu, monsieur, je ne pense pas
« maintenant que nous nous reverrons jamais...
  « — Franville... de grâce !
  « — Adieu, je n'ai plus rien à vous dire. »

XXI

LES HASARDS DE LA GUERRE.

La santé déjà si chancelante du millionnaire devient encore plus faible après la visite que Franville lui a faite. Depuis longtemps les médecins avaient condamné le riche malade, mais celui-ci espérait encore ; maintenant il ne se fait plus illusion, il voit son état, et il fait mander près de lui son notaire, afin de lui dicter ses dernières volontés.

Après avoir fait son testament et donné toutes les instructions nécessaires à son notaire, Duhautcours se sent un peu soulagé ; pour la première fois des pensées douces s'offrent à son esprit ; souvent il se dit : « Je l'ai vu cet Alexis, mon fils... il était très-bien... je l'aurais « aimé... oui, je sens que je l'aurais aimé... et ne pou-« voir lui laisser ma fortune... enfin, de là-haut il sera « content de l'emploi que j'en ai fait. »

Puis, faisant un retour sur sa vie, Duhautcours soupire en se disant :

« — J'ai perdu tous mes enfants... je meurs seul... « entouré d'étrangers... de valets... et personne pour « me serrer la main... pour me fermer les yeux... voilà « donc à quoi auront servi tous mes millions ! Oh ! si je « pouvais recommencer ...

Mais on ne recommence pas, et quelques jours après avoir fait son testament, Duhautcours termine à cinquante ans à peine une carrière que tous ses trésors n'ont pu prolonger.

Deux jours après cet événement, Gerbier est mandé chez un notaire pour affaire très-pressée. L'ouvrier imprimeur se rend à cette invitation en se disant :

« — Que diable un notaire peut-il avoir à me dire...
« Je n'attends aucun héritage... je n'ai pas la plus petite
« propriété... et je ne veux pas emprunter d'argent,
« d'autant plus que personne ne voudrait m'en prêter. »

Mais arrivé dans le cabinet du notaire, celui-ci après s'être assuré de son identité lui dit :

« — Je vous ai fait prier de passer chez moi, monsieur,
« pour vous annoncer que M. Duhautcours est mort et
« qu'il a nommé mademoiselle votre fille aînée, Geor-
« gina, sa légataire universelle... La succession de
« M. Duhautcours s'élèvera à plusieurs millions. »

Gerbier demeure interdit, stupéfait, il croit rêver et balbutie :

« — Quoi, monsieur, il serait possible... le riche ban-
« quier... il est mort... et ma fille Georgina est son héri-
« tière.

« — Oui, monsieur, oh! le testament de M. Duhaut-
« cours est bien en règle, vous n'aurez de contestation
« avec personne!... Il n'avait aucun parent; il veut... ce
« sont ses dernières paroles, que mademoiselle votre fille,
« qui a refusé ses richesses de son vivant, en jouisse en-
« tièrement après sa mort. Je vous ai d'abord mandé
« seul, monsieur, parce que j'ai pensé que vous sauriez
« mieux que tout autre préparer mademoiselle votre fille
« à sa nouvelle fortune.

« — Sa nouvelle fortune! ah! je vous jure qu'elle ne
« l'éblouira pas... il y a un autre bonheur qu'elle avait
« rêvé... mais je ne vous en remercie pas moins, mon-
« sieur le notaire, car ceci est un grand événement pour
« nous tous. »

Gerbier, comme on le pense bien, ne retourne pas à son imprimerie, il court chez lui, il envoie chercher ses deux fils à l'école, il embrasse ses deux filles, il voudrait que Georgina fût là... il ne sait s'il doit l'envoyer chercher ; et les enfants qui voient l'agitation de leur père, lui disent tous ;

« — Qu'est-ce donc, papa ?
« — Qu'est-il donc arrivé ?
« — Est-ce que vous n'avez plus d'ouvrage à l'impri-
« merie ?
« — Mais vous avez l'air content cependant...
« — Oui, mes enfants... oui, je suis bien content... à
« cause de vous surtout, je ne sais plus où j'en suis...
« Allons, Gerbier, calme-toi, mon ami, est-ce que le
bonheur serait plus difficile à supporter que la peine...
« Non... non, soyons raisonnable... mais Georgina, est-ce
« qu'elle ne reviendra que ce soir.
« — Si, papa, elle reviendra à quatre heures, parce
« qu'on est moins pressé à son magasin.
« — Très-bien !... Attendons-la alors... mes chers en-
« fants... embrassez-moi... vous serez donc heureux...
« riches.
« — Nous serons riches, papa ?
« — C'est votre sœur qui hérite d'un banquier million-
« naire, de M. Duhautcours... mais votre sœur riche,
« n'est-ce pas comme si nous l'étions tous.
« — Ah ! bon, je mangerai des gâteaux tous les jours...
« toute la journée ! » dit le petit Émile en sautant dans
la chambre.
« — Non, mon ami, non, car vois-tu, la santé vaut
« encore mieux que la fortune et ce serait mal employer
« celle qui nous arrive que de te donner des indiges-
« tions. »

Quatre heures sonnent et Georgina revient enfin, elle tient une lettre à sa main, elle tremble, elle est tellement émue que c'est à peine si elle peut dire à son père :

« — La portière vient de me donner cette lettre... mon
« Dieu, mon père, c'est de lui... j'en suis sûre... j'ai re-
« connu son écriture... qu'est-ce que cela veut dire ?

« — Comment, le notaire t'a aussi écrit, ma fille, il
« m'avait dit qu'il me laissait le plaisir de t'apprendre ta
« nouvelle fortune.

« — Que parlez-vous de fortune... de notaire... cette
« lettre est d'Alexis, mon père... je reconnais bien son
« écriture.

« — D'Alexis !... il serait possible !

« — Oui... ouvrez-la... ouvrez-la vite... A-t-il écrit
« cela avant de mourir... voyez la date, mon père !

« — Constantinople... du 29 mai.

« — 29 mai, il y a deux mois que cette lettre est en
« route... mon Dieu ! est-ce avant cette funeste affaire...
« Ah ! lisez... lisez !...

« — Ma chère Georgina, mon cher monsieur Gerbier,
« je vous écris de l'hôpital de Constantinople où j'ai été
« transporté blessé...

« — Transporté blessé... et il vit encore... Ah ! mon
« père !... »

Georgina se jette dans les bras de Gerbier, les pleurs
la suffoquent, mais cette fois c'est la joie qui les fait cou-
ler. Enfin elle se remet un peu, et on continue de lire.

« C'est au pied que j'ai été blessé par un coup de bis-
« caïen. J'étais aussi atteint au côté, mais cette blessure-
« là est peu de chose, celle du pied sera plus longue, le
« chirurgien ne sait pas encore si je ne boiterai pas toute
« ma vie. »

« — Oh ! tant mieux, mon père, tant mieux... il revien-
« dra alors et il ne me quittera plus :

« — Un bâtiment met à la voile, il emportera cette
« lettre ; si mon pied ne se guérit pas vite, il est possible
« que l'on me renvoie en France... »

« — Oh ! quel bonheur... il va revenir.

« Je venais d'être nommé sergent lorsque j'ai reçu
« cette blessure... c'est dommage ! vous m'auriez revu
« officier !

« — C'est déjà bien joli d'être sergent.

« Au revoir, mes bons amis, cet événement me ramè-
« nera peut-être plus tôt près de ma chère Georgina. »

La lettre d'Alexis a rendu Georgina au bonheur, presque à la vie ; et tout le monde partage son ivresse ; c'est
à peine au milieu de l'émotion causée par cette nouvelle
inattendue, si l'on se rappelle que l'on est riche. Cependant plusieurs fois Gerbier a dit à Georgina :

« — Ma fille, tu ne sais pas quel nouveau bonheur
« t'arrive... Tu es riche, tu es millionnaire... M. Duhaut-
« cours en mourant t'a fait sa légataire universelle.

« — Ah ! mon père... cela m'est bien égal... il vit !..
« il existe encore... le voilà mon vrai bonheur !

« — Oui, sans doute... mais avec tes richesses tu pour-
« ras ravoir Alexis... le faire remplacer.

« — Ah ! vous avez raison... d'ailleurs cette fortune
« que M. Duhautcours me lègue, elle revenait à Alexis,
« puisqu'il est son fils, et sans doute s'il ne l'avait pas
« cru mort, M. Duhautcours la lui aurait laissée... est-ce
« que j'ai besoin d'argent, moi... mais, mon Dieu ! pour-
« quoi donc cette lettre a-t-elle été si longtemps à nous
« parvenir ?

« — Le bâtiment aura éprouvé des tempêtes, des ava-
« ries, il aura été obligé de relâcher dans quelque port...
« de s'y faire réparer... que sais-je moi !

« — Et ce soldat qui disait qu'Alexis était mort.

« — Le voyant tomber auprès de lui, il a pu le
« croire... il a pu ignorer que son sergent avait été
« transporté blessé à Constantinople... enfin que notre
« cher Alexis nous soit rendu, voilà le principal... et
« avec cela de la fortune...

« — Oh! Alexis d'abord, mon père, Alexis avant
« tout. »

On attend avec impatience que Franville arrive ; et
lorsque le soir le vieux militaire entre chez ses amis,
Georgina court l'embrasser, Gerbier lui secoue la main,
les enfants dansent dans la chambre ; il y a tant de joie,
tant de bonheur sur tous les visages que Franville
s'écrie :

« — Il n'est pas possible !... il faut que ce soldat se
« soit trompé.

« — Oui... oui... car voilà une lettre d'Alexis... il a été
« blessé, mais il n'est pas en danger... Lisez... lisez ! »

La vieille moustache lit, en s'arrêtant quelquefois
pour s'essuyer les yeux, car son émotion n'est pas
moindre que celle de ceux qui l'entourent.

« — Le ciel soit loué ! » s'écrie-t-il en terminant la
lettre. « Ah ! dame, mes enfants, ceci n'a rien d'éton-
« nant, à la bataille il y en a plus d'un que l'on a cru
« mort et qui revient plus tard très-bien portant. Mais
« cette lettre a plus de deux mois de date, si Alexis est
« parti pour la France peu de temps après l'avoir écrite,
« il pourrait arriver au premier jour.

« — Ah ! monsieur Franville, vous vous informerez,
« n'est-ce pas, vous saurez s'il est revenu depuis peu en
« France des militaires du 20e de ligne.

« — Oui, ma petite, oh ! mille noms d'une bombe...
« j'irai jusqu'à Marseille s'il le faut pour avoir des rensei-
« gnements. »

Lorsque Franville est un peu calmé, on lui apprend la
seconde nouvelle ; la mort de Duhautcours et le testament qu'il a fait.

« — Ah ! sacrebleu ! voilà la première belle action de
« sa vie, » s'écrie Franville. « Mais il est mort, n'en di-
« sons plus de mal, d'autant plus qu'en s'en allant il a
« réparé une partie de ses fautes. Vous voilà donc million-

« náire, ma petite Georgina !... Tant mieux, pourvu que
« cette grande fortune ne trouble pas votre repos !

« — Soyez tranquille... elle ne me changera pas. D'ail-
« leurs, ce n'est pas moi qui suis riche, c'est mon père,
« c'est ma famille, c'est vous... moi, je ne veux qu'A-
» lexis. »

Le lendemain de cette belle journée, Franville venait d'apprendre à ses amis que l'avant-veille un bâtiment venant de Constantinople était arrivé à Marseille, ramenant beaucoup de militaires français en convalescence; Georgina se faisait répéter les moindres détails de cette nouvelle, lorsque la porte s'ouvre, et un jeune sergent de la ligne, s'appuyant sur deux béquilles paraît en disant seulement :

« — Me voilà ! »

On court, on entoure Alexis; est-il besoin de dire que Georgina se trouve la première dans ses bras. On le presse, on l'embrasse, on l'emporte, car c'est à qui lui servira d'appui. Pendant quelques minutes on ne peut pas se parler, on n'échange que des paroles sans suite, mais on se regarde, on se sourit, on se serre la main.

« — Cher Alexis! nous vous avons cru mort » dit Georgina, « jugez de mon désespoir !

« — Mais cette lettre que je vous ai écrite après ma
« blessure.

« — Nous ne l'avons reçue qu'hier.

« — Enfin le voilà ce brave garçon, » s'écrie Gerbier,
« ne pensons plus aux chagrins passés... mais d'abord
« ce pied?

« — Il va bien, il guérira, mais il m'est encore impos-
« sible de m'appuyer dessus, c'est pourquoi je me sers
« de béquilles.

« — Alexis, lorsque nous avons cru cette affreuse
« nouvelle, quand on nous a assuré que vous étiez resté
« sur le champ de bataille, j'ai cru devoir faire ce que

« vous m'aviez dit... ouvrir cette boîte que vous m'aviez
« confiée... et... »

Alexis rougit en répondant :

« — Et vous savez que je ne suis qu'un pauvre enfant
« abandonné.

« — Nous savons bien autre chose, » dit Franville,
« c'est que vous êtes le fils de Duhautcours le million-
« naire... la lettre de votre mère, la petite croix... c'é-
« taient là des preuves irrécusables.

« — Que me dites-vous?... ce monsieur que nous
« avons rencontré une fois.

« — C'était votre père... lui-même en a eu la preuve
« avant de mourir.

« — M. Duhautcours est mort.

« — Oui, mais croyant aussi que vous aviez été tué à
« l'armée, et n'ayant plus ni enfants, ni parents, c'est
« à Georgina, c'est à votre femme qu'il a laissé toute sa
« fortune !

« — Mon Dieu ! que m'apprenez-vous? Georgina... si
« vous êtes si riche... est-ce que vous voudrez encore
« de moi?

« — Entendez-vous ce qu'il dit, mon père, il demande
« si je veux de lui... mais ces richesses votre père ne
« me les a laissées que parce qu'il vous croyait mort...
« vous voyez bien qu'elles sont plus à vous qu'à moi !...
« d'ailleurs, si vous m'en croyez, mon ami, nous lais-
« serons mon père disposer de cet argent à sa guise;
« nous ne nous occuperons pas de cette fortune... nous
« nous contenterons de nous aimer. »

Maintenant que la famille Gerbier est heureuse, que
le brave Alexis se guérit de sa blessure près de celle
qu'il épousera lorsque la mort de Duhautcours sera
moins récente, voyons ce que sont devenues les person-
nages de notre connaissance.

Eustache Craquet a été emporté par un boulet de canon à l'attaque de la tour Malakoff.

Mademoiselle Philiberte l'a beaucoup pleuré : les blanchisseuses de fin sont généralement sensibles.

Le lendemain du fameux dîner de cinq cents francs qu'il a payé à lui seul, M. Langlumot a remmené sa femme et son fils à Lisieux, malgré les cris de M. Phonphonse qui voulait encore retourner chez *Séraphin.*

Inutile de dire que le voisin Ranflard est parti avec eux.

Les demoiselles de la Grenouillère n'ont pas tardé à revenir dans leurs pénates, puis le gros Auguste ne trouvant plus à Paris personne qui voulût suivre le traitement qu'il imposait à ses malades, a quitté aussi cette ville pour aller s'installer chez son oncle. De là, il s'est rendu fréquemment chez les deux cousines, et suivant le conseil que lui avait donné le petit marquis du Carambolage, il a fait la cour à mademoiselle Armande qui a trouvé beaucoup plus convenable d'écouter le neveu que l'oncle.

Auguste a épousé la grosse Armande ; de ce couple très-gras sont nés des enfants énormes, qui ont des faces que l'on ne sait trop à quoi comparer.

Maître Chipotier qui est aussi revenu dans la Normandie, était aux noces d'Auguste Langlumot, il a trouvé moyen pendant le souper, de raconter entièrement le procès en séparation de madame Rigaut.

M. Berlinet est toujours un coureur de jolies femmes, mais il tâche de ne plus voyager avec des nourrices.

Le jeune Torse continue à faire de charmants dessins, de ravissantes illustrations. Je n'ai pas besoin de vous dire dans quel journal ; vous l'avez deviné.

Tambourinette' et son amie se sont consolées difficilement de la perte d'Isidore... il était si généreux !

mais ces demoiselles-là finissent toujours par se consoler.

Enfin la famille Gerbier a trouvé le moyen d'être heureuse malgré ses millions : d'abord en éparpillant entre tous ses membres, une fortune qui était trop forte pour un seul; puis en ouvrant sa main pleine d'or à ceux qui n'en ont pas assez.

FIN D ALEXIS ET GEORGINA

TABLE DES MATIÈRES

	Pages
I. Alexis	1
II. Amour pur	13
III. Où l'on revoit M. Berlinet	24
IV. Coup du sort	43
V. *In vino veritas*	54
VI. Les deux apprentis	61
VII. Les fumeurs	71
VIII. Une partie d'eau	90
IX. Les deux commissions	101
X. Une reconnaissance	112
XI. Le tirage au sort	127
XII. Pluie d'or	143
XIII. Le frère de Tambourinette	159
XIV. Le vin, le jeu et les femmes	170
XV. Nouvelles d'Alexis	187
XVI. Une rencontre désagréable	196
XVII. Un masque tombé	211
XVIII. Demande en mariage	229
XIX. Le millionnaire	246
XX. La petite boîte	257
XXI. Les hasards de la guerre	270

FIN DE LA TABLE DU SECOND VOLUME

F. Aureau. — Imp. de Lagny.

www.ingramcontent.com/pod-product-compliance
Lightning Source LLC
Chambersburg PA
CBHW070749170426
43200CB00007B/716